plurall

Parabéns!
Agora você faz parte do **Plurall**, a plataforma digital do seu livro didático!
Acesse e conheça todos os recursos e funcionalidades disponíveis para as suas aulas digitais.

Baixe o aplicativo do **Plurall** para Android e IOS ou acesse **www.plurall.net** e cadastre-se utilizando o seu código de acesso exclusivo:

AAAD9X97W

Este é o seu código de acesso Plurall. Cadastre-se e ative-o para ter acesso aos conteúdos relacionados a esta obra.

@plurallnet

@plurallnetoficial

SOMOS EDUCAÇÃO

Projeto

Ápis

ANA MARIA TRINCONI BORGATTO

Licenciada em Letras pela Universidade de São Paulo (USP).
Mestra em Letras pela USP.
Pós-graduada em Estudos Comparados de Literaturas de Língua Portuguesa pela USP.
Pedagoga graduada pela USP.
Professora universitária.
Professora de Língua Portuguesa dos Ensinos Fundamental e Médio.

TEREZINHA COSTA HASHIMOTO BERTIN

Licenciada em Letras pela USP.
Mestra em Ciências da Comunicação pela USP.
Pós-graduada em Comunicação e Semiótica pela Pontifícia Universidade Católica de São Paulo (PUC-SP).
Professora universitária.
Professora de Língua Portuguesa dos Ensinos Fundamental e Médio.

VERA LÚCIA DE CARVALHO MARCHEZI

Licenciada em Letras pela Universidade Estadual Paulista "Júlio de Mesquita Filho" (Unesp-SP, *campus* Araraquara).
Mestra em Letras pela USP.
Pós-graduada em Estudos Comparados de Literaturas de Língua Portuguesa pela USP.
Professora universitária.
Professora de Língua Portuguesa dos Ensinos Fundamental e Médio.

LÍNGUA PORTUGUESA

4º ANO

Ensino Fundamental

editora ática

editora ática

Presidência: Mario Ghio Júnior
Direção de soluções educacionais: Camila Montero Vaz Cardoso
Direção editorial: Lidiane Vivaldini Olo
Gerência editorial: Viviane Carpegiani
Gestão de área: Tatiany Renó
Edição: Luciana Nicoleti (coord.), Carlos Eduardo de Oliveira, Patrícia Rocco S. Renda, Simone de Souza Poiani e Solange de Oliveira
Planejamento e controle de produção: Flávio Matuguma, Juliana Batista, Felipe Nogueira e Juliana Gonçalves
Revisão: Kátia Scaff Marques (coord.), Brenda T. M. Morais, Claudia Virgilio, Daniela Lima, Malvina Tomáz e Ricardo Miyake
Arte: André Gomes Vitale (ger.), Catherine Saori Ishihara (coord.), Ana Miadaira e Lívia Vitta Ribeiro (edição de arte)
Iconografia e tratamento de imagem: Sílvio Kligin (ger.), Claudia Bertolazzi (coord.), Paula Dias (pesquisa iconográfica), Fernanda Crevin (tratamento de imagens)
Licenciamento de conteúdos de terceiros: Roberta Bento (gerente), Jenis Oh (coord.), Liliane Rodrigues, Flávia Zambon e Raísa Maris Reina (analistas de licenciamento)
Ilustrações: Alberto De Stefano, Dayane Cabral, Everton Caetano, Marcos Guilherme, Paulo Borges, Psonha e Weberson Santiago
Design: Talita Guedes da Silva (proj. gráfico e capa)
Ilustração de capa: Barlavento Estúdio
Logotipo: Saulo Dorico

Avenida Paulista, 901, 6º andar – Bela Vista
São Paulo – SP – CEP 01310-200
http://www.somoseducacao.com.br

Dados Internacionais de Catalogação na Publicação (CIP)

Borgatto, Ana Maria Trinconi
Projeto Ápis : Língua portuguesa : 1º ao 5º ano / Ana Maria Trinconi Borgatto, Terezinha Costa Hashimoto Bertin, Vera Lúcia de Carvalho Marchezi. -- 4. ed. -- São Paulo : Ática, 2020.
(Projeto Ápis ; vol. 1 ao 5)

Bibliografia

1. Língua portuguesa (Ensino fundamental) Anos iniciais I. Título II. Bertin, Terezinha Costa Hashimoto III. Marchezi, Vera Lúcia de Carvalho IV. Série

20-1346 CDD 372.6

Angélica Ilacqua - Bibliotecária - CRB-8/7057

2022
Código da obra CL 750397
CAE 721228 (AL) / 721227 (PR)
ISBN 9788508195343 (AL)
ISBN 9788508195350 (PR)
4ª edição
5ª impressão
De acordo com a BNCC.

Impressão e acabamento: Bercrom Gráfica e Editora

Uma publicação SOMOS EDUCAÇÃO

Apresentação

Caro aluno,

Nós, autoras desta coleção, esperamos que os momentos de aprendizagem da leitura e da escrita propostos neste livro contribuam para marcar de maneira prazerosa sua trajetória na escola.

Temos um encontro em cada um dos desafios e em cada uma das conquistas que, com certeza, farão parte de seu percurso este ano.

Vamos começar?

As autoras

Everton Caetano/Arquivo da editora

Conheça seu livro

Um livro é como uma casa: apresenta diferentes partes que formam o todo. Este livro também é assim.

A seguir, você vai conhecer algumas dessas partes. E o melhor: todas elas são bem definidas, para você se localizar e não se perder. Vamos começar?

Abertura de unidade

O livro é dividido em unidades. Na abertura de cada uma delas você encontra pistas do que vai estudar na unidade.

Introdução

É um convite para as descobertas que você fará ao longo do livro.

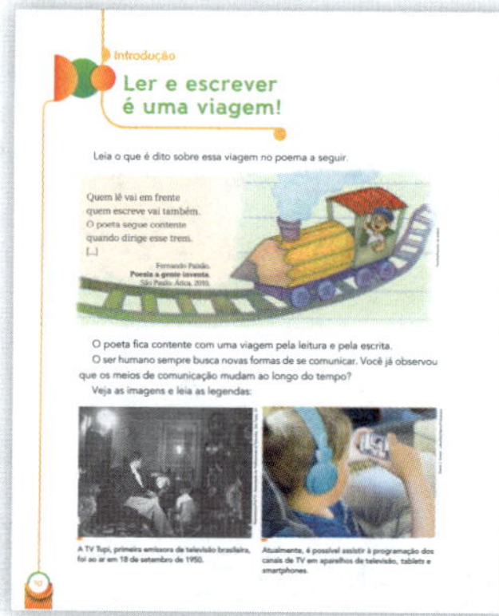

Para iniciar

Nesta seção você encontra desafios e brincadeiras para iniciar seus estudos.

Leitura

Os textos desta seção são o ponto de partida para o que você vai descobrir na unidade.

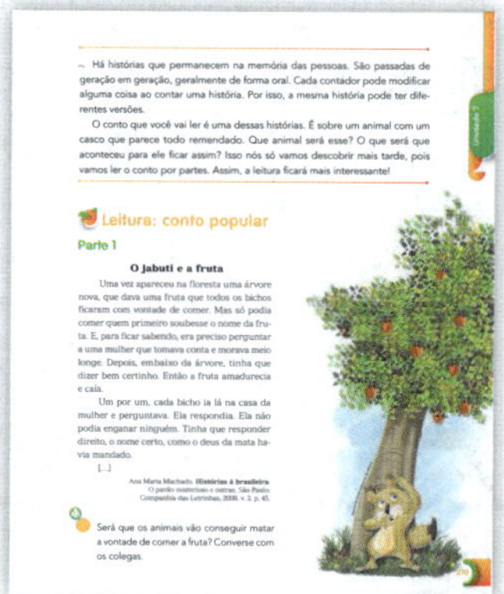

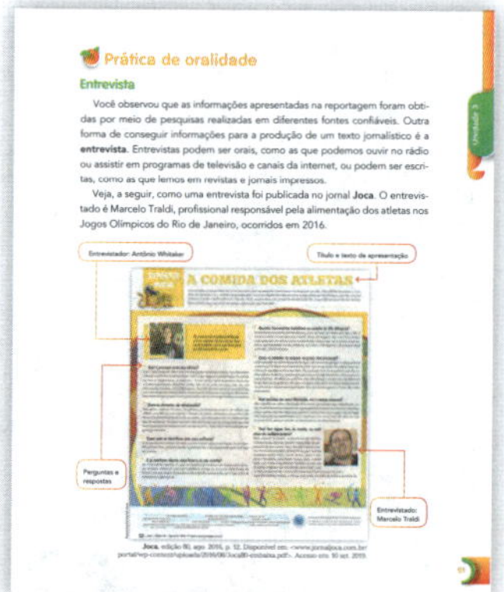

Prática de oralidade

Nesta seção você vai conversar, trocar ideias, dar opinião, declamar e também vai ouvir com atenção. Tudo de modo organizado.

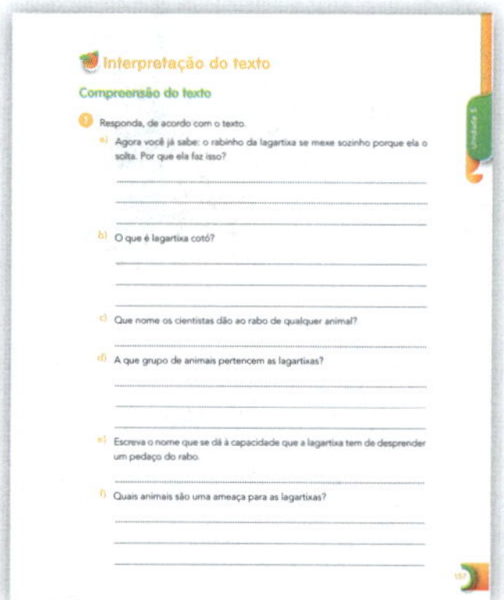

Interpretação do texto

As atividades orais e escritas são para você entender melhor os textos lidos.

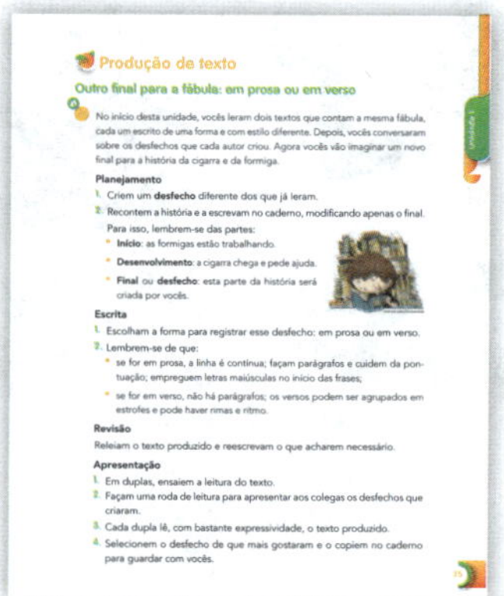

Produção de texto

Momento em que você vai produzir textos orais e escritos.

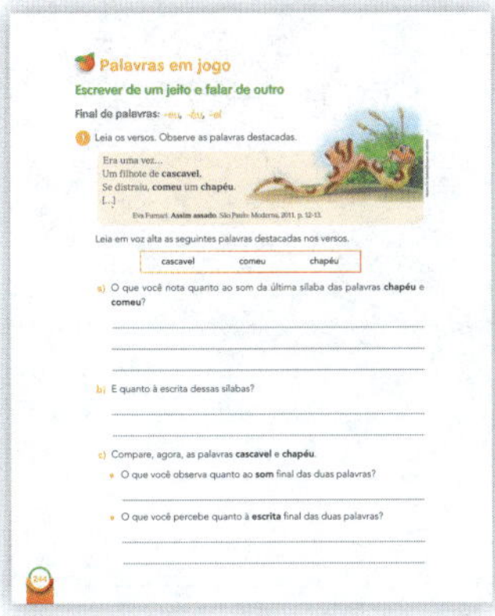

Palavras em jogo

Você aprende a escrita das palavras com atividades interessantes e, muitas vezes, divertidas.

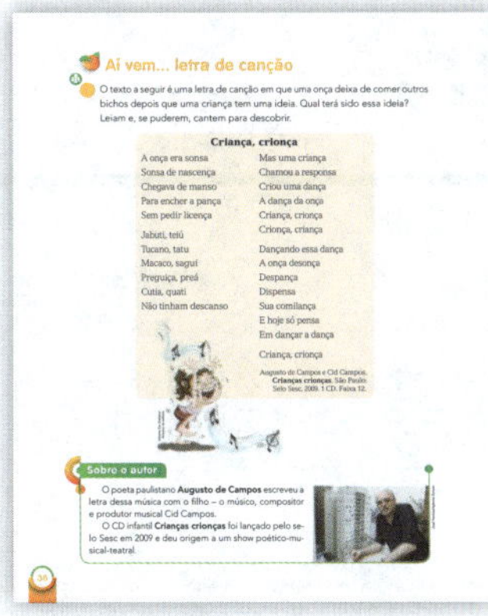

Aí vem...

Nesta seção há sempre um texto a mais para ler.

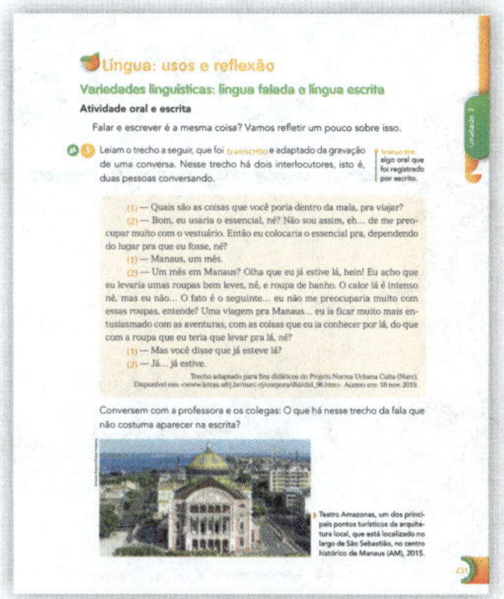

Língua: usos e reflexão

Este é o momento para o estudo da língua e de aprender como ela é usada em cada situação.

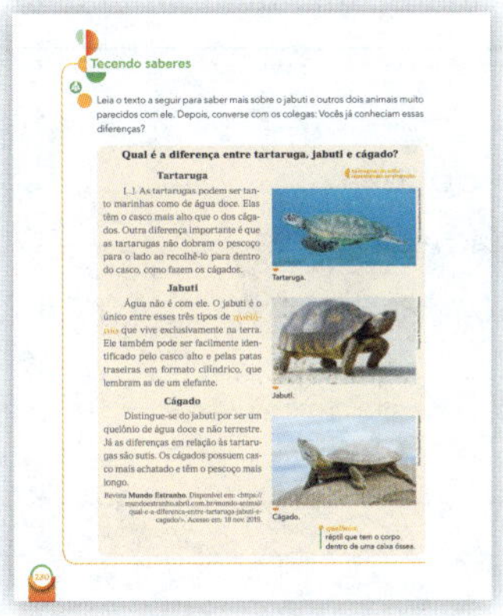

Tecendo saberes

Este é o momento de você ampliar conhecimentos e fazer a ligação do que está estudando com outro assunto.

Assim também aprendo

É o momento de se divertir um pouco mais!

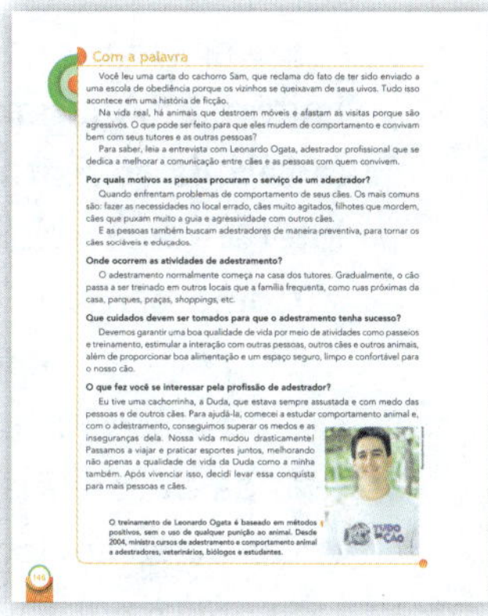

Com a palavra...

Entrevistas com diferentes profissionais farão você perceber que o conhecimento também pode ser adquirido além dos livros.

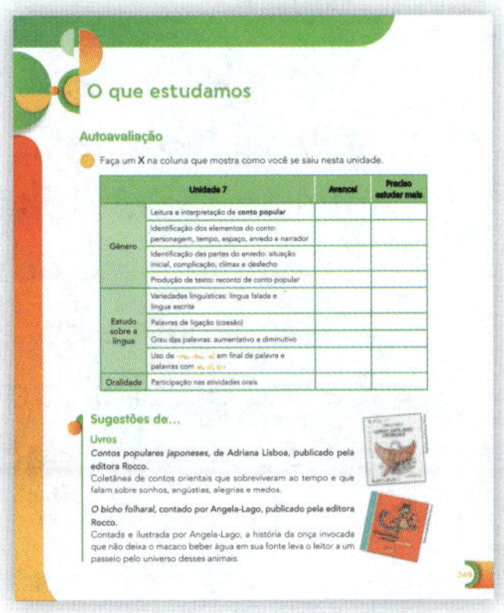

O que estudamos

É o momento de refletir sobre o que você estudou.

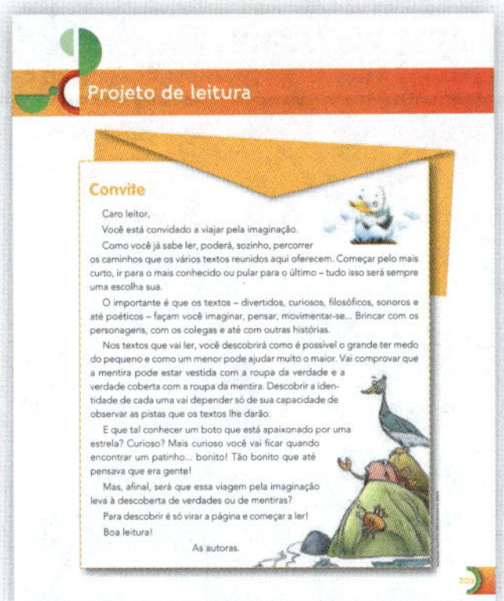

Projeto de leitura

Um projeto que vai tornar a leitura ainda mais prazerosa.

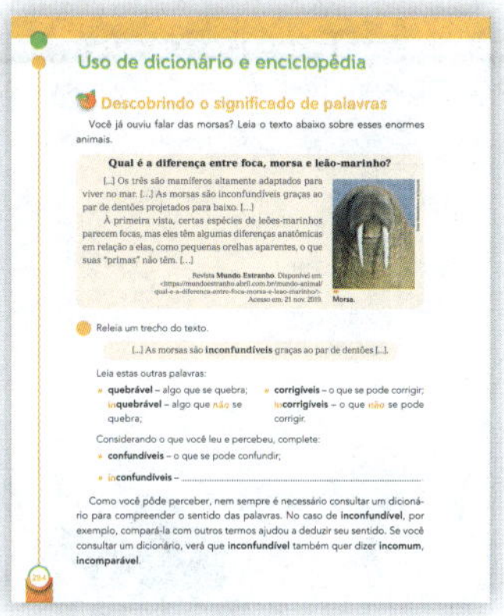

Uso de dicionário e enciclopédia

Você vai aprender o que precisa saber para usar bem o dicionário e a enciclopédia.

Acompanha o Livro do Aluno:

Caderno de Atividades

Atividades para você praticar o que aprendeu em cada unidade.

Ícones

Atividade em grupo

Atividade em dupla

Atividade no caderno

Sumário

Ksusha Dusmikeeva/Shutterstock

Ilustrações: Dayane Cabral/Arquivo da editora

Weberson Santiago/Arquivo da editora

UNIDADE 5 Texto informativo ... 152

Alberto De Stefano/Arquivo da editora

UNIDADE 6 Conto de suspense ... 182

UNIDADE 7 Conto popular ... 216

Ilustrações: Alberto De Stefano/Arquivo da editora

Introdução

Ler e escrever é uma viagem!

Leia o que é dito sobre essa viagem no poema a seguir.

Quem lê vai em frente
quem escreve vai também.
O poeta segue contente
quando dirige esse trem.
[...]

Fernando Paixão.
Poesia a gente inventa.
São Paulo: Ática, 2010.

Psonha/Arquivo da editora

O poeta fica contente com uma viagem pela leitura e pela escrita.

O ser humano sempre busca novas formas de se comunicar. Você já observou que os meios de comunicação mudam ao longo do tempo?

Veja as imagens e leia as legendas:

Reprodução/Pró-TV - Associação de Profissionais da Televisão, São Paulo, SP

A TV Tupi, primeira emissora de televisão brasileira, foi ao ar em 18 de setembro de 1950.

David J. Green - Lifestyle/Alamy/Fotoarena

Atualmente, é possível assistir à programação dos canais de TV em aparelhos de televisão, *tablets* e *smartphones*.

Até mesmo as brincadeiras infantis se transformam ao longo do tempo.

Bolhas de sabão com canudo de mamoeiro e com barbante.

Para saber como brincar com bolhas de sabão desses dois modos, leia as instruções a seguir.

Bolhas de sabão com canudo de mamoeiro

Material

- 1 talo de mamoeiro
- 1 copo
- água misturada com sabão

Modo de fazer

1. Corte um galho de mamoeiro.
2. Tire a folha e a parte mais grossa.
3. Faça espuma de sabão em um copo.
4. Mergulhe o canudo no copo.
5. Sopre bem de leve para fazer as bolhas, que serão soltas no ar.

Bolhas de sabão com barbante

Material

- 3 xícaras de água
- 1 xícara de glucose de milho
- 2 xícaras de detergente
- 2 palitos de churrasco
- barbante
- 1 bacia

Modo de fazer

1. Misture bem a água, a glucose de milho e o detergente.
2. Amarre um barbante unindo os dois palitos de churrasco, em um formato parecido com o de um triângulo, conforme a foto acima.
3. Mergulhe a ponta das varetas com o barbante na mistura.
4. Levante as varetas com cuidado para formar a bolha de sabão.

A leitura e a escrita também passaram por muitas transformações até os dias de hoje.

Acompanhe a sequência de imagens e legendas a seguir e perceba como o modo de escrever mudou desde a impressão no barro até a digitação em dispositivos eletrônicos.

Reprodução/Museu do Louvre, Paris, França.

Placa de barro com escrita cuneiforme (feita com objetos em forma de cunha), datada de cerca de 2360 a.C.

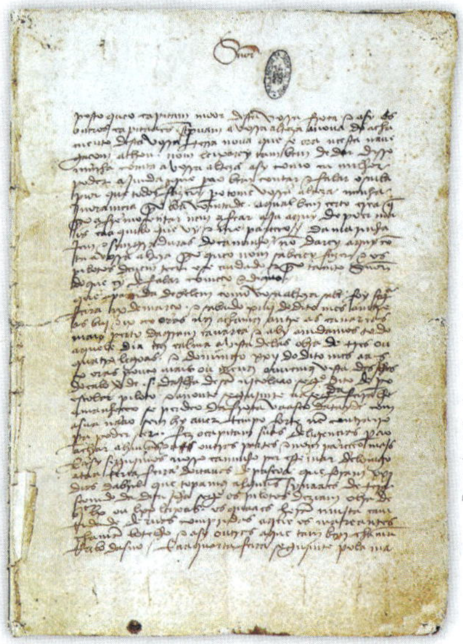

Reprodução/Instituto dos Arquivos Nacionais/Torre do Tombo, Lisboa, Portugal.

Carta de Pero Vaz de Caminha relatando a chegada dos portugueses, em 1500, ao território que viria a ser o Brasil.

MilanMarkovic78/Shutterstock

A máquina de escrever foi bastante utilizada durante o século XX.

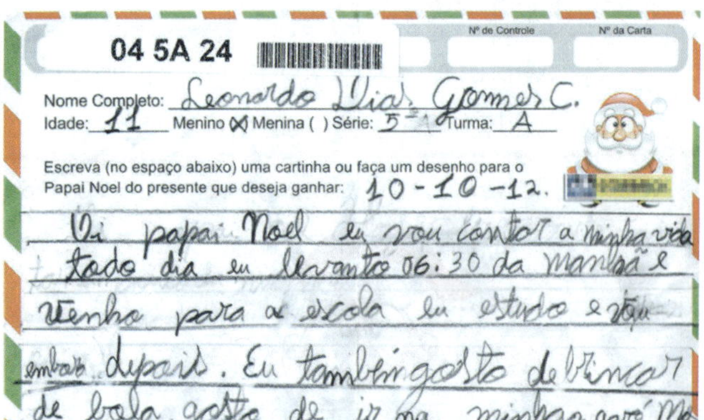

04 5A 24

Nº de Controle

Nº da Carta

Nome Completo: Leonardo Dias Gomes C.

Idade: 11 Menino (X) Menina ( ) Série: 5ª Turma: A

Escreva (no espaço abaixo) uma cartinha ou faça um desenho para o Papai Noel do presente que deseja ganhar: 10-10-12.

Oi papai Noel eu vou contar a minha vida todo dia eu levanto 06:30 da manhã e venho para a escola eu estudo e vou embora depois. Eu também gosto de brincar de bola, gosto de ir na minhas avó Mas escrevi esta carta para que você realize o meu sonho de ter um helicóptero de controle remoto, mas se não for possível um Carrinho de controle remoto Obrigado!

Reprodução/Coleção Particular

Nik Merkulov/Shutterstock

Hoje em dia, utilizam-se diversos instrumentos para a escrita, de lápis e papel a *smartphones*.

Ler e escrever é muito proveitoso, pois pode ser uma viagem pelo mundo real e também pelo mundo da imaginação, da fantasia.

A leitura traz a vontade de criar novas situações e aventuras para personagens fascinantes.

Criar e escrever, escrever e criar...

Criar com palavras... E o que são palavras?

Veja o que diz um dicionário:

Psonha/Arquivo da editora

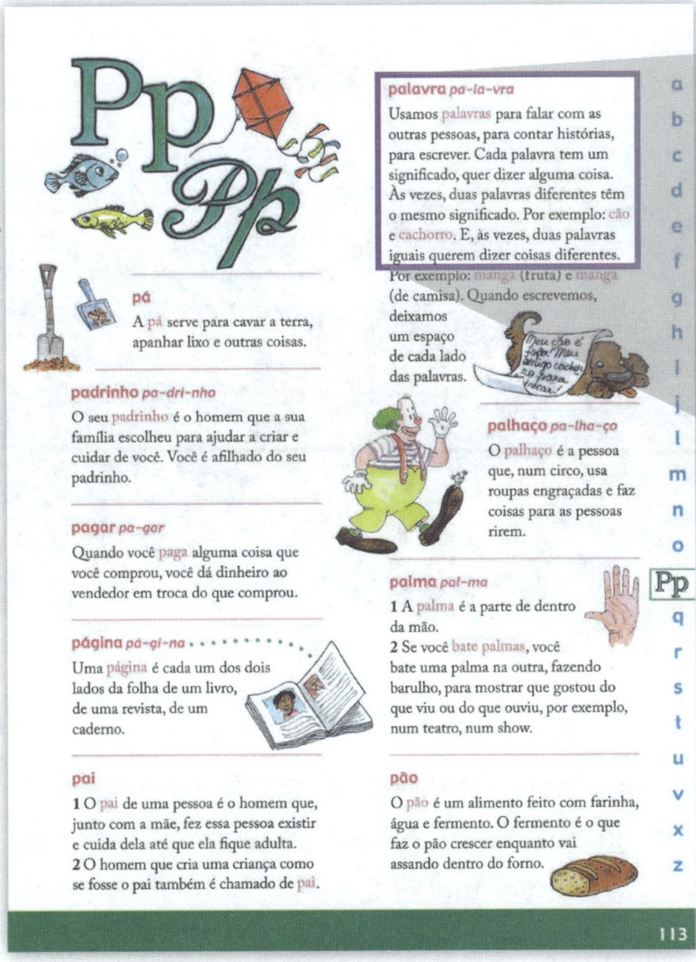

Pp *Pp*

pá
A pá serve para cavar a terra, apanhar lixo e outras coisas.

padrinho *pa-dri-nho*
O seu padrinho é o homem que a sua família escolheu para ajudar a criar e cuidar de você. Você é afilhado do seu padrinho.

pagar *pa-gar*
Quando você paga alguma coisa que você comprou, você dá dinheiro ao vendedor em troca do que comprou.

página *pá-gi-na*
Uma página é cada um dos dois lados da folha de um livro, de uma revista, de um caderno.

pai
1 O pai de uma pessoa é o homem que, junto com a mãe, fez essa pessoa existir e cuida dela até que ela fique adulta.
2 O homem que cria uma criança como se fosse o pai também é chamado de pai.

palavra *pa-la-vra*
Usamos palavras para falar com as outras pessoas, para contar histórias, para escrever. Cada palavra tem um significado, quer dizer alguma coisa. Às vezes, duas palavras diferentes têm o mesmo significado. Por exemplo: cão e cachorro. E, às vezes, duas palavras iguais querem dizer coisas diferentes. Por exemplo: manga (fruta) e manga (de camisa). Quando escrevemos, deixamos um espaço de cada lado das palavras.

palhaço *pa-lha-ço*
O palhaço é a pessoa que, num circo, usa roupas engraçadas e faz coisas para as pessoas rirem.

palma *pal-ma*
1 A palma é a parte de dentro da mão.
2 Se você bate palmas, você bate uma palma na outra, fazendo barulho, para mostrar que gostou do que viu ou do que ouviu, por exemplo, num teatro, num show.

pão
O pão é um alimento feito com farinha, água e fermento. O fermento é o que faz o pão crescer enquanto vai assando dentro do forno.

a b c d e f g h i j l m n o Pp q r s t u v x z

113

© Amir Geiger/© Vitoria Davies/Editora Nova Fronteira

palavra *pa-la-vra*
Usamos palavras para falar com as outras pessoas, para contar histórias, para escrever. Cada palavra tem um significado, quer dizer alguma coisa. Às vezes, duas palavras diferentes têm o mesmo significado. Por exemplo: cão e cachorro. E, às vezes, duas palavras iguais querem dizer coisas diferentes.

Meu Primeiro Dicionário Caldas Aulete Infantil Ilustrado. Rio de Janeiro: Nova Fronteira, 2005. p. 113.

Agora, leia um trecho do poema a seguir para descobrir outros significados de **palavra**.

Cada palavra

[...]
Cada
palavra
é um mundo
que gira
que orbita
que agita
que me tira do lugar.

Cada
palavra
me chega
feito chuva repentina
que me acalma
que me anima
ou que pode me afogar.

Cada palavra
é um mar.

Rosana Rios. **Palavras despalavradas**. São Paulo: Nobel, 2013. p. 6-7.

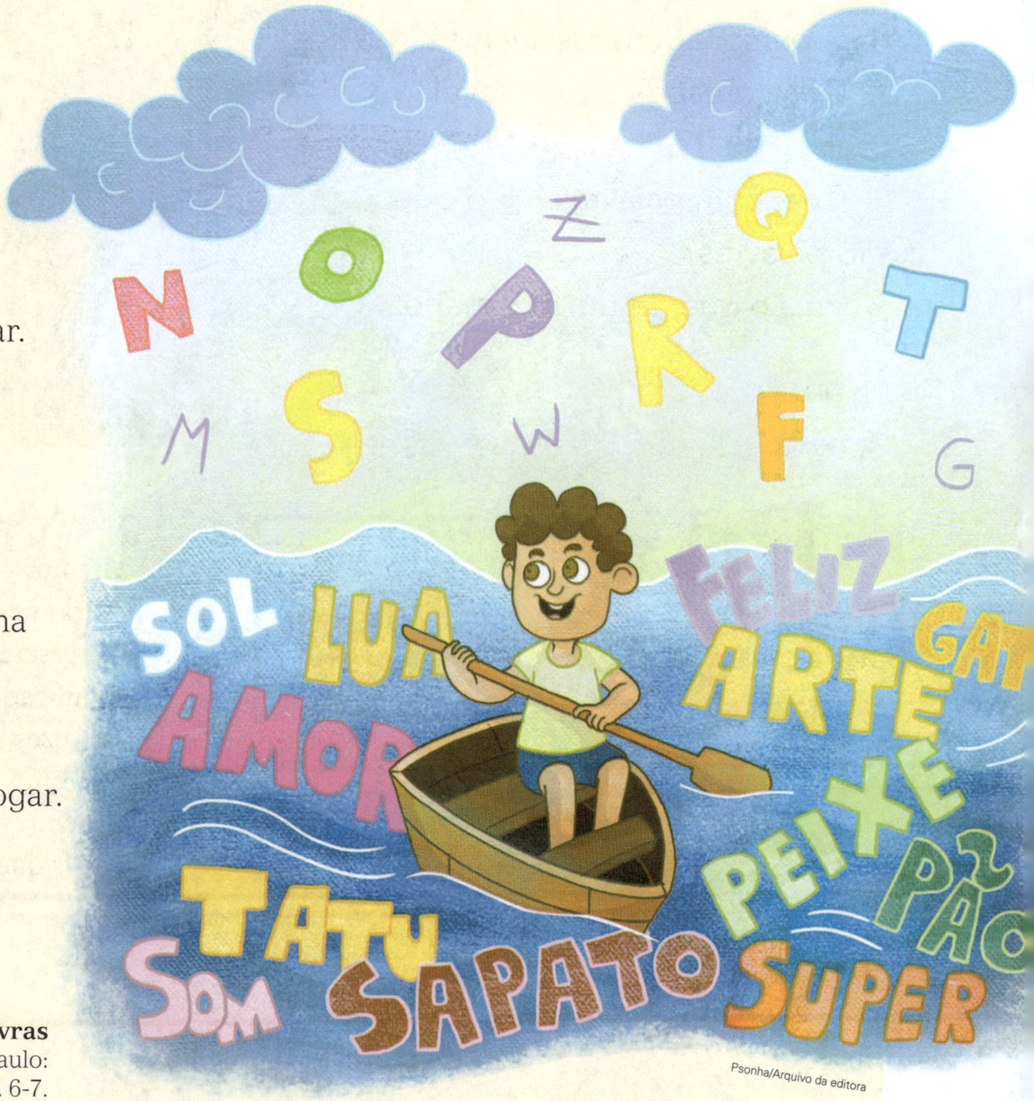

Psonha/Arquivo da editora

Escolha a estrofe que expressa melhor o que **palavra** significa para você.

Converse com os colegas sobre a força das palavras na convivência de todos no dia a dia. Que palavras facilitam essa convivência? Quais criam problemas para uma boa convivência? Que palavras devem ser evitadas? Quais devem ser cultivadas?

E há sempre um jeito de viajar com as palavras...

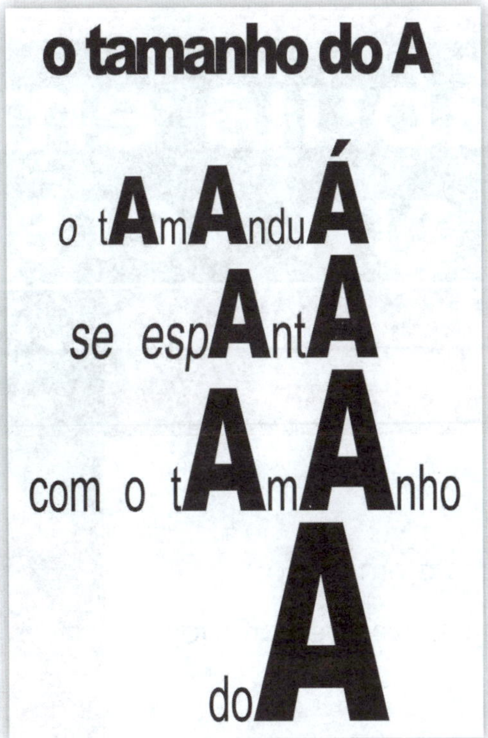
o tamanho do A

o tAmAnduÁ
se espAntA
com o tAmAnho
doA

Sérgio Capparelli. **111 poemas para crianças**. Porto Alegre: L&PM, 2014. p. 118.

Ler e escrever é sempre uma viagem!
Convidamos você a iniciar o 4º ano com os versos desta canção:

Livro

Pra onde um livro pode me levar?
Outro país, para a lua ou pro mar.
Um dia no futuro, um tempo que passou.
Pra onde um livro pode me levar?
Pro espaço sideral e até pro meu quintal.
Pra onde um livro pode me levar?

O que um livro pode me trazer?
Uma história, uma canção,
vontade de escrever mais livros para ler.
O que um livro pode me trazer?
Brincar com o pensamento,
o tempo e o movimento.
O que um livro pode me trazer?

Margareth Darezzo.
Canteiro: músicas para brincar. 2. ed.
São Paulo: Ática, 2017. p. 30.

Unidade

1 Fábula em prosa e em verso

Nesta unidade você vai...

- ler e interpretar fábula em prosa e em verso;
- identificar os elementos da narrativa: personagens, tempo, espaço e narrador;
- produzir desfecho para fábula (em prosa ou em verso);
- estudar parágrafo e organização do texto;
- estudar pontuação, entonação e expressividade nos textos;
- estudar a classificação das palavras quanto ao número de sílabas;
- participar de atividades orais.

- O que as crianças estão fazendo nesta cena?
- Você já ouviu a frase: "Gosto não se discute"? O que ela quer dizer?
- Será que há leituras para todos os gostos?

Para iniciar

Em um mundo com tantas possibilidades de leitura, com tantos textos diferentes, às vezes pode ser difícil saber o que gostamos de ler...

1. Leia os diferentes textos destas duas páginas.

oriol san julian/Shutterstock

A porta

Eu sou feita de madeira.
Madeira, matéria morta.
Mas não há coisa no mundo
Mais viva do que uma porta.
Eu abro devagarinho
Pra passar o menininho
Eu abro bem com cuidado
Pra passar o namorado
[...]
Só não abro pra essa gente
Que diz (a mim bem me importa...)
Que se uma pessoa é burra
É burra como uma porta.
[...]

Vinicius de Moraes. Disponível em: <www.dominiopublico.gov.br/download/texto/me000588.pdf>. Acesso em: 9 set. 2019.

Dudi/Shutterstock

Era uma vez um menino chamado João que morava, com sua pobre mãe viúva, numa pequena casa afastada da cidade. Toda manhã, João tirava leite de sua vaca branquinha para vender no mercado. [...]

Ingrid Biesemeyer Bellinghausen. **João e o pé de feijão**. São Paulo: DCL, 2006.

Dudi/Shutterstock

oriol san julian/Shutterstock

Pesquisadores dizem ter descoberto o maior dinossauro do Brasil

Cientistas de várias instituições do país anunciaram, na manhã desta quarta-feira (5), a descoberta do que dizem ser o maior dinossauro já encontrado no Brasil, com 25 metros de comprimento. [...]

Disponível em: <http://g1.globo.com/rio-de-janeiro/noticia/2016/10/pesquisadores-anunciam-descoberta-do-maior-dinossauro-do-brasil.html>. Acesso em: 9 set. 2019.

Dudi/Shutterstock

O rato roeu a roupa do rei de Roma,
O rato roeu a roupa do rei da Rússia,
O rato roeu a roupa do rodovalho...
O rato a roer roía.
E a Rosa Rita Ramalho do rato a roer se ria.

Disponível em: <www.dominiopublico.gov.br/download/texto/me000588.pdf>. Acesso em: 9 set. 2019.

Dudi/Shutterstock

Companheiro, me ajude
Que eu não posso cantar só.
Eu sozinho canto bem,
Com você canto melhor.

Disponível em: <www.dominiopublico.gov.br/download/texto/me000588.pdf>. Acesso em: 9 set. 2019.

Dudi/Shutterstock

oriol san julian/Shutterstock

2 Marque o texto de que você mais gostou. Depois, faça uma roda com os colegas. Cada um poderá ler o texto escolhido e dizer por que o escolheu.

O mundo da leitura tem muito para nos oferecer! Há uma variedade de textos que podemos escolher para nos divertir, nos informar, nos fazer imaginar e sonhar...

Uma maneira de sabermos identificar os textos de que gostamos é conhecer a forma como eles se apresentam.

Você vai ler dois textos de formatos bem diferentes. Depois, vai escolher o de que mais gostou.

Primeiro, observe a ilustração e leia silenciosamente o texto.

Leitura 1: fábula em prosa

A cigarra e as formigas

Num belo dia de inverno as formigas estavam tendo o maior trabalho para secar suas reservas de trigo. Depois de uma chuvarada, os grãos tinham ficado completamente molhados. De repente aparece uma cigarra:

— Por favor, formiguinhas, me deem um pouco de trigo! Estou com uma fome danada, acho que vou morrer.

As formigas pararam de trabalhar, coisa que era contra os princípios delas, e perguntaram:

— Mas por quê? O que você fez durante o verão? Por acaso não se lembrou de guardar comida para o inverno?

— Para falar a verdade, não tive tempo — respondeu a cigarra. — Passei o verão cantando!

— Bom... Se você passou o verão cantando, que tal passar o inverno dançando? — disseram as formigas, e voltaram para o trabalho dando risada.

Moral: Os preguiçosos colhem o que merecem.

Esopo. **Fábulas de Esopo**. Tradução de Heloisa Jahn. São Paulo: Companhia das Letrinhas, 1994. p. 48-49.

AF Fotografi e/Alamy/Fotoarena

Detalhe de ilustração de Edward Julius Detmold.

Sobre o autor

Shakko/Museu Estadual de Belas Artes Pushkin, Moscou, Rússia.

Esopo, segundo alguns relatos, era um escravo grego, contador de histórias, que viveu por volta do século VI a.C. Não se sabe a data exata de seu nascimento nem de sua morte.

O ilustrador Edward Julius Detmold nasceu em 1883 e morreu em 1957, no Reino Unido.

Reprodução/Ed. Companhia das Letrinhas

Interpretação do texto

Compreensão do texto

Atividade oral e escrita

1 Qual foi sua primeira impressão ao ler o texto? Converse com os colegas.

2 Escreva, em cada coluna, o que é solicitado sobre os elementos da fábula.

Tempo	Lugar	Personagens
Quando aconteceram os fatos da história?	Onde aconteceram os fatos da história?	Quem participou dos fatos da história?

3 Releia a fábula com os colegas e observem no texto:

- a fala do **narrador**: quem está contando a história;
- a fala de cada **personagem**: quem participa da história.

a) Copie um trecho de fala do narrador.

b) Copie um trecho da fala de algum personagem.

____

____

____

4 Explique qual era o grande trabalho das formigas.

____

____

5 O que a cigarra pediu às formigas?

____

____

6 Releia o trecho a seguir. Depois, leia o quadro abaixo e circule as palavras que indicam a atitude das formigas.

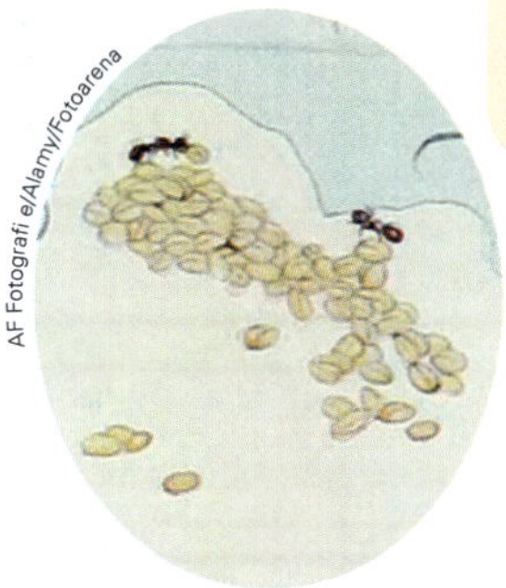

AF Fotografi e/Alamy/Fotoarena

— Bom… Se você passou o verão cantando, que tal passar o inverno dançando? — disseram as formigas, e voltaram para o trabalho dando risada.

desprezo	compaixão	zombaria	ironia	apoio
pena	amizade	deboche	solidariedade	

As fábulas costumam trazer uma **moral**, pois esses textos têm como um de seus objetivos a transmissão de ensinamentos.

7 Juntos, releiam a moral presente nessa fábula.

Moral: Os preguiçosos colhem o que merecem.

A moral tem a intenção de ensinar alguma coisa para quem lê a fábula. Conversem sobre o que a moral dessa fábula pretende ensinar.

Depois, conversem e reflitam: Vocês concordam com essa moral para a história lida?

Ao longo dos anos, vários autores reescreveram a mesma fábula, produzindo versões diferentes para a história.

Agora você vai ler uma versão da fábula "A cigarra e as formigas" feita em versos por Cineas Santos, um poeta contemporâneo do estado do Piauí. Compare com a versão em prosa que você leu.

Por ser um poema, ensaie com os colegas para que juntos vocês possam fazer, em outro momento, uma leitura em forma de jogral, isto é, uma leitura conjunta em que pode haver a divisão de vozes para o narrador e os personagens. Ficará muito bonito! Confiram.

Leitura 2: fábula em verso

A cigarra e a formiga
(a fábula revisitada)

No tronco de uma palmeira,
uma Cigarra **faceira**
canta, canta sem parar...
Canta o sol, a chuva, o vento,
canta o esplendor do momento,
pelo prazer de cantar.

Quase morta de fadiga,
a **diligente** Formiga,
trabalha, sofre e **assunta**
o **ziziar** da Cigarra,
não se contém e pergunta:
— Por que cantas no verão?

faceira: que gosta de mostrar elegância, alegre, risonha.

diligente: cuidadosa, rápida, esmerada, dedicada.

assunta: presta atenção, pensa, raciocina, observa.

ziziar: som próprio da cigarra.

Ilustração de Antônio Amaral para o poema "A cigarra e a formiga (a fábula revisitada)", presente no livro **Ciranda desafinada**.

— Essa é a minha profissão.
— Nada mais sabes fazer?
— Canto é trabalho e lazer.
— O que farás no inverno?
— Guardo a guitarra e hiberno.
— E quem te dará sustento?
— Do meu canto me alimento.
— Não temes por teu futuro?
— Viver é um salto no escuro.

Sem mais tempo pra conversa,
a Formiga, toda pressa,
voltou a mergulhar na lida.
E outra vez a Cigarra
empunha sua guitarra
e canta em louvor à vida.

Moral:
A moral dessa historinha?
Faça a sua; eu faço a minha.

Cineas Santos. **Ciranda desafinada**.
São Paulo: Escala Educacional, 2008.

Outra ilustração de Antônio Amaral, do livro **Ciranda desafinada**.

hiberno: durmo. Trata-se do sono de alguns animais e plantas durante o inverno. Essas espécies geralmente só acordam na primavera.

lida: trabalho.

Sobre o autor

Cineas Santos nasceu em 1948, em Caracol, no estado do Piauí. Quando pequeno, ouvia textos de cordel e sempre quis fazer algo parecido. Escreveu muitos livros, entre eles **Ciranda desafinada.**

Antônio Amaral (1962) é o ilustrador. Também é do Piauí, da cidade de Campo Maior.

Interpretação do texto

Compreensão do texto

Atividade oral e escrita

1. Pode-se afirmar que o **tempo**, o **lugar** e os **personagens** no poema de Cineas Santos são iguais aos da fábula lida anteriormente? Por quê?

____

____

2. Sublinhe, no poema, um verso que corresponda à fala do **narrador.**

3. Releia os versos:

> canta o **esplendor** do momento,
> pelo prazer de cantar.

a) Escreva uma palavra com o mesmo sentido da palavra destacada.

____

b) Assinale a alternativa que melhor explica por que a cigarra cantava.

- [ ] Porque seu alimento estava garantido.
- [ ] Porque gostava e isso era importante em sua vida.
- [ ] Porque espantava sua insônia.

4. Releia estes versos, em que o narrador fala da formiga.

> **Quase morta de fadiga**,
> a diligente Formiga,
> trabalha, sofre e assunta [...]

Reescreva o verso destacado, empregando palavras com sentido equivalente.

____

5. Circule no poema três versos em que a cigarra descreve o que fazia.

6 A cigarra tinha **prazer** no que fazia. Pinte no poema a palavra que indica que o sentimento da formiga em relação ao que faz é contrário ao da cigarra.

7 Releia um trecho do diálogo entre a cigarra e a formiga.

— O que farás no inverno?
— Guardo a guitarra e hiberno.
— E quem te dará sustento?
— Do meu canto me alimento.
— Não temes por teu futuro?
— Viver é um salto no escuro.

lukerecoded/Shutterstock

a) Em sua opinião, qual das personagens queria se prevenir para o futuro?

____

b) Releia o verso destacado e converse com os colegas sobre o que ele significa. Depois, escrevam juntos uma ou mais frases que expliquem esse verso.

____

____

8 Nas fábulas, geralmente a **moral** tem a intenção de apresentar um ensinamento. Neste poema, o poeta fez diferente. Leia:

A moral dessa historinha?
Faça a sua; eu faço a minha.

a) O que esses dois versos podem significar? Converse com os colegas e vejam se conseguem chegar a uma conclusão. Se quiserem, escrevam no caderno as conclusões a que chegaram.

b) Para conversar: Qual moral vocês dariam para essa fábula? Apresentem suas opiniões e procurem justificar o que pensam.

9 Agora, expliquem: Por que o autor teria usado a expressão **a fábula revisitada** abaixo do título do poema? Criem uma resposta coletiva.

____

____

____

Linguagem e construção dos textos

Comparando os textos: prosa e verso

Atividade oral e escrita

1 Você leu dois textos que se referem à mesma fábula. Releia, a seguir, um trecho de cada texto observando a organização deles.

Texto 1 (trecho)

A cigarra e as formigas

Num belo dia de inverno as formigas estavam tendo o maior trabalho para secar suas reservas de trigo. Depois de uma chuvarada, os grãos tinham ficado completamente molhados. De repente aparece uma cigarra:

— Por favor, formiguinhas, me deem um pouco de trigo! Estou com uma fome danada, acho que vou morrer.

[...]

Texto 2 (trecho)

A cigarra e a formiga
(a fábula revisitada)

No tronco de uma palmeira,
uma Cigarra faceira
canta, canta sem parar...
Canta o sol, a chuva, o vento,
canta o esplendor do momento,
pelo prazer de cantar.
[...]

Dayane Cabral/Arquivo da editora

2 Leia o que está indicado no quadro. Faça um **X** na coluna correspondente ao texto que apresenta a característica indicada em cada linha.

Características	Texto 1	Texto 2
Tem linhas contínuas: as frases vão até o final da linha.		
Organizado em estrofes e versos.		
É organizado em parágrafos.		
Texto em **prosa**.		
Texto em **verso**.		

3. O texto **1** é organizado em parágrafos. Quantos parágrafos há nele? Volte à página 20 e numere cada parágrafo. ______________________________

4. Você já identificou as **diferenças** entre os dois textos. Agora, leia estas frases e assinale as que indicam o que é **semelhante** nos dois textos.

- [ ] A forma como ocupam o espaço da folha.
- [ ] Os personagens.
- [ ] O jeito de contar a história.
- [ ] O lugar onde os fatos acontecem.

5. O texto **2** é um poema que conta uma história.

a) Quantas estrofes há nesse poema? ______________

b) Pinte no poema as palavras que rimam.

c) Que sensações a versão da fábula em versos com rimas pode causar em quem a lê?

____

____

____

6. De que texto você mais gostou? Da fábula ou do poema? Por quê? Converse com os colegas.

No dia a dia temos contato com vários tipos de texto. Nesta unidade, conhecemos duas formas de **organizar os textos**:

- **em prosa**, geralmente em parágrafos, com linhas contínuas, como é o caso das narrativas, dos contos, das fábulas, dos romances, etc.
- **em verso**, geralmente em estrofes e com rimas; são assim muitos poemas, letras de canção, trovinhas para brincar, etc.

Agora você

1 Observe os textos a seguir.

Yasunori Koide/Acervo do fotógrafo

Texto A

Venenosa e peçonhenta

Bem distante do Brasil, em alguns países da Ásia, existe uma espécie de serpente que é, ao mesmo tempo, peçonhenta e venenosa [...]. Seu nome científico é Rhabdophis tigrinus, mas pode chamá-la de cobra-tigre-asiática.

Disponível em: <http://chc.org.br/venenosa-e-peconhenta>. Acesso em: 9 set. 2019.

Texto B

Pescaria do Curumim

Curumim acordou cedo
Foi tomar banho de rio
Caiu na água, sem medo
Se enrolou em seus braços de frio
Curumim sentiu fome
Subiu no pé de goiabeira
Era alto, bonito, enorme!
De olhar dava tonteira [...]

Tiago Hakiy. **A pescaria do Curumim e outros poemas indígenas**. São Paulo: Panda Books, 2015.

Texto C

Banco de imagens/Arquivo da editora

Texto D

Limonada bem fresquinha

Ingredientes

- 1 limão
- açúcar a gosto
- pedras de gelo
- duas folhinhas de hortelã

Modo de fazer

1. Lave bem o limão.
2. Em um copo: raspe um pouco da casca, esprema o limão, acrescente água, adoce (se achar necessário) e pique com a mão duas folhinhas de hortelã.
3. Coloque gelo à vontade.

Você já leu textos como esses. Classifique-os quanto ao gênero.

Texto **A**: ______________________ Texto **C**: ______________________

Texto **B**: ______________________ Texto **D**: ______________________

2 Quais desses textos não estão organizados nem em parágrafos nem em versos, mas em linhas contínuas?

____

Os textos escritos com parágrafos ou em linhas contínuas podem ser chamados de **textos em prosa**. Eles não têm versos nem estrofes e não costumam apresentar rimas.

3 Leia o que está indicado nas colunas do quadro e escreva a letra correspondente a cada texto conforme sua classificação.

Texto em prosa (com parágrafos ou em linhas contínuas)	Texto em verso
______________________	______________________

Hora de organizar o que estudamos

Leia com os colegas e complete o último quadro do esquema.

Fábula

História curta em que os personagens geralmente são animais agindo como seres humanos e que pretende transmitir um ensinamento – uma moral – no final da narrativa

Organização		Intenção/finalidade	Leitor
Texto em prosa • Pode ter linhas contínuas • Pode ter mais de um parágrafo	Texto em verso • Organizado em versos • Pode ter estrofes e rimas	• Divertir • Entreter • Transmitir ensinamentos e valores sociais	____________ ____________ ____________

Prática de oralidade

Conversa em jogo

Com o que eu concordo?

AF Fotografie/Alamy/Fotoarena

© Cineas Santos/© Antônio Amaral/Acervo dos artistas

lukerecoded/Shutterstock

Dayane Cabral/Arquivo da editora

A fábula "A cigarra e as formigas" já foi reescrita por vários autores em épocas diferentes. Cada um deles incluiu algo da própria interpretação, isto é, de sua forma de compreender a fábula. Assim, também há variações para a moral da história. Leiam alguns ensinamentos diferentes para essa fábula.

- **Deve-se prever o dia de amanhã**. (Jean de La Fontaine, poeta e fabulista francês – 1621-1695)
- **Os artistas – poetas, pintores, músicos – são as cigarras da humanidade**. (Monteiro Lobato, escritor brasileiro – 1882-1948)
- **Os preguiçosos colhem o que merecem**. (Esopo)

Conversem sobre essas frases, que representam a moral para cada autor, e deem sua opinião:

- Com qual das variações para a moral da história vocês concordam e de qual vocês discordam? Por quê?
- Vocês proporiam outro ensinamento para essa fábula? Qual?

Apresentem sua escolha, expressem suas opiniões e procurem dizer o porquê da escolha feita.
Esperem a vez de apresentar a frase que escolheram e as suas razões.
Não se esqueçam: as opiniões diferentes devem ser respeitadas.

Jogral

O poema "A cigarra e a formiga", que vocês leram nas páginas 23 e 24, tem as falas do narrador e as falas dos personagens.
Dividam as falas por conjuntos de vozes. Preparem o jogral, ensaiando as falas com bastante ênfase e expressividade! Confiram como ficará bonito!

Outras linguagens

Ilustrações de histórias

Atividade oral

Vocês viram que cada versão da fábula veio acompanhada de ilustrações diferentes. Observem juntos e comparem as imagens.

AF Fotografi e/Alamy/Fotoarena

Ilustração de Edward Julius Detmold (1883-1957, Reino Unido).

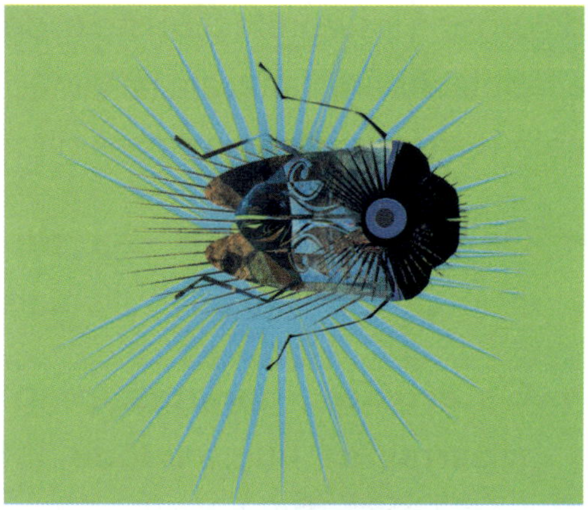

© Cineas Santos/© Antônio Amaral/Acervo dos artistas

© Cineas Santos/© Antônio Amaral/Acervo dos artistas

Ilustrações de Antônio Amaral (1962, Brasil).

Desenhar é uma atividade muito prazerosa para diversas pessoas. Algumas fazem do desenho sua profissão. Conversem sobre as ilustrações acima.

1. Qual delas chamou mais a atenção de vocês? Por quê?

2. Cada ilustrador tem um jeito diferente de imaginar e de se expressar por meio do desenho. É o **estilo** de cada um. Se você fosse desenhar, qual dos dois estilos gostaria de usar como inspiração para seu desenho: o de Edward Julius ou o de Antônio Amaral? Por quê?

3. Você acha importante haver ilustrações nos textos que vocês leem? Por quê?

Tecendo saberes

Literatura de cordel é um tipo de composição em versos muito popular no Nordeste brasileiro. As histórias dos cordéis podem ser apresentadas oralmente ou impressas em folhetos para a venda.

Esse formato de impressão teve origem na Europa, durante a Idade Moderna, após a invenção da prensa. Em Portugal, havia a tradição de comercializar os folhetos pendurados em barbantes – chamados de cordéis –, o que deu origem ao nome.

J.L. Bulcão/Pulsar Imagens

Literatura de cordel à venda no Centro Luiz Gonzaga de Tradições Nordestinas, no Rio de Janeiro, em 2012.

1. Leia um cordel de Chico Salles, poeta e músico nascido no município de São Francisco, na Paraíba. O município é popularmente conhecido como São Francisco do Chabocão.

Meu Chabocão

Se você ouvisse a **zuada** da abelha
Zunindo na sua orelha,
Depois de fazer o mel

Se você sentisse o cheiro da chuva no chão
Molhando a plantação
E a melancia no pé

[...]

Se você bebesse da água lá da **cacimba**
Saborosa e bem no clima
Retirada com a mão

Se você visse feito um animal vadio
O peixe subindo o rio
Pra desovar no **açude**

Se você dormisse numa rede bem armada,
Na varanda ou na **latada**, mudava de atitude.
Não falava de tristeza
Nem miséria no sertão
Pois lá no meu Chabocão
Era assim que eu vivia
Não falava de tristeza
Nem miséria no sertão
Pois lá do meu Chabocão
Só me lembro de alegria.

zuada: barulho, zumbido.
zunindo: fazendo ruído.
cacimba: poço, cisterna, fonte de água potável.
açude: lago formado por represamento.
latada: grade que sustenta parreiras de uvas ou outras plantas.

Chico Salles. **A saga do cordel em poesia**: o nordestino carioca. Folheto de cordel, 3. ed. Projeto gráfico: J. C. Mello, Ideia digital. [s. d.].

2 Nesse poema de cordel, há uma exaltação da cidade em que o poeta nasceu. Releia:

> Se você dormisse numa rede bem armada,
> Na varanda ou na latada, mudava de atitude.
>
> [...]
>
> Não falava de tristeza
> Nem miséria no sertão
> Pois lá do meu Chabocão
> Só me lembro de alegria.

A ação de dormir em uma rede bem armada é um exemplo de uma lembrança alegre do lugar em que o poeta vivia. Converse com os colegas e descubram outras ações presentes no poema "Meu Chabocão" que também são exemplos dessas lembranças alegres.

3 Observe agora um poema visual:

Canção para ninar gato com insônia

Reprodução/Sérgio Capparelli/Ed. L&PM

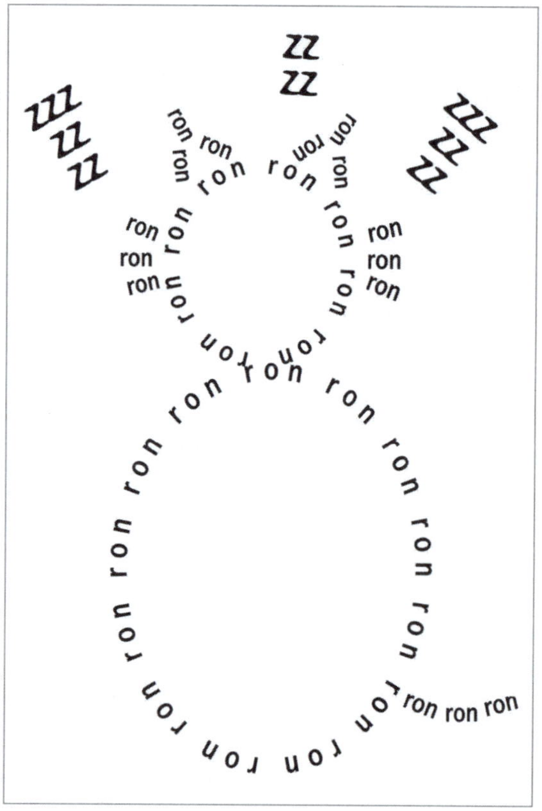

Sérgio Capparelli. **Come-vento**. Porto Alegre: L&PM, 1988.

Converse com os colegas.

a) Como a imagem do poema foi formada e o que ela representa?

b) Que relação existe entre o som representado pelas palavras e a imagem do poema?

c) Qual das palavras do título faz relação com a imagem do poema?

d) Que recurso do poema se relaciona com a ideia de canção de ninar?

Produção de texto

Outro final para a fábula: em prosa ou em verso

No início desta unidade, vocês leram dois textos que contam a mesma fábula, cada um escrito de uma forma e com estilo diferente. Depois, vocês conversaram sobre os desfechos que cada autor criou. Agora vocês vão imaginar um novo final para a história da cigarra e da formiga.

Planejamento

1. Criem um **desfecho** diferente dos que já leram.
2. Recontem a história e a escrevam no caderno, modificando apenas o final.

   Para isso, lembrem-se das partes:
   - **Início**: as formigas estão trabalhando.
   - **Desenvolvimento**: a cigarra chega e pede ajuda.
   - **Final** ou **desfecho**: esta parte da história será criada por vocês.

oriol san julian/Shutterstock

Escrita

1. Escolham a forma para registrar esse desfecho: em prosa ou em verso.
2. Lembrem-se de que:
   - se for em prosa, a linha é contínua; façam parágrafos e cuidem da pontuação; empreguem letras maiúsculas no início das frases;
   - se for em verso, não há parágrafos; os versos podem ser agrupados em estrofes e pode haver rimas e ritmo.

Revisão

Releiam o texto produzido e reescrevam o que acharem necessário.

Apresentação

1. Em duplas, ensaiem a leitura do texto.
2. Façam uma roda de leitura para apresentar aos colegas os desfechos que criaram.
3. Cada dupla lê, com bastante expressividade, o texto produzido.
4. Selecionem o desfecho de que mais gostaram e o copiem no caderno para guardar com vocês.

Aí vem... letra de canção

O texto a seguir é uma letra de canção em que uma onça deixa de comer outros bichos depois que uma criança tem uma ideia. Qual terá sido essa ideia? Leiam e, se puderem, cantem para descobrir.

Criança, crionça

A onça era sonsa
Sonsa de nascença
Chegava de manso
Para encher a pança
Sem pedir licença

Jabuti, teiú
Tucano, tatu
Macaco, sagui
Preguiça, preá
Cutia, quati
Não tinham descanso

Mas uma criança
Chamou a responsa
Criou uma dança
A dança da onça
Criança, crionça
Crionça, criança

Dançando essa dança
A onça desonça
Despança
Dispensa
Sua comilança
E hoje só pensa
Em dançar a dança

Criança, crionça

Augusto de Campos e Cid Campos. **Crianças crionças**. São Paulo: Selo Sesc, 2009. 1 CD. Faixa 12.

Alberto De Stefano/Arquivo da editora

Sobre o autor

O poeta paulistano **Augusto de Campos** escreveu a letra dessa música com o filho – o músico, compositor e produtor musical Cid Campos.

O CD infantil **Crianças crionças** foi lançado pelo selo Sesc em 2009 e deu origem a um show poético-musical-teatral.

José Patrício/Agência Estado

Língua: usos e reflexão

Parágrafo e organização do texto

1 Você viu que a fábula "A cigarra e as formigas", da página 20, tem sete parágrafos. Agora, releia o primeiro parágrafo e observe as expressões destacadas.

> **Num belo dia de inverno** as formigas estavam tendo o maior trabalho para secar suas reservas de trigo. **Depois de uma chuvarada,** os grãos tinham ficado completamente molhados. **De repente** aparece uma cigarra [...].

a) Letras maiúsculas e pontos finais podem indicar o início e o fim de frases.

Observe e responda: Quantas frases há nesse parágrafo? ____________

b) O parágrafo pode ser utilizado para separar partes importantes do texto ou para indicar uma mudança no rumo da história.

Observe as expressões destacadas no trecho. Qual delas muda o rumo da história e poderia iniciar um novo parágrafo? Por quê?

____

____

____

2 Observe novamente o texto da página 20 e responda: Quantos parágrafos são iniciados por travessões e começam com a fala das personagens? ____________

AF Fotografi e/Alamy/Fotoarena

Hora de organizar o que estudamos

Leiam juntos e conversem sobre o que aprenderam.

Parágrafo
- Organiza o texto em prosa
- Pode separar os momentos do texto

Agora você

Em histórias em quadrinhos, os textos não estão organizados em parágrafos. Além disso, muitas vezes, não há um narrador presente e as falas dos personagens vêm em balões de fala.

Leia os quadrinhos a seguir com os personagens Dudu e Magali.

Mauricio de Sousa. **Almanaque**: historinhas de uma página. Turma da Mônica. n. 6. Barueri: Panini Comics, 2011. p. 54.

Organize a história dos quadrinhos como um texto em prosa. Observe as dicas a seguir e escreva o texto no caderno.

- Crie um narrador que inicie a história.
- Organize o diálogo entre os personagens. Para isso, não se esqueça dos travessões.
- Lembre-se de que o narrador também pode contar o desfecho.

Pontuação e expressividade

Atividade oral e escrita

1 Os **sinais de pontuação** nos textos ajudam o leitor a dar mais sentido ao que lê. Releia em voz alta esta fala da cigarra, da fábula "A cigarra e as formigas":

> — Por favor, formiguinhas, me deem um pouco de trigo!

a) O que você acha que a cigarra está sentindo ao falar isso?

____

b) Releia a mesma frase expressando com a voz os sentimentos do quadro abaixo.

fraqueza	raiva	tristeza	medo

O sinal de pontuação conhecido como **ponto de exclamação** pode criar efeito de ênfase ou expressar sentimentos como surpresa, alegria, dor, decepção, etc.

2 Releia em voz alta o trecho a seguir, extraído da fábula de Esopo. Repare nas mudanças no seu jeito de falar quando existem sinais de pontuação.

> As formigas pararam de trabalhar, coisa que era contra os princípios delas, e perguntaram:
> — Mas por quê? O que você fez durante o verão?

a) Para que serviram os dois-pontos?

____

b) Qual é o nome do sinal de pontuação presente no final da fala das formigas?

____

c) Quantas frases há na fala das formigas? ____________________

O que você observou na fala das formigas para contar as frases?

____

____

3 Releia outro trecho da fábula.

Dayane Cabral/Arquivo da editora

> — Para falar a verdade, não tive tempo — respondeu a cigarra. — Passei o verão cantando!

a) O **travessão** geralmente é usado para iniciar a fala de personagens. Nesse trecho, o travessão também foi empregado com uma finalidade diferente. Qual? ___________________________________

____

b) Circule a fala do narrador nesse trecho.

c) Observe os sinais de pontuação destacados: Por que dois deles foram empregados um em seguida do outro?

____

____

4 Leia em voz alta esta fala das formigas.

> — Bom... Se você passou o verão cantando, que tal passar o inverno dançando?

Observe o que acontece com sua voz ao ler a frase com o sinal de pontuação destacado.

> Esse sinal de pontuação é chamado de **reticências**.

Que ideia as **reticências** podem trazer para essa fala?

____

____

Agora você

Releiam o trecho do poema "A cigarra e a formiga", apresentado na próxima página, e ensaiem a leitura de forma dialogada.
No quadro da página a seguir, há três sugestões diferentes de expressividade para esse trecho.
Cada dupla escolherá uma para ensaiar a leitura.

1. **Formiga**: com deboche, rindo da cigarra.
   Cigarra: com certeza do que pensa.
2. **Formiga**: autoritária.
   Cigarra: indignada, com raiva da atitude da formiga.
3. **Formiga**: com indiferença, como se não se importasse com o sofrimento da cigarra.
   Cigarra: tom suplicante, choroso.

Ao lerem as falas das personagens, façam a leitura dos sinais de pontuação com ênfase e expressividade.
As falas estão indicadas da seguinte maneira: letra **F** para as falas da formiga e letra **C** para as da cigarra.

(F) — Por que cantas no verão?

(C) — Essa é a minha profissão.

(F) — Nada mais sabes fazer?

(C) — Canto é trabalho e lazer.

(F) — O que farás no inverno?

(C) — Guardo a guitarra e hiberno.

(F) — E quem te dará sustento?

(C) — Do meu canto me alimento.

(F) — Não temes por teu futuro?

(C) — Viver é um salto no escuro.

Hora de organizar o que estudamos

Leiam juntos o esquema a seguir e completem o trecho com os sinais de pontuação que vocês já conhecem.

Sinais de pontuação

- **Ajudam a organizar o texto**
- **Ajudam a indicar a expressividade**
- **Sinais de pontuação:** ________________

Palavras em jogo

Palavras e sílabas

1 Você sabe o que é **gualín**? Para descobrir, leia um trecho de uma letra de canção de Gabriel, o Pensador.

Gualín

[...]
Oi, tudo legal? Oi, dotu gal-lê?
Meu nome é Gabriel, meu menô é Elbrigá
Meu nome é Gabriel, meu menô é Elbrigá
Quero chocolate, roqué telacochô
Quero chocolate, roqué telacochô
Macaco quer banana, cocamá quer nanabá
Macaco quer banana, cocamá quer nanabá
O macaco quer banana, mas não sabe descascar!
Vou falar um palavrão, vou larfá um vrãolapá
Vou falar um palavrão, vou larfá um vrãolapá
Paralelepípedo, dopepilelerapá!
Paralelepípedo, dopepilelerapá!

Gabriel, o Pensador et al. **Gabriel, o Pensador, para crianças**. CD integrante da revista **Nova Escola**, 2007. Faixa 1.

Alberto De Stefano/Arquivo da editora

Qual é o segredo das palavras dessa letra de canção?

____

____

2 Pensando na sua resposta anterior, conclua: Nessa canção, o que significa **gualín**?

____

3 Para criar as palavras na canção, o autor inventou uma regra. Observe.

quero → **roqué** **nome** → **menô** **tudo** → **dotú**

a) Leia as frases e marque a que corresponde à regra.

☐ Ele organizou as **sílabas** das palavras de trás para a frente.

☐ Ele organizou as **letras** das palavras de trás para a frente.

b) Por que nas palavras **oi**, **é**, **não** e **quer** o autor não aplicou a mesma regra?

____

Sílaba é cada impulso de voz que emitimos ao falar uma palavra.

Agora você

1. Releia as palavras destacadas no item **b** da atividade anterior. Copie:

a) a palavra com o maior número de letras: ____________________

b) a palavra com o menor número de letras: ____________________

2. Localize na letra da canção "Gualín" palavras que você reconheceu e que têm:

a) uma sílaba: ____________________

b) duas sílabas: ____________________

c) três sílabas: ____________________

d) quatro sílabas: ____________________

e) mais de quatro sílabas: ____________________

3. Escolha palavras dos itens da atividade 2 e separe-as em sílabas. Escreva cada sílaba em um quadrinho.

a) ____________________ ☐

b) ____________________ ☐ ☐

c) ____________________ ☐ ☐ ☐

d) ____________________ ☐ ☐ ☐ ☐

Unidade 1

As palavras podem ser classificadas de acordo com o número de sílabas:

- **monossílabas**: com uma sílaba;
- **dissílabas**: com duas sílabas;
- **trissílabas**: com três sílabas;
- **polissílabas**: com quatro sílabas ou mais.

4 Seguindo a mesma regra que Gabriel, o Pensador, criou em "Gualín", transforme as palavras a seguir.

a) fábula: ______

b) trabalho: ______

c) palavra: ______

d) jabuti: ______

e) tucano: ______

f) descanso: ______

g) tatu: ______

h) quati: ______

i) preá: ______

Rafael Campos/Arquivo da editora

Gabriel, o Pensador, um dos autores da música "Gualín".

Assim também aprendo

- Leia a tirinha abaixo, converse com os colegas e divirtam-se.

© Fernando Gonsales/Acervo do cartunista

Fernando Gonsales. Níquel Náusea. **Jornal de Londrina**, 23 out. 2003.

Vocês gostaram da maneira como o cartunista interpretou a fábula da cigarra e das formigas?

O que estudamos

Autoavaliação

- Faça um **X** na coluna que mostra como você se saiu nesta unidade.

Unidade 1		Avancei	Preciso estudar mais
Gênero	Leitura e interpretação de **fábula** em prosa e em verso		
	Diferenças entre textos em prosa e em verso		
	Elementos da narrativa: personagens, tempo, espaço e narrador		
Estudo sobre a língua	Produção de texto: desfecho para fábula (em prosa e em verso)		
	Parágrafo e organização do texto		
	Pontuação e expressividade		
	Palavras monossílabas, dissílabas, trissílabas e polissílabas		
Oralidade	Participação nas atividades orais		

Sugestões de...

Livros

Reprodução/Editora Globo

***Fábulas*, de Monteiro Lobato, ilustrado por Alcy Linares, publicado pelo selo Globinho da editora Globo.**

Monteiro Lobato apresenta, por meio de uma narrativa adaptada à cultura brasileira, histórias inspiradas nas fábulas de Esopo e La Fontaine, que trazem lições ancestrais de inteligência, gratidão, identidade e autoconhecimento.

Reprodução/Editora Moderna

***Fábulas palpitadas: recontadas em versos e comentadas*, de Pedro Bandeira, publicado pela editora Moderna.**

As fábulas de Esopo são recontadas em versos por Pedro Bandeira, mostrando que, muitas vezes, a moral de antigamente permanece atual, pois a humanidade progride, mas suas emoções são as mesmas.

Unidade

2 Notícia

Nesta unidade você vai...

- ler e interpretar notícia;
- identificar partes de uma notícia;
- analisar jornal radiofônico;
- produzir um jornal da sala com notícias de interesse;
- produzir jornal falado;
- estudar o uso de variedades linguísticas;
- rever e ampliar o estudo sobre quando usar letra maiúscula na escrita;
- rever e ampliar o estudo da separação de sílabas de palavras no final da linha;
- participar de atividades orais.

- Quais assuntos chamam mais sua atenção em um jornal?
- Você acha importante saber as notícias do dia? Por quê?
- Quais notícias você gostaria de ler em um jornal? Comente suas escolhas.

Everton Caetano/Arquivo da editora

Para iniciar

Você sabia:

- que o **pinguim** é uma ave, mas não voa?
- que ele vive em bandos e é excelente nadador?
- que existem várias espécies de pinguim, como o pinguim-imperador e o pinguim-azul?
- que os pinguins habitam em maior número o continente congelado da Antártida?

1 Que tal montar um mural com as curiosidades sobre os pinguins? E com pinguins de papel colados em um cartaz? Forme dupla com um colega e preparem juntos os seguintes materiais:

- cartolina branca (para o continente de gelo);
- papel preto (para a silhueta do pinguim);
- papel branco (para completar o corpo);
- canetinha preta (para escrever as informações e desenhar os detalhes).

2 Observem os desenhos a seguir para a montagem dos pinguins.

Alberto De Stefano/Arquivo da editora

a) Na cartolina branca, colem vários pinguins formando um bando e escrevam as curiosidades sobre eles.

b) Aguardem para apresentar o cartaz aos colegas das outras duplas e, depois, colem-no em um mural.

Quando você lê ou ouve uma história sobre ursos, que imagem vem à sua mente? Os filmes geralmente os retratam como animais gigantes, ferozes e fortes. Os desenhos infantis geralmente apresentam ursos alegres, brincalhões e fofinhos. E todos eles vivem em regiões geladas, de muito frio.

Você sabia que o Brasil já abrigou uma ursa-parda que veio dessas regiões frias? Diferentemente dos ursos representados em filmes e desenhos infantis, ela não era nem forte nem alegre. Pelo contrário, ficou conhecida como a "ursa mais triste do mundo".

O que será que a tornou tão triste? Por que será que ela recebeu esse título? Leia a notícia para saber, mas antes veja como o texto foi publicado na internet.

F5 - Bichos - 'Ursa mais triste do
f5.folha.uol.com.br/bichos/2018/09/ursa-mais-triste-do-mundo-sai-do-piaui-e-chega-a-santuario-com-novo-nome-e-nova-vida.shtml

UOL HOST PAGBANK PAGSEGURO CURSOS UOL BATE-PAPO EMAIL

FOLHA DE S.PAULO Opinião Política Mundo Economia Cotidiano Esporte Cultura F5 TV Folha Classificados Logout Assine a Folha

O site de entretenimento da Folha F5

< bichos

'Ursa mais triste do mundo' sai do Piauí e chega a santuário com novo nome e nova vida

Rebatizada de Rowena, animal passa bem após viagem

A ursa Rowena, antes conhecida como Marsha, finalmente conseguiu sua transferência para um santuário

RECEBA AS NOTÍCIAS DO F5 Digite seu e-mail

22.set.2018 às 14h42

SÃO PAULO Conhecida na internet como a "ursa mais triste do mundo", Marsha, agora rebatizada de Rowena, chegou ao Santuário Rancho dos Gnomos, em Joanópolis (SP) na madrugada desta sexta (21) para sábado (22).

Nos últimos meses, Rowena esteve no centro de um debate sobre o aprisionamento de animais. Ela passou anos vivendo no Parque Zoobotânico de Teresina (PI), sob o calor da cidade (que chega aos 40° C) e alimentando-se com comida de cachorro, segundo órgãos de defesa dos animais e organizações da sociedade civil.

Antes do zoológico, a ursa sofreu maus-tratos em um circo por cerca de 20 anos, vivendo em uma jaula minúscula e sendo forçada a fazer truques em troca de comida, segundo declaração da ativista Luisa Mell.

gostou? leia também

Por que os gatos ronronam?

Juiz aprova transferência da 'ursa mais triste do mundo', que vive em zoológico do Nordeste

Prêmio de fotos cômicas de bichos selvagens quer ajudar a protegê-los

mais lidas

Roberto Carlos diz ser fã de Regina Duarte e que Bolsonaro tem dificuldade em realizar promessas

BBB 20: Nasce Jake, filho de Sammy e Pyong Lee

Sem querer, treinamos as crianças a serem irritantes, diz psicoterapeuta britânica

Fábio Assunção aparece com corpo sarado e recebe elogios de fãs

Tony Goes: Quem critica fantasia de indio não entende o que é o Carnaval

F5 Curtir Página 54 amigos curtiram isso

Leitura: notícia

'Ursa mais triste do mundo' sai do Piauí e chega a santuário com novo nome e nova vida

Rebatizada de Rowena, animal passa bem após viagem

22/09/2018 Publicado às 14h42

São Paulo Conhecida na internet como a "ursa mais triste do mundo", Marsha, agora rebatizada de Rowena, chegou ao Santuário Rancho dos Gnomos, em Joanópolis (SP), na madrugada desta sexta-feira (21) para sábado (22).

Nos últimos meses, Rowena esteve no centro de um debate sobre aprisionamento de animais. Ela passou anos vivendo no Parque Zoobotânico de Teresina (PI), sob o calor da cidade (que chega aos 40° C) e alimentando-se com comida de cachorro, segundo órgãos de defesa dos animais e organizações da sociedade civil.

Antes do zoológico, a ursa sofreu maus-tratos em um circo por cerca de 20 anos, vivendo em uma jaula minúscula e sendo forçada a fazer truques em troca de comida, segundo a declaração da ativista Luísa Mell.

[...]

Depois de autorizada, a transferência foi realizada por uma equipe formada por biólogos e veterinários, em um avião da Força Aérea Brasileira (FAB). Rowena foi transportada dentro de uma cabine climatizada, e pousou em São Paulo na noite de sexta-feira.

Já em Joanópolis, a ursa ficará em um espaço de cerca de 600 metros quadrados, com piscina e caverna. [...]

Disponível em: <https://f5.folha.uol.com.br/bichos/2018/09/ursa-mais-triste-do-mundo-sai-do-piaui-e-chega-a-santuario-com-novo-nome-e-nova-vida.shtml>. Acesso em: 20 set. 2019.

Ursa chegou filhote ao Brasil e viveu em circos.

A ursa Rowena, antes conhecida como Marsha, finalmente conseguiu sua transferência para um santuário.

Interpretação do texto

Compreensão do texto

Você leu um texto sobre um fato real, publicado como **notícia** em um jornal de grande circulação e que foi lido por muitas pessoas.

A notícia traz todas as informações que comprovam que o fato realmente ocorreu: O que aconteceu? Com quem? Quando? Onde? Como?

1 Qual é o fato noticiado no texto que você leu?

____

____

2 Copie o quadro no caderno e preencha-o com as informações encontradas na notícia.

Quem?	Quando?	Onde?	Como?	Por quê?

3 Pela notícia é possível saber a história da ursa, antes e depois de sua transferência. Copie o quadro no caderno e o preencha com as informações solicitadas.

	Onde viveu?	Como viveu?
Antes	No circo	
	No Parque Zoobotânico	
Depois	No Santuário	

4 Por que a ursa foi batizada com outro nome? Converse com os colegas.

5 Agora, você já pode responder: Por que a ursa foi chamada de "ursa mais triste do mundo"?

____

____

Linguagem e construção do texto

Observe.

'Ursa mais triste do mundo' sai do Piauí e chega a santuário com novo nome e nova vida

Manchete ou título

Rebatizada de Rowena, animal passa bem após viagem

22/09/2018 Publicado às 14h42

Linha fina

São Paulo Conhecida na internet como a "ursa mais triste do mundo", Marsha, agora rebatizada de Rowena, chegou ao Santuário Rancho dos Gnomos, em Joanópolis (SP), na madrugada desta sexta-feira (21) para sábado (22).

Lide

Nos últimos meses, Rowena esteve no centro de um debate sobre aprisionamento de animais. Ela passou anos vivendo no Parque Zoobotânico de Teresina (PI), sob o calor da cidade (que chega aos 40° C) e alimentando-se com comida de cachorro, segundo órgãos de defesa dos animais e organizações da sociedade civil.

Antes do zoológico, a ursa sofreu maus-tratos em um circo por cerca de 20 anos, vivendo em uma jaula minúscula e sendo forçada a fazer truques em troca de comida, segundo a declaração da ativista Luísa Mell.

[...]

Depois de autorizada, a transferência foi realizada por uma equipe formada por biólogos e veterinários, em um avião da Força Aérea Brasileira (FAB). Rowena foi transportada dentro de uma cabine climatizada, e pousou em São Paulo na noite de sexta-feira.

Já em Joanópolis, a ursa ficará em um espaço de cerca de 600 metros quadrados, com piscina e caverna. [...]

Corpo da notícia

Disponível em: <https://f5.folha.uol.com.br/bichos/2018/09/ursa-mais-triste-do-mundo-sai-do-piaui-e-chega-a-santuario-com-novo-nome-e-nova-vida.shtml>. Acesso em: 20 set. 2019.

Site da publicação

A **manchete** (ou **título**) é escrita em letras maiores, com bastante destaque.

1. Qual pode ser a razão desse destaque dado à manchete?

____

A **linha fina** é a frase que vem logo após o título. Suas letras são menores do que o título, mas maiores do que as da notícia.

2 Qual é a função da **linha fina** em textos jornalísticos?

____

____

3 Registre a data da publicação: ______________________

O primeiro parágrafo da notícia recebe o nome de **lide**.

4 Marque as alternativas que indicam para que serve o **lide** da notícia.

- [ ] Repetir a manchete com os mesmos dados e informações.
- [ ] Trazer um resumo da notícia para que o leitor se interesse pela leitura.
- [ ] Responder às questões: O quê? Quem? Como? Quando? Onde? Por quê?
- [ ] Não tem utilidade prática e, portanto, é um parágrafo que pode ser retirado da notícia.

5 Releia o trecho da notícia.

> Depois de autorizada, a transferência foi realizada por uma equipe formada por biólogos e veterinários, em um avião da Força Aérea Brasileira (FAB). Rowena foi transportada dentro de uma cabine climatizada, e pousou em São Paulo na noite de sexta-feira.
>
> Já em Joanópolis, a ursa ficará em um espaço de cerca de 600 metros quadrados, com piscina e caverna. [...]

Assinale as alternativas que indicam as características da **linguagem** empregada no texto.

- [ ] Informal, espontânea.
- [ ] Formal, mais cuidada.
- [ ] Clara e traz informações objetivas.
- [ ] Um pouco confusa, mas traz muitos dados.

Unidade 2

6 Além do texto verbal, a notícia traz outro recurso: as **imagens**. Veja:

Ursa chegou filhote ao Brasil e viveu em circos.

A ursa Rowena, antes conhecida como Marsha, finalmente conseguiu sua transferência para um santuário.

Converse com os colegas:

a) Você considera que as fotos são um recurso importante para essa notícia? Por quê?

b) Qual das fotos mais chamou sua atenção? Por quê?

7 Marque a alternativa que melhor define a intenção da notícia.

- [ ] Divertir e entreter.
- [ ] Informar sobre um fato real.
- [ ] Contar uma história inventada.
- [ ] Convencer sobre uma ideia.

Hora de organizar o que estudamos

Notícia

Relato de fatos reais publicado em jornal impresso ou digital, rádio, televisão, revista

Intenção/finalidade
- Informar sobre um fato, um acontecimento

Linguagem e construção do texto
- Linguagem clara, mais formal
- Manchete, linha fina, lide, corpo da notícia
- Fotos

Leitor
- Pessoas interessadas em acontecimentos do dia a dia

Prática de oralidade

Conversa em jogo

É correto o uso de animais para o entretenimento humano?

Observe a foto, em que um urso foi utilizado como atração no início de uma partida de futebol, na Rússia.

Reprodução/Youtube

Urso entregando a bola ao juiz de uma partida de futebol, na Rússia.

Expor animais a situações não naturais para eles com o intuito de promover diversão e entretenimento para seres humanos é prática que acontece há muito tempo em muitas sociedades.

Há, ainda hoje, touradas, vaquejadas, uso de golfinhos e baleias em espetáculos de parques aquáticos, entre outras situações.

O que você pensa sobre isso? É correto tirar o animal de seu meio e usá-lo para divertir pessoas? Apresente sua opinião, justificando-a, e ouça a dos colegas.

Jornal falado – radiofônico

Há muitos modos de as pessoas se informarem e ouvir rádio é um deles.

Embora o rádio seja um meio de comunicação antigo, ele continua sendo muito utilizado pelas pessoas, tanto da forma tradicional como de acordo com as possibilidades de acesso que as novas tecnologias oferecem. Por meio dele é possível ouvir um noticiário, por exemplo, como hoje se faz também por meio do computador ou do *smartphone*.

Por que o rádio é um importante meio de comunicação?

Basta pensar que ele é popular, que chega a lugares de difícil acesso, que traz informação para quem não sabe ler. Muitas notícias chegam às pessoas por meio do **jornal radiofônico**.

O jornal radiofônico é um jornal falado, transmitido pelo rádio, com a intenção de divulgar notícias e informações para que o ouvinte as ouça e compreenda. Por não contar com recursos de imagens, a palavra é o elemento mais importante, por isso ela deve ser bem pronunciada e clara.

Que tal conhecer um jornal radiofônico?

1. Após as orientações da professora, ouçam o jornal radiofônico escolhido com atenção.

2. Em uma folha à parte, tomem nota de como o âncora (apresentador) transmite as notícias. Anotem suas impressões em relação aos seguintes itens:
   - a) a voz do apresentador (apressada, agradável, desagradável, tom alto, tom baixo, varia conforme a ênfase, etc.);
   - b) o tipo de linguagem usada (mais formal, mais espontânea, em tom de conversa, etc.);
   - c) o tempo da transmissão (longo, curto);
   - d) a utilização ou não de música; entre outras observações.

3. Conversem com os colegas sobre o que você observou e ouça o que eles têm a dizer.

Agora que vocês já sabem como funciona a produção de um jornal radiofônico, que tal produzir um?

Guardem suas anotações, pois essa atividade será realizada na seção **Produção de texto**.

Outras linguagens

Cartaz de campanha

Atividade oral

Observe o cartaz que foi publicado em redes sociais pela ativista Luísa Mell. Ele fez parte de uma campanha veiculada na internet que teve por objetivo angariar assinaturas para um abaixo-assinado *on-line* em favor da transferência da ursa Marsha para um santuário ecológico em São Paulo.

Reprodução/Instagram/ursamarsh

Disponível em: <https://extra.globo.com/famosos/luisa-mell-comemora-resgate-chegada-de-ursa-marsha-mais-triste-do-mundo-sp-23093419.html>. Acesso em: 25 set. 2019.

Converse com os colegas.

a) A escolha da foto do cartaz foi adequada para convencer as pessoas? Por quê?

b) Além da foto, foi usado o recurso de balão de fala. Qual é o efeito desse balão de fala?

c) Você mudaria a frase usada como apelo? Por quê?

Tecendo saberes

Mobilização na internet

Você leu uma notícia publicada na internet, em jornal digital. Viu que um cartaz foi postado nas redes sociais para mobilizar as pessoas a ajudar na transferência da ursa.

Veja agora uma postagem feita em uma rede social comunicando a morte de Rowena. Apesar de todos os cuidados, a ursa faleceu em 24 de julho de 2019.

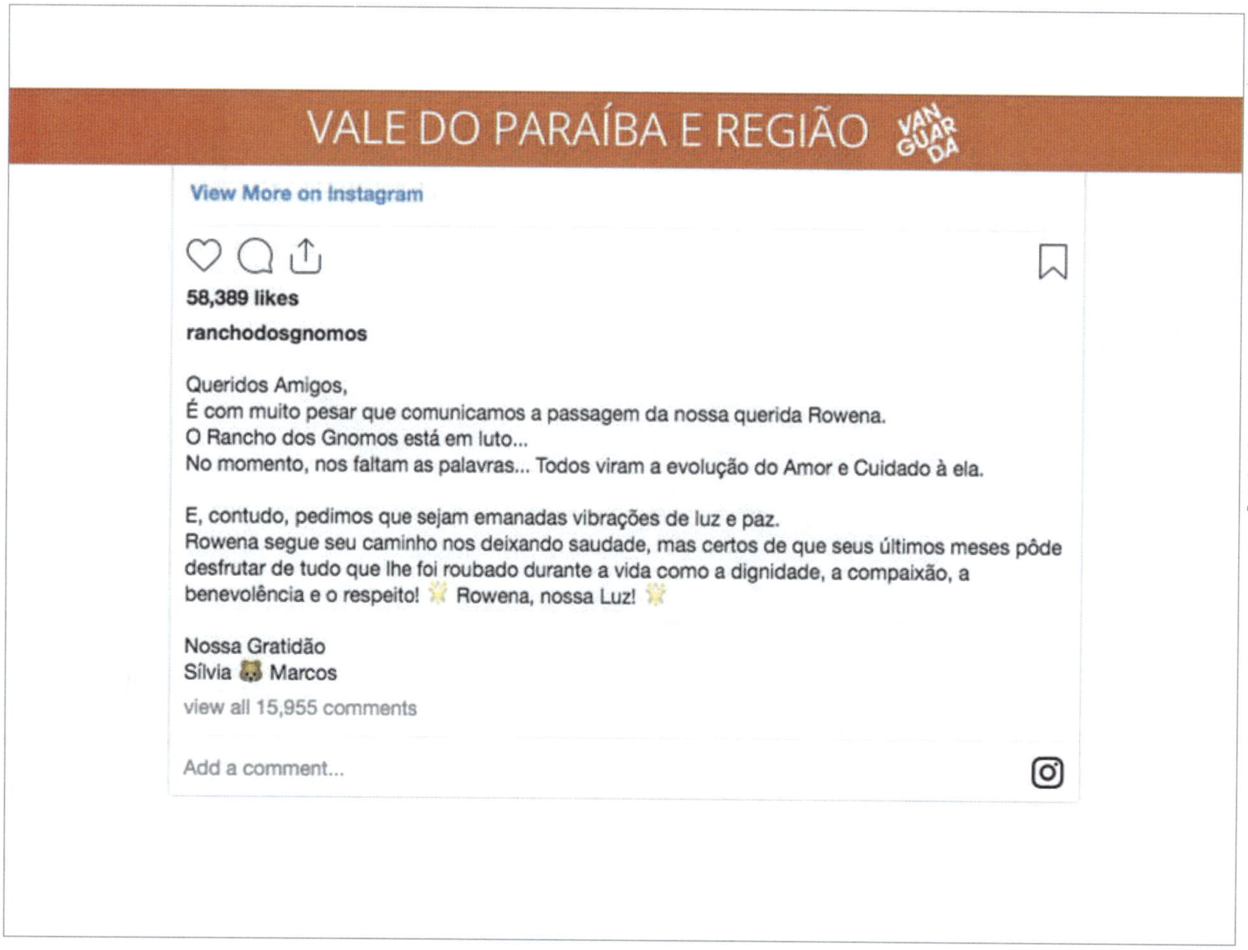
VALE DO PARAÍBA E REGIÃO VANGUARDA

View More on Instagram

58,389 likes

ranchodosgnomos

Queridos Amigos,
É com muito pesar que comunicamos a passagem da nossa querida Rowena.
O Rancho dos Gnomos está em luto...
No momento, nos faltam as palavras... Todos viram a evolução do Amor e Cuidado à ela.

E, contudo, pedimos que sejam emanadas vibrações de luz e paz.
Rowena segue seu caminho nos deixando saudade, mas certos de que seus últimos meses pôde desfrutar de tudo que lhe foi roubado durante a vida como a dignidade, a compaixão, a benevolência e o respeito! Rowena, nossa Luz!

Nossa Gratidão
Sílvia Marcos

view all 15,955 comments

Add a comment...

Disponível em: <https://g1.globo.com/sp/vale-do-paraiba-regiao/noticia/2019/07/24/ursa-que-ficou-conhecida-como-mais-triste-do-mundo-morre-em-santuario-de-animais-em-sp.ghtml>. Acesso em: 11 fev. 2020.

O *blog* é uma das ferramentas de comunicação que pode ser usada para mobilizar pessoas para causas que preservem a natureza e a vida humana e animal.

Veja na página a seguir um exemplo de *blog*, o Blogue do Rex, que faz parte da revista *on-line* **Ciência Hoje das Crianças**:

SEJA AMIGO DO LOBO

CHC > Acervo Histórico > Blogue do Rex

"Para que esses olhos tão grandes? E essas orelhas enormes?" Aposto que vocês já ouviram essas perguntas antes – quem não conhece a história da Chapeuzinho Vermelho, que foi visitar a avó e encontrou um lobo mau pelo caminho? Muitas histórias infantis têm o lobo como vilão, mas a proposta hoje é outra: o lobo como amigo. Já pensou?

O lobo-guará é o maior canídeo da América Latina. (foto: Lallie / Flickr / CC BY-NC 2.0)

Bem, você já leu aqui na CHC que o lobo-guará, uma espécie brasileira, não tem nada de mau e ainda está ameaçado de desaparecer por causa da caça e da destruição de seu hábitat – áreas do cerrado e dos pampas. Imagina o prejuízo para a nossa natureza! Por isso, a Sociedade Brasileira de Zoológicos e Aquários instituiu 2015 como "o ano do lobo" e criou a campanha Sou Amigo do Lobo. Confira o vídeo:

Projeto Sou Amigo do Lobo

Na página da campanha, você encontra ainda informações sobre a espécie, projetos para sua conservação e dicas sobre como ajudar os lobos-guarás, além de imagens e jogos. Gostou? Então trate de imprimir sua carteirinha de Amigo do Lobo e espalhar informações sobre este belo animal da fauna brasileira!

Matéria publicada em 20.10.2015

COMENTÁRIOS

Disponível em: <http://chc.org.br/acervo/seja-amigo-do-lobo/>. Acesso em: 26 set. 2019.

1 Agora, converse com os colegas sobre as questões a seguir.

a) Qual é o assunto da postagem desse *blog*?

b) Qual é o alerta dado na postagem?

c) Qual é a campanha divulgada na postagem?

d) O que é sugerido no texto do *blog* para incentivar as pessoas a se mobilizarem pela causa divulgada?

e) O que o símbolo ▶ representa na imagem ao lado?

f) Que outras informações há nesta imagem?

Esta parte do *blog* é para que os leitores escrevam um comentário sobre a postagem:

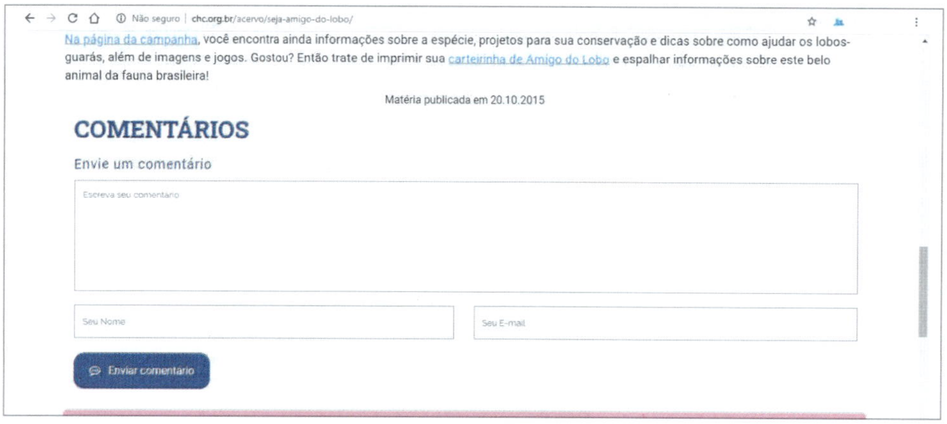

Reprodução/<chc.org.br/acervo/seja-amigo-do-lobo/>

Os *blogs* podem ser criados para diversos fins, não apenas para mobilizar pessoas em torno de um objetivo comum. Muitos internautas criam seus *blogs* para compartilhar informações sobre seus gostos pessoais, como filmes, músicas, comidas preferidas, viagens que fizeram, etc.

Esses registros são postados nos *blogs* por meio de textos que podem vir acompanhados de fotos, vídeos, cartazes, entre outros recursos.

Conheça o *blog* de uma garota que se interessa por répteis e que compartilha os resultados de suas pesquisas com os leitores.

Fotos: Reprodução/<http://iloverepteis.blogspot.com.br>

Blog I love répteis. Disponível em: <http://iloverepteis.blogspot.com.br/>. Acesso em: 26 out. 2019.

2 Converse com os colegas.

a) Quais animais ilustram a página?

b) Há uma textura no fundo de tela. O que ela representa?

c) Que convite é feito aos leitores nas laterais da página?

d) Qual é o título do *blog*?

Língua: usos e reflexão

Variedades linguísticas

Você estudou que a linguagem da notícia é mais formal e cuidada. Vamos estudar um pouco mais sobre o uso da linguagem em textos escritos.

1 Leia:

a) Verbete

GATO (ga.to) substantivo. Pequeno animal doméstico, carnívoro, descendente do gato selvagem e da mesma família do leão, da onça e do tigre.

S

Saraiva infantil de A a Z: dicionário de língua portuguesa ilustrado. 2. [ef] ed. São Paulo: Saraiva, 2008. p. 109.

Banco de imagens/Arquivo da editora

b) Texto informativo

[...] Os cientistas franceses trabalhavam, em 2001, em um sítio arqueológico localizado na cidade de Shillourokambos, na ilha de Chipre (sudeste da Europa), quando encontraram um esqueleto de gato com mais de 9.500 anos de idade. Ele estava enterrado a apenas 40 centímetros e à mesma profundidade do esqueleto de uma pessoa. Para os cientistas, isso era uma evidência de que já havia nessa época uma relação muito próxima entre gatos e homens.

O esqueleto do animal estava intacto e tão preservado quanto o humano, o que sugere, assim como as outras características, que ambos foram enterrados juntos. Os ossos do gato também não apresentavam sinais de violência, outra indicação de que havia uma forte relação entre ele e a pessoa com a qual foi enterrado. [...]

Disponível em: <http://chc.org.br/caes-e-gatos-um-assunto-de-cientista/>. Acesso em: 27 set. 2019.

2 Agora, responda às questões a seguir com os colegas.

a) Nesses textos há gírias?

b) A linguagem usada no verbete e no texto informativo é mais cuidada, formal, ou mais espontânea, informal?

3 Leia agora esta página de diário em que uma personagem escreve sobre seu gato:

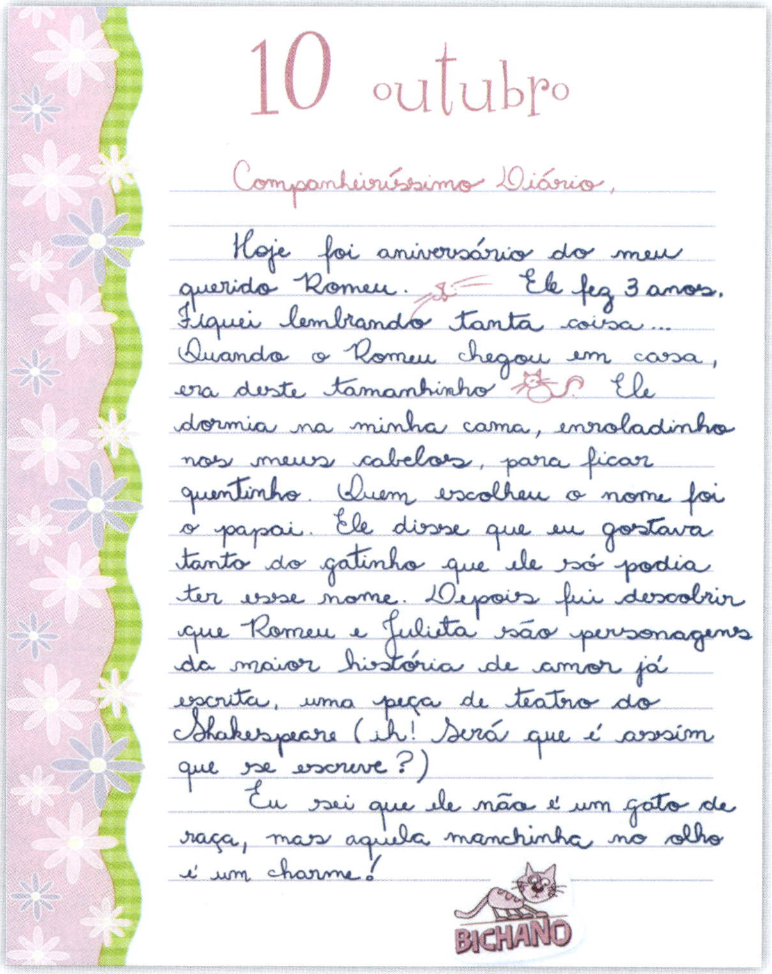
10 outubro

Companheiríssimo Diário,

Hoje foi aniversário do meu querido Romeu. Ele fez 3 anos. Fiquei lembrando tanta coisa... Quando o Romeu chegou em casa, era deste tamanhinho. Ele dormia na minha cama, enroladinho nos meus cabelos, para ficar quentinho. Quem escolheu o nome foi o papai. Ele disse que eu gostava tanto do gatinho que ele só podia ter esse nome. Depois fui descobrir que Romeu e Julieta são personagens da maior história de amor já escrita, uma peça de teatro do Shakespeare (ih! Será que é assim que se escreve?)

Eu sei que ele não é um gato de raça, mas aquela manchinha no olho é um charme!

Ziraldo. **Diário da Julieta**: as histórias mais secretas da Menina Maluquinha. São Paulo: Globo, 2010. p. 90.

De acordo com o texto lido, escolha a alternativa que mostra como a personagem escreve seu diário.

☐ Ela escreve de modo planejado, cuidado.

☐ A personagem escreve como se estivesse conversando.

☐ Revela emoções de forma espontânea em sua escrita.

☐ Escreve tomando muito cuidado com a escolha de palavras.

4 Essas características são encontradas também no verbete e no trecho do texto informativo que você leu? Explique.

5 Quais outros textos você conhece que apresentam uma linguagem parecida com a do dicionário e a do texto informativo?

6 Leia agora esta história em quadrinhos.

MAURICIO
?
?
?
FSSST!!
AAAIIII!!
© MSP - BRASIL
FSSST!!
FSSST!!
TÁ NA HORA DOS GATOS FICAREM ATACADOS!!
TUMP
ARGH! EU ODEIO ESTE HORÁRIO!
MINGAU!!

Mauricio de Sousa. **Magali**. São Paulo: Panini Brasil, 2015. p. 38-40.

7 Escreva no caderno as expressões que são usadas na história e que demonstram uma linguagem bem informal, espontânea.

Diferentemente da linguagem da notícia e do texto informativo, a linguagem do diário e da história em quadrinhos se aproxima bastante da fala. Dizemos que a linguagem do diário e da HQ é mais **informal**, **espontânea**.

Gírias

Leia um trecho de outro diário, publicado no livro **Diário de um banana**. Nesse livro, o personagem Greg usa uma linguagem própria das pessoas com quem convive no dia a dia. Preste atenção nas partes destacadas:

Ele está sempre **no meu pé**, querendo que eu saia e faça alguma coisa “ativa”.

Mas, como sempre, o papai não **sacou** a minha lógica.

Papai é um **cara** bem esperto em geral [...].

1 As expressões destacadas, empregadas por Greg, são **gírias**. Converse com os colegas sobre o possível sentido de cada uma delas. Registre o significado delas.

2 Você acha que o efeito do texto seria o mesmo se Greg usasse as frases sem gírias? Explique.

Gírias são palavras ou expressões mais populares ou informais, geralmente empregadas por determinados grupos sociais.

Conheça as gírias usadas por pessoas de alguns grupos.

Surfistas

Arrebentar: se dar bem em determinada situação.

Cabrerão: medroso, covarde.

Caldo: tombo que o surfista leva da prancha.

Maroleiro: surfista que gosta de ondas pequenas.

Prego: surfista que não pega onda muito bem.

Jogadores de futebol

Bicicleta: chute aéreo em que o jogador chuta a bola com o corpo no ar como se desse uma cambalhota.

Bicuda: chute forte com o bico do pé.

Frango: gol sofrido por falha ou falta de habilidade do goleiro.

Lanterninha: time que ocupa a última posição em um torneio ou campeonato.

Jovens

Babado: mexerico, intriga, fofoca.

Caraca!: expressa admiração, surpresa.

Irado!: exprime satisfação; algo que agrada bastante.

Pagar mico: passar vergonha; dar vexame.

Tá causando: está se mostrando, aparecendo, chamando a atenção.

Ilustrações: Alberto De Stefano/Arquivo da editora

O uso de gírias é muito comum entre jovens, entre amigos, entre pessoas com quem convivemos no dia a dia. Geralmente, a gíria é empregada em situações em que o uso da linguagem é **mais informal**, mais espontânea.

Há o uso de gírias próprias de roqueiros, internautas, profissionais de determinadas áreas: feirantes, caminhoneiros, médicos, etc.

As gírias podem variar dependendo da região em que são empregadas, pois há diferenças de sentido de um lugar para outro, isto é, as gírias usadas em certo lugar podem não fazer sentido em outro.

3 Reescreva cada frase substituindo a expressão destacada por uma gíria que você conhece:

a) Meu time está indo muito mal. É o **último classificado** no campeonato...

____

b) Preciso te contar a maior **fofoca**!

____

c) Surfista iniciante costuma levar muito **tombo**, mas depois melhora.

____

d) Seu time só perdeu porque o goleiro falhou e **tomou o maior gol**.

____

____

e) Derramei refrigerante na roupa e **passei muita vergonha** na frente de todo mundo.

____

____

4 Leia este trecho, retirado de um livro paradidático que fala sobre o corpo humano, e observe a linguagem empregada.

> Os ossos de seu corpo são duros e rígidos por fora, mas são mais leves e mais moles por dentro. Os ossos são duros porque são compostos de cálcio e fósforo. Muitos ossos são ocos, o que os torna leves. O tecido mole encontrado no centro dos ossos é chamado de medula.
>
> Mirtes Pinheiro (Trad.). **Meu primeiro livro sobre o corpo humano**. Barueri: Ciranda Cultural, 2009. p. 12.

Nesse texto há gírias? A linguagem é mais formal ou mais informal?

No trecho acima, a linguagem foi empregada de forma objetiva, mais planejada e elaborada, pois trata-se de um texto de um livro que tem o objetivo de fornecer informações precisas.

Agora você

1 Leia os quadrinhos a seguir, com os personagens Cebolinha e Mônica.

Mauricio de Sousa. **As tiras clássicas da turma da Mônica**. São Paulo: Panini Comics, 2011. p. 58. v. 7.

a) Cebolinha conseguiu deixar Mônica "sem entender nada"? Explique.

____

____

____

b) Converse com os colegas e escrevam o significado de cada gíria.

- mina: ____________________
- quizumba: ____________________
- cuca: ____________________
- minão: ____________________
- Tá curtindo uma de diferente? ____________________

c) O efeito de humor da tirinha seria o mesmo se Mônica não tivesse usado gírias? Explique.

____

____

____

2 Reescreva as frases substituindo as partes destacadas por palavras ou expressões que você conhece, mas mantendo o sentido.

a) Ganhei um celular **fantástico**!

____

____

b) **Consegui conversar muito bem** com aquela garota!

____

____

c) A festa de aniversário da Zezé foi **muito, muito boa**!

____

d) No meu aniversário **veio uma turma muito grande**!

____

3 Vocês vão fazer uma apresentação sobre as variedades linguísticas, isto é, sobre as diversas formas de falar. Sigam o passo a passo.

a) Pesquisem palavras, expressões ou formas de falar que sejam bem características de sua região: gírias, formas de pronunciar as palavras, diferentes nomes para a mesma coisa.

b) Conversem com pessoas do local onde moram. Perguntem se elas permitem a gravação da fala delas e a exibição, na aula, do modo como se expressam.

c) Registrem o que chamar a atenção de vocês e, no dia combinado com a professora, apresentem o resultado da pesquisa.

d) Na apresentação dos colegas verifiquem se eles encontraram palavras ou expressões iguais às que vocês levantaram e se o sentido é o mesmo.

e) Terminadas as exposições, conversem sobre as variedades linguísticas apresentadas.

Importante: É preciso respeitar as diversas formas de expressão das pessoas. Cada um tem um jeito próprio de se exprimir. Essa é uma das maiores riquezas da língua: **a diversidade de formas de se expressar**.

Hora de organizar o que estudamos

Leia com os colegas o esquema a seguir e conversem sobre o que estudaram.

Variedades linguísticas

Linguagem informal

- Mais empregada no dia a dia
- Mais descontraída e espontânea
- Pode apresentar expressões populares e gírias

Linguagem formal

- Empregada em situações de comunicação e gêneros textuais mais formais: palestras, textos científicos, em alguns jornais falados e escritos
- Menos descontraída e menos espontânea
- Geralmente não apresenta expressões populares ou gírias, pois tem de ser mais objetiva e precisa

Substantivos próprios e o uso da letra maiúscula

Leia as duas listas de palavras a seguir.

ursa	Rowena
cidade	Teresina
santuário	Rancho dos Gnomos
gato	Romeu

As palavras em azul nomeiam seres e lugares comuns, isto é, estamos falando de qualquer ursa, qualquer cidade, qualquer santuário, qualquer gato. Essas palavras são **substantivos comuns**.

Quando falamos em **Rowena**, trata-se do nome de uma ursa específica, aquela que era a mais triste do mundo. Não é mais qualquer ursa, é a **Rowena**. Quando falamos em **Teresina**, não nos referimos a qualquer cidade, mas a **Teresina**.

As palavras da lista em verde especificam que a ursa é **Rowena**, que a cidade é **Teresina**, que o santuário é o **Rancho dos Gnomos** e que o gato do diário é o **Romeu**. Essas palavras são **substantivos próprios**.

Os substantivos próprios são escritos com a **letra inicial maiúscula**.

Agora você

Complete o quadro dando um nome específico para cada um dos **substantivos comuns**.

Substantivos comuns	Substantivos próprios
país	
artista	
cidade	

Os nomes que você escreveu especificaram cada um dos substantivos, particularizando-os. São **substantivos próprios**: nomes de pessoas, animais, países, cidades, ruas, rios, livros, filmes, lojas, etc.

O uso da letra maiúscula

1 Releia este trecho prestando atenção no uso das letras maiúsculas.

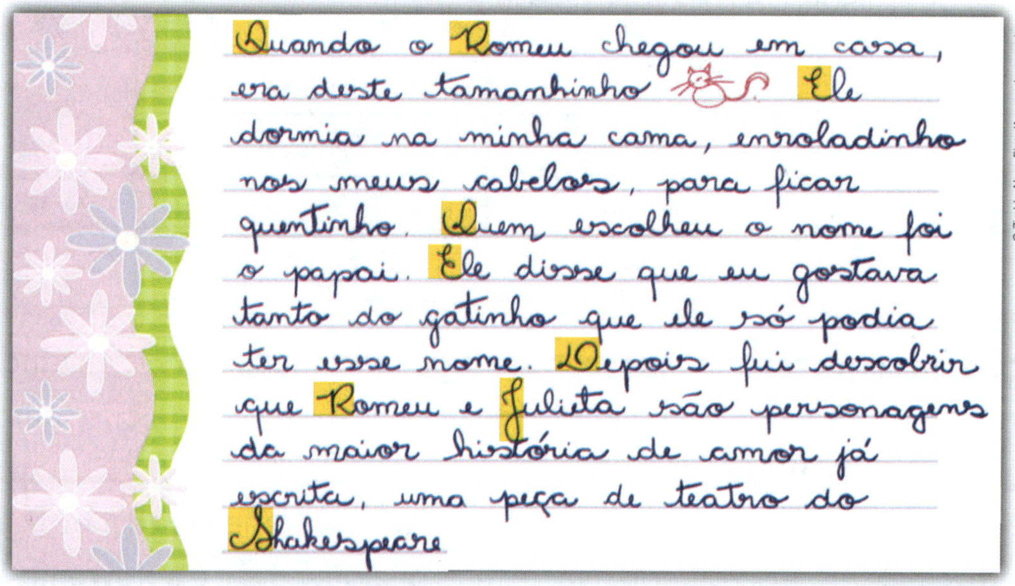
Quando o Romeu chegou em casa, era deste tamanhinho. Ele dormia na minha cama, enroladinho nos meus cabelos, para ficar quentinho. Quem escolheu o nome foi o papai. Ele disse que eu gostava tanto do gatinho que ele só podia ter esse nome. Depois fui descobrir que Romeu e Julieta são personagens da maior história de amor já escrita, uma peça de teatro do Shakespeare

No trecho lido as letras maiúsculas foram empregadas em duas situações. Assinale as situações que você consegue identificar.

- [ ] No início de frases e depois de ponto final.
- [ ] Em nomes de pessoas, personagens e animais.
- [ ] Para separar ideias no texto.

2 No trecho a seguir, do **Diário de um banana**, em que situações a letra maiúscula foi empregada? Reveja as situações na atividade 1 para responder.

> Terça-feira
> Não sei se já falei isso antes, mas eu sou SUPERBOM no videogame. Aposto que, no mano a mano, eu venceria qualquer um da minha turma.

____

____

____

3 Reescreva o trecho a seguir, empregando a letra maiúscula quando necessário.

> a avenida à beira-mar em camboriú, no litoral de santa catarina, ostenta quatro dos dez prédios mais altos do brasil.
>
> VEJA. São Paulo: Abril, set. 2017. p. 82.

____

____

____

4 **Ditado encaixado**. Escreva as palavras que serão ditadas pela professora, decidindo se a escrita deve ou não ter letra inicial maiúscula.

Senhor ______________ precisa levar seu ______________ chamado ______________, sua ______________ e um saco de ______________ para a outra margem do rio ______________, onde mora ______________, marido de ______________. ______________ está apressado para voltar para ______________ com ______________, sua ______________.

5 O trecho abaixo foi retirado de outra página do **Diário da Julieta**, mas ele foi transcrito sem nenhuma letra maiúscula. Circule as letras que deveriam ser maiúsculas.

3 março

caro diário:

eu não sei o que acontece com as pessoas. a gente confia nelas e, quando menos se espera, elas nos magoam.

eu conheci o bocão no jardim 3. foi meu primeiro amigo. eu fazia ele rir o dia inteiro. o bocão rindo é muito engraçado, ele se sacode todo e faz o maior barulho. a gente lanchava juntos todo dia. eu sempre dava meus biscoitos cream cracker pra ele. mas quando a mãe dele mandava bolo de fubá, eu descontava, comendo metade. [...]

Ziraldo. **Diário da Julieta**: as histórias mais secretas da Menina Maluquinha. São Paulo: Globo, 2010. p. 20.

Hora de organizar o que estudamos

Com os colegas, complete o esquema com as situações em que a letra maiúscula deve ser empregada.

Usos da letra maiúscula

Produção de texto

Noticia

Chegou a hora de produzir uma notícia para montar um jornal da escola e, se possível, criar também um jornal radiofônico.

Reúnam-se em trios e conversem sobre que tema cada grupo gostaria de produzir sua notícia. Sigam as orientações e bom trabalho!

Planejamento

1. Conversem sobre algum fato acontecido na escola, no bairro ou na comunidade em que moram.
2. Lembrem-se de que deve ser um fato real e que desperte interesse para a leitura (pode ser um acontecimento, uma excursão, um evento, etc.).
3. Pesquisem o maior número de informações sobre o fato escolhido.
4. Copiem e preencham o quadro a seguir com as informações sobre o fato:

O que aconteceu? (assunto escolhido)	Quando aconteceu?	Onde aconteceu?	Quem participou?	Como aconteceu?

Escrita

1. Pensem em um título, uma manchete que desperte a curiosidade dos leitores.
2. Em uma folha à parte, escrevam a manchete com letras grandes e destacadas no alto da página.
3. No primeiro parágrafo, o lide, coloquem de forma resumida as informações do quadro: **o quê? quando? onde? quem?**
4. Em seguida, escrevam **como** o fato aconteceu com mais detalhes.
5. Verifiquem se, além dessas informações, estão presentes no texto as decorrências dos acontecimentos, isto é, se houve consequências a partir do fato noticiado.
6. Lembrem-se de que a linguagem deverá ser clara, mais cuidada e mais formal.

Revisão

1. Releiam a manchete, o lide e o corpo da notícia para verificar se ficaram claros.
2. Insiram no texto, se possível, recursos visuais como fotografias.

Edição

1. **Jornal da sala**

   Após todos os grupos terem produzido suas notícias, elas serão agrupadas no jornal da sala, que será organizado coletivamente pela turma.

   Esse jornal poderá ser criado em formato impresso, usando os recursos que a escola oferece, como computador, impressora, *softwares* de edição de texto, etc. Se houver possibilidade, as notícias poderão ser publicadas também em jornal digital e divulgadas para a comunidade escolar.

2. **Jornal radiofônico**

   Sigam as orientações para elaborar o roteiro do grupo.

   Roteiro

   1. Em um dia estipulado pelo professor, reúnam-se em grupos e criem um nome para o jornal radiofônico e um texto para a vinheta que iniciará a apresentação do programa, por exemplo:
      "Notícias do Brasil, o noticiário que acompanha você está no ar!";
      "Tudo o que acontece chega até você em nosso noticiário!".
   2. Escolham a saudação na abertura do jornal com expressões como:
      "Bom dia a você que está me ouvindo!";
      "Olá, caro ouvinte!".
   3. Escolham quem será o apresentador (âncora) do jornal. O âncora deverá falar com expressividade, pronunciando bem as palavras, usando uma linguagem simples em tom de conversa com o ouvinte. Falar sem pressa, de forma agradável e contagiante, é importante para envolver o público.
   4. Elejam alguns noticiários de rádio da cidade onde moram e reservem um tempo para escutá-los. Prestem atenção nas técnicas utilizadas pelos apresentadores e repórteres. Isso poderá ajudar na produção de vocês.
   5. Adaptem os textos das notícias para a linguagem do rádio.
   6. Escolham o texto de encerramento do programa.

   Com o roteiro pronto, reúnam-se para fazer os ajustes e ensaiem várias vezes antes da apresentação do jornal. Por fim, combinem com a professora como e quando será feita a apresentação do jornal radiofônico.

Palavras em jogo

A separação de sílabas na escrita

Observe o fim das linhas deste trecho do diário de Julieta.

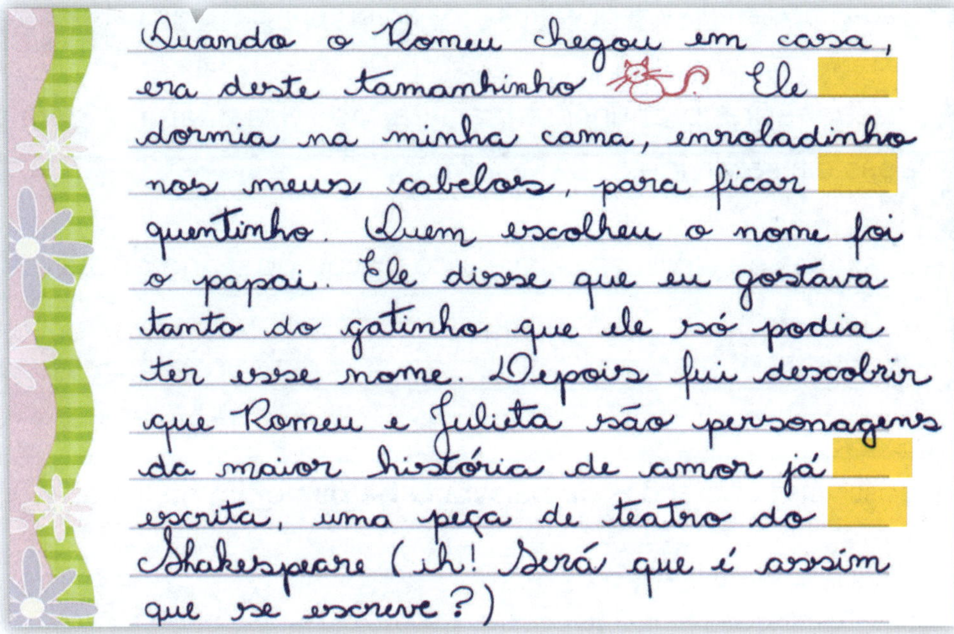
Quando o Romeu chegou em casa,
era deste tamanhinho . Ele
dormia na minha cama, enroladinho
nos meus cabelos, para ficar
quentinho. Quem escolheu o nome foi
o papai. Ele disse que eu gostava
tanto do gatinho que ele só podia
ter esse nome. Depois fui descobrir
que Romeu e Julieta são personagens
da maior história de amor já
escrita, uma peça de teatro do
Shakespeare (ih! Será que é assim
que se escreve?)

© Ziraldo Alves Pinto/Acervo do cartunista

Veja onde estão as marcas laranja: no espaço que sobra no fim das linhas.

Se Julieta quisesse escrever até o fim da linha, poderia ter optado por separar as sílabas das palavras assim:

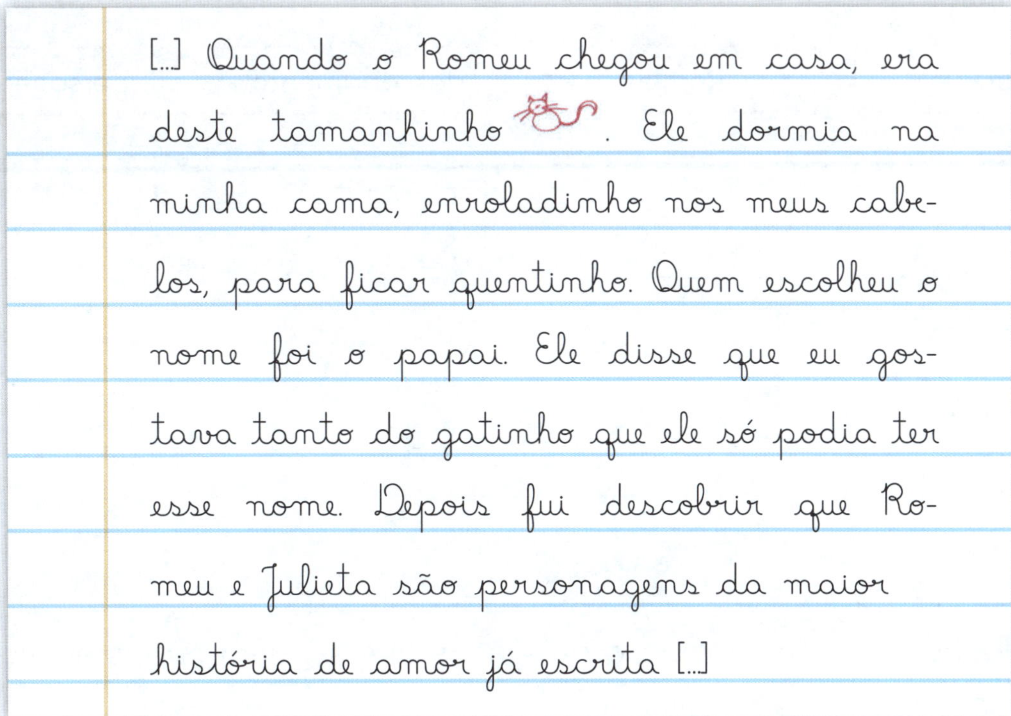
[...] Quando o Romeu chegou em casa, era
deste tamanhinho . Ele dormia na
minha cama, enroladinho nos meus cabe-
los, para ficar quentinho. Quem escolheu o
nome foi o papai. Ele disse que eu gos-
tava tanto do gatinho que ele só podia ter
esse nome. Depois fui descobrir que Ro-
meu e Julieta são personagens da maior
história de amor já escrita [...]

Banco de imagens/Arquivo da editora

A separação de palavras é indicada com um hífen no final da linha, colocado depois da sílaba que for separada. O restante da palavra vai para o início da linha seguinte.

Lembre-se do que estudou na unidade anterior:

Sílaba é cada impulso de voz que emitimos ao pronunciar uma palavra.

Então, primeira regra: pronuncie a palavra, de forma natural, para perceber em quais sílabas ela se divide.

1 Separe as sílabas de algumas palavras do trecho do diário de Julieta.

a) cabelos ______

b) gostava ______

c) Romeu ______

2 Veja as possíveis separações da palavra **cabelos** no fim da linha.

ca-	cabe-
belos	los

Faça o mesmo com as palavras a seguir: escreva todas as possibilidades de separação.

gostava	Romeu	descobrimento	personagens

Há alguns casos de separação de sílabas que seguem regras especiais na escrita. Vamos ver alguns deles.

3 Leia e observe algumas palavras que já estão separadas como se estivessem no fim da linha.

gati- nho	dis- se	es- crita
companheirís- simo	pa- lha	impli- cante
des- cida	beter- raba	aqua- rela

No quadro a seguir, há algumas regras de separação de sílabas.
Complete a coluna da direita separando todas as sílabas das palavras acima.
Elas devem ser escritas na linha correspondente à regra utilizada.

Regras	Palavras com sílabas separadas
Não se separam: **ch, lh, nh, gu, qu**	
Não se separam os encontros de consoante com **l** (**bl, cl, fl, gl, pl, tl**) e consoante com **r** (**br, cr, dr, fr, gr, pr**)	
Separam-se as letras **ss, rr, sc, sç, xc**	

4 Separe as sílabas das palavras a seguir de diversas formas, quando possível.

quebrado	descer	cachorro

agradecimento

passagem

programa

atleta

prateleira

guitarra

Assim também aprendo

- Será que é natural nascer em uma gaiola? O que você acha? Converse com os colegas.

Disponível em: <https://www1.folha.uol.com.br/folhinha/2014/06/1473705-lugar-de-passarinho-e-na-gaiola-veja-tirinhas-da-folhinha.shtml>. Acesso em: 27 set. 2019.

O que estudamos

Autoavaliação

Faça um **X** na coluna que mostra como você se saiu nesta unidade.

Unidade 2		Avancei	Preciso estudar mais
Gênero	Leitura e interpretação de **notícia**		
	Linguagem e construção da notícia		
	Produção de texto: notícia para jornal impresso e radiofônico		
Estudo sobre a língua	Variedades linguísticas		
	Substantivos próprios e o uso da letra maiúscula		
	Separação de sílabas na escrita		
Oralidade	Participação em atividades orais		

Sugestões de...

Livro

Reprodução/Ed. Globo

***Amiga ursa:* uma história triste, mas com final feliz, de Rita Lee, publicado pela editora Globinho.**

Nesse livro, Rita Lee conta a história de Rowena e aborda o tema meio ambiente, envolvendo disciplinas como Geografia e Biologia. Nele, as crianças podem interagir com a história em espaços para escrever e desenhar.

Site

<www.jornaljoca.com.br/>

Site do jornal **Joca**, dedicado a publicações para o público infantojuvenil. Sua edição impressa é veiculada quinzenalmente e sua versão *on-line* tem atualização diária. Traz informações sobre o que está acontecendo no país e no mundo, além de curiosidades e fatos sobre esportes, ciência, tecnologia, cultura e diversos outros assuntos.

Unidade

3 Reportagem

Nesta unidade você vai...

- ler e interpretar reportagem;
- estudar elementos da reportagem e uso de infográficos;
- produzir reportagem em grupo;
- estudar substantivos e algumas de suas classificações;
- identificar adjetivos e artigos como modificadores do substantivo;
- identificar concordância entre artigo, adjetivo e substantivo;
- exercitar a escrita de palavras com -agem, -oso/-osa, -isar/-izar, -esa/-eza; -ês/-esa em adjetivos pátrios;
- participar de entrevista e outras atividades orais.

Everton Caetano/Arquivo da editora

- Observe o que está na imagem e quem podem ser as pessoas representadas. Cenas como essa podem ser comuns no dia a dia de uma cidade?
- A moça parece estar entrevistando um engenheiro. O que poderia ter acontecido para merecer uma entrevista?
- O que pode ser importante para ser publicado em um jornal impresso, televisivo ou digital?

Para iniciar

Um **assunto** interessante pode se transformar em uma boa reportagem se trouxer mais detalhes e mais dados confiáveis sobre o acontecimento.

- Leia a seguir títulos de notícias e escolha aquele que você considera mais interessante para se tornar uma reportagem, seja em jornal e revista impressos, seja em *sites* jornalísticos.

Americano fisga bagre de mais de 50 quilos e quase bate recorde

Riahn Brewington/Arquivo pessoal

Uvaia, jaracatiá, bocaiuva; frutas também estão em extinção

Silvestre Silva/Acervo do fotógrafo

Silvestre Silva/Acervo do fotógrafo

Gerson Sobreira/Acervo do fotógrafo

ONU declara a mandioca como o alimento do século XXI

Fabio Colombini/Acervo do fotógrafo

Você vai ler uma reportagem de jornal.

Observe a capa, o título do jornal e a quem ele se destina.

Qual é o assunto que se transformou em reportagem? Será que é um assunto importante para ser publicado em um jornal?

Leia para saber.

Leitura: reportagem

Capa de jornal

Datas importantes

9 de outubro de 1940: nasce John Lennon, o músico mais famoso dos Beatles. Se estivesse vivo, ele faria 66 anos. Lennon levou quatro tiros do fã Mark David Chapman e morreu em 1980, aos 40 anos. Chapman cumpre prisão perpétua, e as músicas de Lennon continuam tocando.

15 de outubro: Dia do Professor, uma das profissões mais importantes do mundo, responsável pelo desenvolvimento da educação e do conhecimento. A data foi instituída pelo imperador D. Pedro I, em 1827, quando ele criou as primeiras escolas nos vilarejos do país.

Coleção Fome

joca

O único jornal para jovens e crianças

Magia de ler

Nº84 1ª quinzena de outubro de 2016

27/9/2016 a 9/10/2016

33% dos alimentos, em média, são perdidos ou desperdiçados

1,3 BILHÃO de toneladas de alimentos são jogadas no lixo todos os anos no mundo

LIXO

Menino dá exemplo sobre refugiados
>> pág. 4

França proíbe descartáveis de plástico
>> pág. 5

PRODUÇÃO DE ALIMENTOS É SUFICIENTE, MAS AINDA HÁ FOME
>> pág. 5

10%

das mortes em todo o mundo são provocadas pela poluição, que é a quarta causa de morte prematura no planeta. O ar contaminado ocasiona doenças cardiovasculares, câncer de pulmão e outros males pulmonares crônicos e respiratórios, que já mataram 5,5 milhões em 2013. A poluição custa US$ 4 bilhões ao Brasil, e cerca de 87% da população mundial está exposta a ela.

FONTE: BANCO MUNDIAL

Joca, edição 84, out. 2016, capa. Disponível em: <https://jornaljoca.com.br/portal/wp-content/|uploads/2016/11/JOCA84_BAIXA.pdf>. Acesso em: 10 set. 2019.

Jogo rápido. Preencha o quadro com os dados encontrados na **capa do jornal**.

Nome do jornal	
Data do jornal	
A quem se destina o jornal	
Título em destaque	

Reportagem

Observe como o título da reportagem foi destacado na página interna do jornal. Veja que o texto é acompanhado de uma foto e um infográfico.

Reprodução/Jornal Joca

Cinto inteligente

MALUQUICES

Cachorro é reeleito prefeito

O cachorro Duke foi reeleito pela terceira vez prefeito da cidade de Cormorant, nos Estados Unidos. A votação acontece todos os anos no festival Cormorant Daze, em que os eleitores doam US$ 1 para eleger o prefeito **honorário**. Duke recebeu 75% dos votos na eleição. Ele é visto na cidade comendo hambúrgueres e batatas fritas nos bares e, como salário, recebe um ano de ração. Além dele, no Colorado há um cachorro prefeito.

Honorário: que mantém a honra sem prestar serviços.

PRODUÇÃO DE ALIMENTOS É SUFICIENTE, MAS AINDA HÁ FOME

A Terra produz alimentos suficientes para todos os habitantes, apontou um estudo realizado pela Universidade de Minnesota em parceria com a Universidade McGill. A pesquisa mostrou que, com a produção atual, daria para alimentar 10 bilhões de pessoas, sendo que a população do planeta é de apenas 7 bilhões. Apesar de haver comida suficiente para todos, mais de 795 milhões de indivíduos passam fome ao redor do mundo. De acordo com o World Food Programme, os seis fatores que mais contribuem para esse cenário são: pobreza, falta de investimento em agricultura, problemas climáticos, guerras, aumento dos preços dos alimentos e desperdício. Ao todo, estima-se que um terço da comida produzida para consumo humano seja desperdiçada todos os anos. Em outras palavras, isso significa que 1,3 bilhão de toneladas vai para a lata de lixo. No Brasil, 41 mil toneladas de alimentos são desperdiçados por ano. Com essa quantidade, mais de 19 milhões de pessoas poderiam ser alimentadas.

Veja mais em Coleção, pág. 11.

FONTE: WORLD FOOD PROGRAMME | PROGRAMA DA FOME MUNDIAL

A comida que vai para o lixo!

1,3 BILHÃO

33%

21 mil km² por ano

FUNDAÇÃO BOTICÁRIO

ELEIÇÃO NA ONU

A ONU terá novas eleições para escolher o próximo secretário-geral da organização, o cargo mais importante da instituição. Entre os candidatos para suceder Ban Ki-moon estão António Guterres, ex-primeiro-ministro de Portugal, e a argentina Susana Malcorra. No total, dez pessoas concorrem à chefia das Nações Unidas, sendo metade mulheres. Nas primeiras duas votações, em 21 de julho e 5 de agosto, António Guterres foi o mais apoiado. As votações são confidenciais e continuam a ser realizadas até que todos concordem com um só nome, que será votado por 193 países, em uma assembleia-geral. Ban Ki-moon termina o seu segundo mandato no fim do ano.

SAIBA MAIS: a Organização das Nações Unidas (ONU) é uma entidade internacional criada, em 1945, para promover a cooperação entre os países, manter a segurança e a paz mundial, promover direitos humanos e ajudar o meio ambiente. Hoje, 193 países fazem parte da ONU.

O secretário-geral é o chefe da ONU, e a principal função dele é manter a paz.

DIVULGAÇÃO

FRANÇA PROÍBE DESCARTÁVEIS DE PLÁSTICO

A França se tornou o primeiro país do mundo a proibir a venda de produtos descartáveis de plástico, como copos, pratos e talheres. A proibição faz parte do projeto Transição Energética Para o Crescimento Verde, que também proibiu as sacolas plásticas, em julho, e que foi criado pelo governo francês para que o país se tornasse líder mundial em redução do impacto ambiental. Os produtos não serão proibidos, mas deverão ser fabricados com 50% de materiais de origem vegetal. Ou seja, terão que ser produzidos com amido de milho, de batata, fibras têxteis, celulose, ou bambu. Com isso, a França vai reduzir os problemas ambientais que o plástico causa no meio ambiente. Em 2015, 4,7 bilhões de utensílios plásticos e 17 bilhões de sacolas plásticas – que demoram cerca de 450 anos para se decompor na natureza – foram descartados na França.

ÚLTIMAS NOTÍCIAS

-) O governo colombiano e as Farc (Forças Armadas Revolucionárias da Colômbia) assinaram, no dia 26 de setembro, um acordo de paz, em Cartagena. O acordo histórico terminou com uma guerra de 52 anos e foi assinado pelo presidente da Colômbia, Juan Manuel Santos, e o líder máximo das Farc, Rodrigo Londoño.

-) Um leilão na internet está oferecendo mais de 15 mil itens oficiais usados nos Jogos Olímpicos e Paralímpicos do Rio. Há desde a bolinha de tênis do jogo de Nadal x del Potro, os bastões do revezamento 4x100 feminino, as bicicletas da cerimônia de abertura, até o pódio da última aparição olímpica de Usain Bolt. Todos têm certificado de autenticidade e, em alguns casos, a assinatura de um atleta.

→ Outubro de 2016 | Edição 84 | Joca | 5

Joca, edição 84, out. 2016, capa. Disponível em: <https://jornaljoca.com.br/portal/wp-content/uploads/2016/11/JOCA84_BAIXA.pdf>. Acesso em: 10 set. 2019.

Agora, leia o texto da reportagem.

Produção de alimentos é suficiente, mas ainda há fome

A Terra produz alimentos suficientes para todos os habitantes, apontou um estudo realizado pela **Universidade de Minnesota** em parceria com a **Universidade McGill**. A pesquisa mostrou que, com a produção atual, daria para alimentar 10 bilhões de pessoas, sendo que a população do planeta é de apenas 7 bilhões.

Apesar de haver comida suficiente para todos, mais de 795 milhões de indivíduos passam fome ao redor do mundo. De acordo com o **World Food Programme**, os seis fatores que mais contribuem para esse cenário são: pobreza, falta de **investimento** em **agricultura**, problemas **climáticos**, guerras, aumento do preço dos alimentos e desperdício. Ao todo, estima-se que um terço da comida produzida para consumo humano seja **desperdiçada** todos os anos. Em outras palavras, isso significa que 1,3 bilhão de **toneladas** vai para a lata do lixo.

No Brasil, 41 mil toneladas de alimentos são desperdiçadas por ano. Com essa quantidade, mais de 19 milhões de pessoas poderiam ser alimentadas.

Joca, edição 84, out. 2016, p. 5. Disponível em: <https://jornaljoca.com.br/portal/wp-content/uploads/2016/11/JOCA84_BAIXA.pdf>. Acesso em: 10 set. 2019.

Universidade de Minnesota: universidade que fica nos Estados Unidos.

Universidade McGill: universidade que fica no Canadá.

World Food Programme: Programa Mundial de Alimentos.

investimento: uso do dinheiro para aumentar a produção.

agricultura: cultivo da terra, lavoura, plantação de alimentos.

climáticos: referentes a clima – temperatura, chuva, seca, terremoto, vento.

desperdiçada: perdida, mal usada.

toneladas: uma tonelada equivale a 1000 quilos.

Interpretação do texto

Compreensão do texto

1 A reportagem que você leu traz vários dados.

Escreva a que dados se referem estes números.

a) 7 bilhões: ______________________________

b) 795 milhões: ______________________________

c) 1,3 bilhão: ______________________________

2 Assinale um **X** nas informações que estão de acordo com a reportagem.

- [ ] Muitas pessoas poderiam se alimentar com os alimentos desperdiçados.
- [ ] A produção de alimentos poderia atender a todos.
- [ ] Não há comida suficiente para todas as pessoas.
- [ ] A fome não tem nada a ver com a comida que vai para o lixo.

3 Releia os fatores que contribuem para a fome.

pobreza **guerras** **desperdício**
falta de investimento em agricultura
problemas climáticos **aumento do preço dos alimentos**

a) Circule a causa que não depende da ação das pessoas.

b) Em qual delas você poderia colaborar diretamente? Sublinhe.

c) Em sua opinião, qual delas é a mais difícil de resolver? Por quê?

____

____

Infográfico: atividade oral e escrita

1 Infográfico é um tipo de gráfico que reúne imagens e textos.

Compare o infográfico que está na capa do jornal com o infográfico que faz parte da reportagem e responda às questões da próxima página no caderno.

Infográfico que aparece na capa do jornal em que a reportagem foi publicada.

Reprodução/Jornal Joca

Infográfico que acompanha o texto na reportagem.

a) Qual é a diferença entre as formas de apresentação dos infográficos?

b) Veja que o cesto de alimentos do infográfico **B** está dividido com um traço. De um lado, em **laranja**, está representada a quantidade de alimentos que é consumida. O que representa o outro lado do cesto?

c) Por que, provavelmente, foi escolhida a cor **cinza** para destacar esse lado do cesto?

2 Releia o infográfico **B** da atividade 1. Assinale as frases que indicam a intenção das informações apresentadas.

- [ ] Convencer as pessoas a comer beterraba diariamente.
- [ ] Convencer as pessoas a diminuir o desperdício de alimentos.
- [ ] Ilustrar o gráfico, tornando-o visualmente mais atraente.
- [ ] Instruir as pessoas a aproveitar melhor os alimentos.

Linguagem e construção do texto

Atividade oral e escrita

A reportagem sempre apresenta dados reais que podem ser comprovados.

1 Qual foi a provável intenção do jornal ao publicar essa reportagem?

____

2 Por que são citadas duas universidades estrangeiras na reportagem?

____

____

3 Em sua opinião, por que são apresentados tantos números na reportagem? Converse com os colegas.

4 Assinale a alternativa que melhor explica a linguagem utilizada na reportagem.

- [ ] Linguagem informal, como em uma conversa.
- [ ] Linguagem poética, com ritmo e jogos de palavras.
- [ ] Linguagem objetiva, com dados baseados em estudos.

5 O infográfico da reportagem ajudou você a entender melhor o assunto? Por quê?

Hora de organizar o que estudamos

Leiam o esquema com a professora para compreender melhor a reportagem.

Reportagem

↓

Relato de fatos e dados reais publicados em jornais, revistas, na internet, etc.

Intenção/finalidade	Linguagem	Construção	Leitor
• Ampliação de informações sobre um assunto	• Clara • Dados objetivos	• Dados de pesquisa • Fotos, infográficos, etc. • Uso de **entrevistas**	• Pessoas que querem se informar sobre o assunto da reportagem

Prática de oralidade

Entrevista

Você observou que as informações apresentadas na reportagem foram obtidas por meio de pesquisas realizadas em diferentes fontes confiáveis. Outra forma de conseguir informações para a produção de um texto jornalístico é a **entrevista**. Entrevistas podem ser orais, como as que podemos ouvir no rádio ou assistir em programas de televisão e canais da internet, ou podem ser escritas, como as que lemos em revistas e jornais impressos.

Veja, a seguir, como uma entrevista foi publicada no jornal **Joca**. O entrevistado é Marcelo Traldi, profissional responsável pela alimentação dos atletas nos Jogos Olímpicos do Rio de Janeiro, ocorridos em 2016.

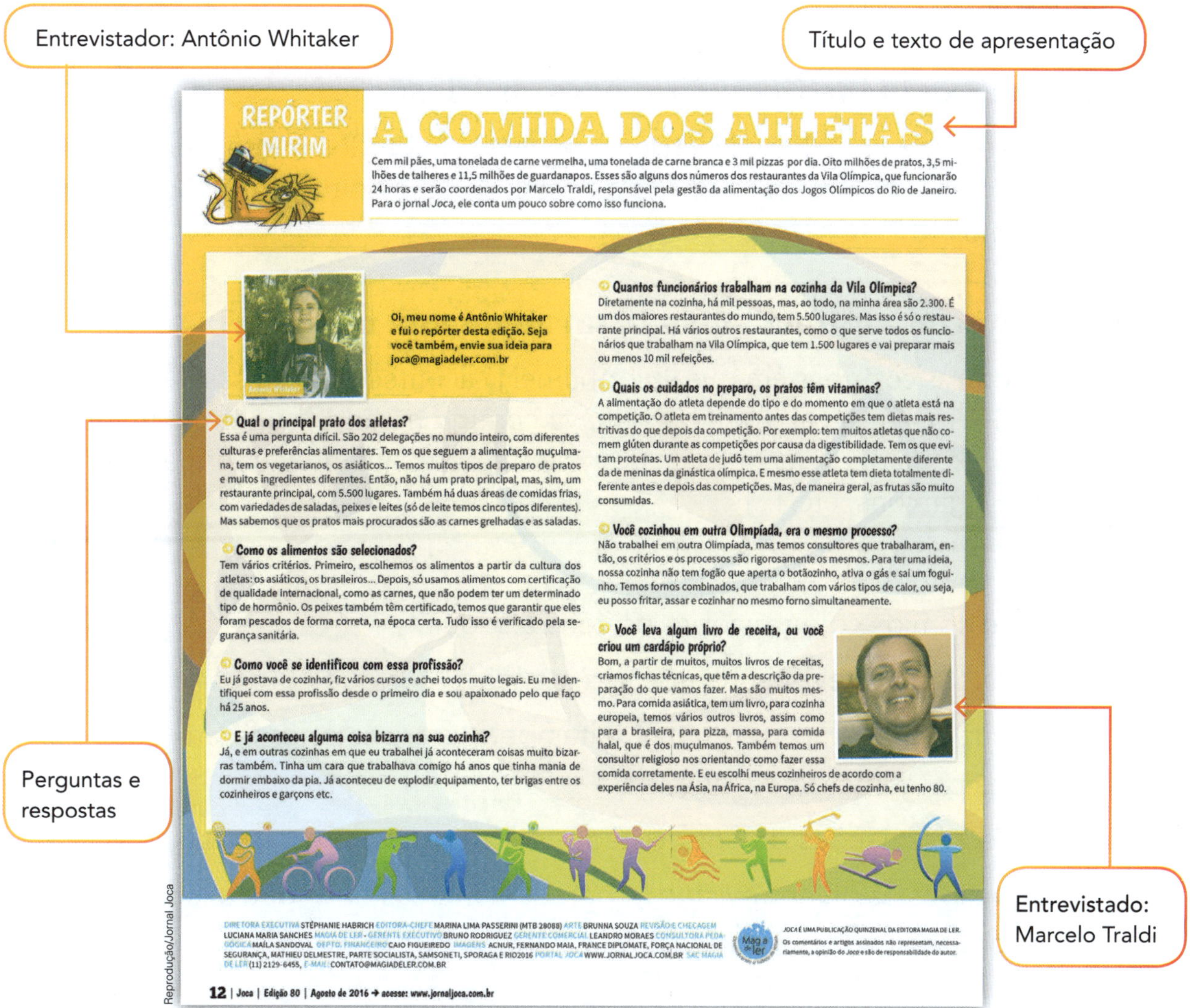

REPÓRTER MIRIM

A COMIDA DOS ATLETAS

Cem mil pães, uma tonelada de carne vermelha, uma tonelada de carne branca e 3 mil pizzas por dia. Oito milhões de pratos, 3,5 milhões de talheres e 11,5 milhões de guardanapos. Esses são alguns dos números dos restaurantes da Vila Olímpica, que funcionarão 24 horas e serão coordenados por Marcelo Traldi, responsável pela gestão da alimentação dos Jogos Olímpicos do Rio de Janeiro. Para o jornal *Joca*, ele conta um pouco sobre como isso funciona.

Oi, meu nome é Antônio Whitaker e fui o repórter desta edição. Seja você também, envie sua ideia para joca@magiadeler.com.br

Qual o principal prato dos atletas?
Essa é uma pergunta difícil. São 202 delegações no mundo inteiro, com diferentes culturas e preferências alimentares. Tem os que seguem a alimentação muçulmana, tem os vegetarianos, os asiáticos... Temos muitos tipos de preparo de pratos e muitos ingredientes diferentes. Então, não há um prato principal, mas, sim, um restaurante principal, com 5.500 lugares. Também há duas áreas de comidas frias, com variedades de saladas, peixes e leites (só de leite temos cinco tipos diferentes). Mas sabemos que os pratos mais procurados são as carnes grelhadas e as saladas.

Como os alimentos são selecionados?
Tem vários critérios. Primeiro, escolhemos os alimentos a partir da cultura dos atletas: os asiáticos, os brasileiros... Depois, só usamos alimentos com certificação de qualidade internacional, como as carnes, que não podem ter um determinado tipo de hormônio. Os peixes também têm certificado, temos que garantir que eles foram pescados de forma correta, na época certa. Tudo isso é verificado pela segurança sanitária.

Como você se identificou com essa profissão?
Eu já gostava de cozinhar, fiz vários cursos e achei todos muito legais. Eu me identifiquei com essa profissão desde o primeiro dia e sou apaixonado pelo que faço há 25 anos.

E já aconteceu alguma coisa bizarra na sua cozinha?
Já, e em outras cozinhas em que eu trabalhei já aconteceram coisas muito bizarras também. Tinha um cara que trabalhava comigo há anos que tinha mania de dormir embaixo da pia. Já aconteceu de explodir equipamento, ter brigas entre os cozinheiros e garçons etc.

Quantos funcionários trabalham na cozinha da Vila Olímpica?
Diretamente na cozinha, há mil pessoas, mas, ao todo, na minha área são 2.300. É um dos maiores restaurantes do mundo, tem 5.500 lugares. Mas isso é só o restaurante principal. Há vários outros restaurantes, como o que serve todos os funcionários que trabalham na Vila Olímpica, que tem 1.500 lugares e vai preparar mais ou menos 10 mil refeições.

Quais os cuidados no preparo, os pratos têm vitaminas?
A alimentação do atleta depende do tipo e do momento em que o atleta está na competição. O atleta em treinamento antes das competições tem dietas mais restritivas do que depois da competição. Por exemplo: tem muitos atletas que não comem glúten durante as competições por causa da digestibilidade. Tem os que evitam proteínas. Um atleta de judô tem uma alimentação completamente diferente da de meninas da ginástica olímpica. E mesmo esse atleta tem dieta totalmente diferente antes e depois das competições. Mas, de maneira geral, as frutas são muito consumidas.

Você cozinhou em outra Olimpíada, era o mesmo processo?
Não trabalhei em outra Olimpíada, mas temos consultores que trabalharam, então, os critérios e os processos são rigorosamente os mesmos. Para ter uma ideia, nossa cozinha não tem fogão que aperta o botãozinho, ativa o gás e sai um foguinho. Temos fornos combinados, que trabalham com vários tipos de calor, ou seja, eu posso fritar, assar e cozinhar no mesmo forno simultaneamente.

Você leva algum livro de receita, ou você criou um cardápio próprio?
Bom, a partir de muitos, muitos livros de receitas, criamos fichas técnicas, que têm a descrição da preparação do que vamos fazer. Mas são muitos mesmo. Para comida asiática, tem um livro, para cozinha europeia, temos vários outros livros, assim como para a brasileira, para pizza, massa, para comida halal, que é dos muçulmanos. Também temos um consultor religioso nos orientando como fazer essa comida corretamente. E eu escolhi meus cozinheiros de acordo com a experiência deles na Ásia, na África, na Europa. Só chefs de cozinha, eu tenho 80.

DIRETORA EXECUTIVA STÉPHANIE HABRICH EDITORA-CHEFE MARINA LIMA PASSERINI (MTB 28088) ARTE BRUNNA SOUZA REVISÃO E CHECAGEM LUCIANA MARIA SANCHES MAGIA DE LER - GERENTE EXECUTIVO BRUNO RODRIGUEZ GERENTE COMERCIAL LEANDRO MORAES CONSULTORA PEDAGÓGICA MAÍLA SANDOVAL DEPTO. FINANCEIRO CAIO FIGUEIREDO IMAGENS ACNUR, FERNANDO MAIA, FRANCE DIPLOMATE, FORÇA NACIONAL DE SEGURANÇA, MATHIEU DELMESTRE, PARTE SOCIALISTA, SAMSONETI, SPORAGA E RIO2016 PORTAL JOCA WWW.JORNALJOCA.COM.BR SAC MAGIA DE LER (11) 2129-6455, E-MAIL: CONTATO@MAGIADELER.COM.BR

JOCA É UMA PUBLICAÇÃO QUINZENAL DA EDITORA MAGIA DE LER. Os comentários e artigos assinados não representam, necessariamente, a opinião do *Joca* e são de responsabilidade do autor.

12 | Joca | Edição 80 | Agosto de 2016 → acesse: www.jornaljoca.com.br

Joca, edição 80, ago. 2016, p. 12. Disponível em: <www.jornaljoca.com.br/portal/wp-content/uploads/2016/08/Joca80-embaixa.pdf>. Acesso em: 10 set. 2019.

Agora, leia um trecho da entrevista.

Qual o principal prato dos atletas?

Essa é uma pergunta difícil. São 202 delegações no mundo inteiro, com diferentes culturas e preferências alimentares. Tem os que seguem a alimentação muçulmana, tem os vegetarianos, os asiáticos... Temos muitos tipos de preparo de pratos e muitos ingredientes diferentes, então, não há um prato principal, mas, sim, um restaurante principal, com 5 500 lugares. [...]

Como os alimentos são selecionados?

Tem vários critérios. Primeiro, escolhemos os alimentos a partir da cultura dos atletas: os asiáticos, os brasileiros... Depois, só usamos alimentos com certificação de qualidade internacional, como as carnes, que não podem ter determinado tipo de hormônio. Os peixes também têm certificados, temos que garantir que eles foram pescados de forma correta na época certa. [...]

Como você se identificou com essa profissão?

Eu já gostava de cozinhar, fiz vários cursos e achei todos muito legais. Eu me identifiquei com essa profissão desde o primeiro dia e sou apaixonado pelo que faço há 25 anos.

E já aconteceu alguma coisa bizarra na sua cozinha?

Já, e em outras cozinhas em que eu trabalhei já aconteceram coisas muito bizarras também. Tinha um cara que trabalhava comigo há anos que tinha mania de dormir embaixo da pia. Já aconteceu de explodir equipamento, ter brigas entre os cozinheiros e garçons, etc. [...]

Converse com os colegas sobre os itens a seguir.

a) O título da entrevista chamou sua atenção? Por quê?

b) Em sua opinião, as perguntas feitas pelo entrevistador foram boas? Que outras perguntas você faria?

c) Quais informações do entrevistado foram mais interessantes?

d) Nas respostas do entrevistado aparecem marcas da língua falada, como **tá**, **né**, **pra**, pausas ou hesitações?

e) Se a entrevista tivesse sido apresentada em um programa de TV, que diferenças poderiam ser observadas em relação à entrevista lida? Por quê?

Hora de organizar o que estudamos

Leia o esquema a seguir com os colegas e a professora.

Entrevista

↓

Conversa entre entrevistador e entrevistado

- **Intenção/finalidade**
  - Troca ou busca de informações
- **Linguagem**
  - Escolhas variam de acordo com a situação comunicativa
- **Construção**
  - Sucessão de perguntas e respostas
- **Leitor**
  - Pessoas que querem se informar sobre o assunto da entrevista

Tecendo saberes

Veja o **Mapa da fome** a seguir. Ele se encontra no mesmo jornal em que foi publicada a reportagem que você leu.

Observe o mapa, as legendas e procure entender o que as cores significam neste outro tipo de infográfico. Depois, converse com os colegas.

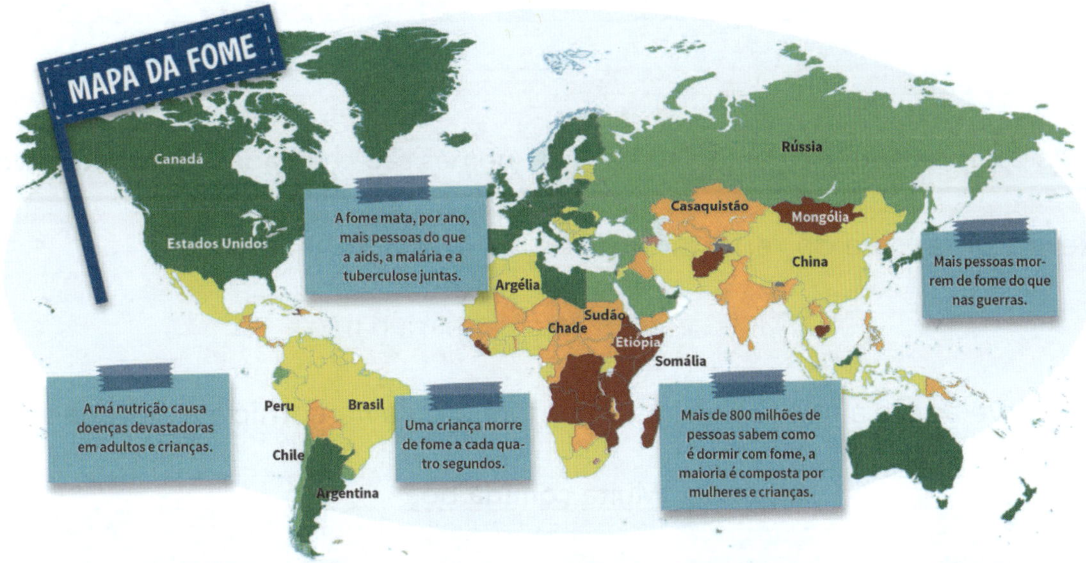

Categoria	1	2	3	4	5		
SUBNUTRIÇÃO	Mais que 35%	20-34%	5-19%	2,5-4%	Menos que 2,5%	Sem dados	Dados incompletos
DESCRIÇÃO	Muito alta	Moderadamente alta	Moderadamente baixa	Extremamente baixa	Extremamente baixa		

Joca, edição 84, out. 2016, p. 11. Disponível em: <https://jornaljoca.com.br/portal/wp-content/uploads/2016/11/JOCA84_BAIXA.pdf>. Acesso em: 10 set. 2019.

Língua: usos e reflexão

Concordância nominal

Atividade oral e escrita

1 Observe parte do infográfico.

Reprodução/Jornal Joca

Escreva a seguir cinco palavras que dão nome a seres vivos, alimentos e objetos que você vê na imagem. Assim que terminar, levante a mão e leia as palavras. Ouça as que seus colegas listaram.

____

____

As palavras que você escreveu para dar nomes são chamadas de **substantivos**.

Releia uma frase da reportagem:

Muita comida boa vai para o lixo.

Observe agora a relação que existe entre a palavra **comida** e algumas palavras da frase.

Muita **comida** boa

Muita → adjetivo feminino singular

comida → substantivo feminino singular

boa → adjetivo feminino singular

Se o autor da reportagem usasse a palavra **alimentos** em vez de **comida**, veja como ficaria a frase:

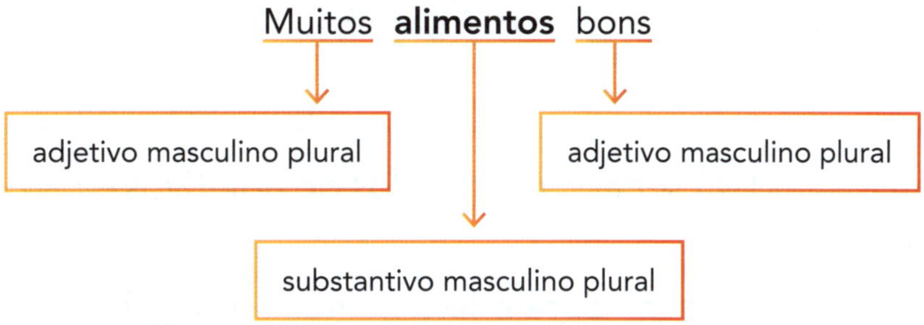

Para caracterizar os substantivos **comida** e **alimentos** foram usadas as palavras **muita/muitos** e **boa/bons**.

Veja algumas palavras que poderiam ser utilizadas para caracterizar o substantivo **feijão**, ou seja, atribuir determinadas qualidades a esse substantivo.

Observe que a palavra **feijão** é um substantivo do gênero masculino e está no singular. **Roxinho**, **carioca** e **preto** são palavras que caracterizam esse substantivo e estão também no masculino e no singular.

As palavras que acompanham e caracterizam o substantivo concordam com ele em **gênero** (masculino ou feminino) e **número** (singular ou plural).

2 Agora, observe o esquema e escreva diferentes características para o substantivo **fruta**.

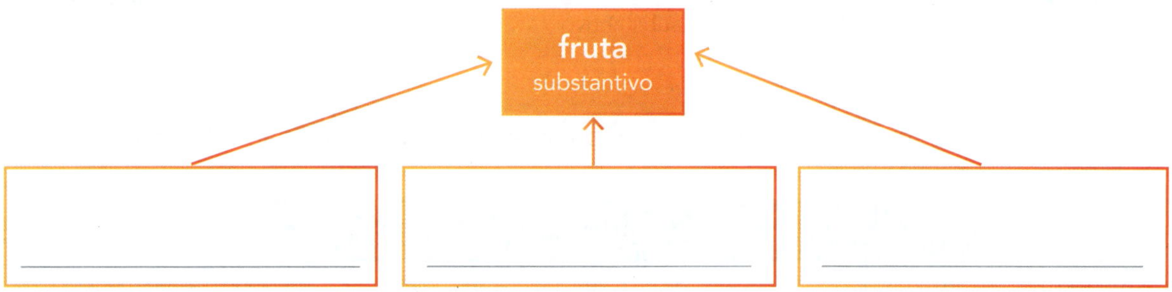

As palavras que indicam características dos substantivos são chamadas de **adjetivos**.

3 Leia os adjetivos que você escolheu para caracterizar o substantivo **fruta** e ouça os que os colegas escolheram. Registre três adjetivos que foram apresentados e que sejam diferentes dos que você escolheu.

____

Os substantivos podem ser acompanhados de adjetivos e de outras palavras que os modificam.

Observe os substantivos **verdura** e **lixo** na frase a seguir. Leia:

Uma **verdura** fresquinha que vai para o **lixo.**

uma (artigo) → **verdura** (substantivo) ← fresquinha (adjetivo)

o (artigo) → **lixo** (substantivo)

O substantivo **verdura** foi modificado pelas palavras que o acompanham: **uma** e **fresquinha**. E a palavra **o** acompanha o substantivo **lixo**, especificando-o.

4 Leia a frase ao lado. **Um alimento saudável.**

Agora, complete o esquema com os termos que acompanham e modificam o substantivo.

______________ ← **alimento** (substantivo) → ______________

5 Complete o esquema com um substantivo que seja adequado.

umas → ______________ (substantivo) ← **saborosas**

Quando acompanham o substantivo, as palavras **o**, **a**, **um**, **uma** são denominadas **artigos**.

Artigos	
o/os	um/uns
a/as	uma/umas

6 Leia a tirinha do ratinho Níquel Náusea para responder à atividade.

Fernando Gonsales. **Níquel Náusea**. São Paulo: Devir, 2002. p. 5.

a) Gato costuma comer rato. Por que esse gato da tirinha não comeu o rato?

____

b) Reescreva as falas de Níquel dos quadrinhos 1 e 3, trocando os substantivos **rato** e **gatos** pelos substantivos **rata** e **gatas**.

____

____

c) O que você notou?

____

____

d) Quais palavras foram modificadas para combinar com a mudança dos substantivos? Escreva como a palavra era e como ela ficou.

____

Observe:

As palavras **o/os**, **a/as** concordam com o substantivo para indicar: **gênero** (masculino e feminino) e **número** (singular e plural).

7 Leia a capa destes livros.

Reprodução/Editora Salamandra

Reprodução/Editora Rovelle

Reprodução/Editora Baldon

Escreva o título das capas conforme o que se pede.

a) Títulos com substantivos acompanhados de algum destes artigos: **o**, **os**, **um**, **uns**.

____

____

b) Títulos com substantivos acompanhados de algum destes artigos: **a**, **as**, **uma**, **umas**.

____

____

Pertencem ao gênero **masculino** os substantivos acompanhados dos **artigos o/os**, **um/uns** e ao gênero **feminino** os substantivos acompanhados dos **artigos a/as**, **uma/umas**.

8 Leia os substantivos do quadro.

elefante	leoa	cavalo	ovelha	pavão	aluna
casa	avião	flor	bicicleta	carro	telefone

Pense no artigo que acompanharia cada um deles e separe-os em **masculino** e **feminino**.

Masculino	Feminino

Hora de organizar o que estudamos

Leia o esquema a seguir com os colegas.

Concordância nominal

↓

Ocorre quando as palavras que acompanham o substantivo concordam com ele em:

- **gênero: masculino e feminino**
- **número: singular e plural**

↓

Artigos
- o/os; a/as; um/uns; uma/umas

Adjetivos
- Palavras que indicam qualidades ou características dos substantivos

Um pouco mais sobre os substantivos

Substantivos concretos e abstratos

1 Leia uma das estrofes da letra da canção "Criança não trabalha".

Lápis, caderno, chiclete, pião
Sol, bicicleta, *skate*, calção
Esconderijo, avião, correria
Tambor, gritaria, jardim, confusão.

Arnaldo Antunes e Paulo Tatit. **Palavra Cantada 10 anos**. São Paulo: MCD, 2004. 1 CD. Faixa 10.

Fotos: Monkey Business Images/Shutterstock

Encontre na estrofe dessa letra de canção o nome de:

objeto escolar	____________	doce	____________
roupa	____________	lugar	____________
brinquedo	____________	astro	____________
transporte	____________	instrumento musical	____________

As palavras que dão nome a pessoas, animais, plantas, objetos, lugares são chamadas de **substantivos concretos**.

2 Quais palavras ficaram fora do quadro?

____

As palavras que respondem à atividade 2 dão nome a ações ou a situações. Elas são chamadas de **substantivos abstratos**.

3 A escritora Adriana Falcão escreveu um livro em que dá a seguinte explicação para a palavra **sentimento**:

> Sentimento é a língua que o coração usa quando precisa mandar algum recado.
>
> Adriana Falcão. **Mania de explicação**. São Paulo: Salamandra, 2001.

Ao longo do livro, a autora procura explicar os nomes de muitos sentimentos, como:

1. raiva
2. vergonha
3. tristeza
4. alegria

Leia, a seguir, as explicações dadas pela escritora a esses sentimentos.

Escreva abaixo o número do sentimento correspondente.

☐ É um pano preto que você quer para se cobrir naquela hora.

☐ É quando o cachorro que mora em você mostra os dentes.

☐ É um bloco de carnaval que não liga se não é fevereiro.

☐ É uma mão gigante que aperta o seu coração.

4 Leia o quadro a seguir e complete cada linha com mais dois exemplos.

Nome de objetos	tênis,
Nome de pessoas	Juliana,
Nome de bichos	onça,
Nome que se refere a ações	dança,

Unidade 3

Substantivo coletivo

Na feira, no campo ou no supermercado, podemos ver alimentos reunidos. Observe as fotos a seguir.

As imagens não estão representadas em proporção.

MARCELODLT/Shutterstock

Cacho de uvas.

pp1/Shutterstock

Pencas de bananas.

Martin Moxter/Westend61/Getty Images

Réstias de alho.

Veja também alguns animais em conjunto.

Gerson Gerloff/Pulsar Imagens

ovelhas reunidas ⟶ rebanho

Michael Roeder/Shutterstock

lobos reunidos ⟶ alcateia

1 Observe.

As imagens não estão representadas em proporção.

Weberson Santiago/Arquivo da editora

estrela

Weberson Santiago/Arquivo da editora

constelação

Ekaterina V. Borisova/Shutterstock

peixe

André Seale/Age Fotostock/Getty Images

cardume

Eebecca Emery/Jupiter Images/Getty Images

pessoa

André Vicente/Folhapress

multidão

Da esquerda para a direita, o que mudou nas imagens e nos substantivos?

____

____

Observe que os substantivos **constelação**, **cardume** e **multidão** nomeiam conjuntos de seres ou elementos da mesma espécie.

2 Complete o quadro com a conclusão sobre os substantivos coletivos.

> Podemos usar apenas uma ____________________ para dar nome a um conjunto de seres. Exemplos: bando (ave), elenco (ator), ____.

Substantivos que nomeiam conjuntos de seres ou coisas de mesma espécie são chamados de **coletivos**.

Substantivos simples e compostos

1 Leia os nomes de alimentos no quadro.

maçã couve-flor fruta-do-conde alface grão-de-bico aipim alho-poró

Copie os nomes dos alimentos escritos com duas ou mais palavras.

____

2 Leia a tira.

Ziraldo. **As melhores tiras do Menino Maluquinho**. São Paulo: Melhoramentos, 2000. p. 23.

a) O que faz o leitor rir? ____

____

b) Maluquinho usa um substantivo que nomeia um lugar. Que substantivo é esse? Quantas palavras há nesse substantivo? ____________________

3 A palavra **guarda-chuva** é um substantivo que nomeia um objeto. Quantas palavras são usadas para formar esse substantivo? ____________________

4 Complete o quadro com a conclusão sobre a formação dos substantivos.

Há substantivos formados por __________ palavra e há substantivos formados por ____________________ palavras. Exemplos: corre-corre, ____________________, ____________________.

Os substantivos formados por uma palavra são chamados **simples** e os formados por duas ou mais palavras são chamados **compostos**.

Substantivos primitivos e derivados

1 Escreva a palavra que deu origem a cada substantivo.

a) livraria: ____________________

b) limoeiro: ____________________

c) papelão: ____________________

d) marinheiro: ____________________

e) dentista: ____________________

f) floricultura: ____________________

2 Agora faça o contrário: escreva outras palavras que possam ter origem nestes substantivos.

a) criança: ____________________

b) casa: ____________________

c) porta: ____________________

d) pedra: ____________________

e) chuva: ____________________

f) carta: ____________________

3 Leia estas palavras.

Ferro			
ferreiro	ferradura	ferrugem	ferrinho

O que você observou? ____

____

4 Complete o quadro com mais uma conclusão sobre a formação dos substantivos.

Podemos formar várias palavras a partir de uma palavra primitiva.

Exemplo: sapato ⟶ sapataria, ____________________.

Os substantivos que **não são** formados de outra palavra e que dão origem a novas palavras são chamados **primitivos**. Da mesma forma, os substantivos que são formados a partir do primitivo são chamados **derivados**.

Hora de organizar o que estudamos

- Leia o esquema com os colegas e complete com um exemplo de palavra para cada caso indicado.

Substantivo

Palavra que dá nome a pessoas, animais, plantas, objetos, lugares, fenômenos da natureza, sentimentos, entre outras coisas

Simples
- Formado por uma palavra. Exemplo: ______________

Composto
- Formado por mais de uma palavra. Exemplo: ______________

Primitivo
- Não vem de nenhuma outra palavra. Exemplo: ______________

Derivado
- Tem origem em outra palavra da língua. Exemplo: ______________

Coletivo
- Nomeia conjuntos de seres ou coisas de uma mesma espécie. Exemplo: enxame (de abelhas)

Concreto
- Nomeia seres, objetos, lugares, etc. Exemplo: livro

Abstrato
- Nomeia ações, sentimentos, etc. Exemplo: felicidade

Agora você

- No quadro de palavras estão misturados substantivos primitivos e derivados. Mas há também outras palavras. Escreva nas colunas apenas os substantivos primitivos e seus derivados, observando a correspondência correta.

barba
água
cabeçote
bonito
cabeça
aguaceiro
barbeiro
limpo

Substantivos	
primitivos	derivados

Produção de texto

Reportagem e entrevista

Você e os colegas vão produzir coletivamente uma reportagem sobre o tema a seguir:

Aproveitamento dos alimentos

Planejamento

Reúnam-se em quatro grandes grupos. Juntem informações sobre o tema, pesquisando em livros, revistas e *sites*.

Entrevista

1. Escolham um entrevistado que conheça o assunto da reportagem, como a merendeira ou a nutricionista da escola ou outra pessoa especializada no assunto.
2. Façam o convite para a pessoa, marcando dia, hora e local da entrevista.
3. Registrem sugestões de perguntas. Elas devem ser objetivas e curtas, com formas de tratamento adequadas, de acordo com a situação e a posição do interlocutor.
4. Selecionem as perguntas que considerarem melhores.
5. Façam um **roteiro da entrevista** com a ajuda da professora.
6. Providenciem material para gravar, fotografar ou filmar.
7. Escolham o colega que apresentará o entrevistado e será o entrevistador.
8. No dia marcado, preparem um espaço adequado para a entrevista, de modo que os colegas a possam assistir, e o entrevistado sinta-se à vontade.
9. Perguntem ao entrevistado se ele permite a publicação de vídeos ou fotografias com a imagem dele, bem como a veiculação da entrevista em rádio, TV e/ou na internet.

Registro da entrevista

1. Sigam as orientações da professora para transcrever as respostas que querem publicar na reportagem. Caso a entrevista seja veiculada em outras mídias, selecionem e editem as respostas mais significativas.

2. Verifiquem com a professora e a direção da escola se há possibilidades para veiculação da reportagem em rádio e TV (escolares ou locais) ou pela internet (no *site* ou *blog* da escola, por exemplo).

Edição da entrevista

1. Preparem um texto de apresentação com assunto e dados sobre o entrevistado.
2. Escolham um título.
3. Selecionem as perguntas e as respostas da entrevista que julgarem mais importantes para compor a reportagem e decidam como disponibilizá-la: no modo impresso (com publicação em jornal, cartaz, folheto), em áudio (com veiculação pelo rádio, pela internet) ou vídeo (com veiculação pela TV, pela internet).

Pesquisa para a reportagem

Escolham um destes quatro assuntos. Cada grupo escreverá sobre um deles.

O que pesquisar?			
Comprar	Conservar	Preparar	Reaproveitar
• Legumes, verduras e frutas da época • Quantidades • O que dura mais • Como escolher	• Como guardar alimentos • Temperatura adequada • O que pode ser congelado	• Quantidade necessária • Como descascar os alimentos • Como e quanto servir no prato	• O que fazer com sobras de legumes, arroz, carne • O que fazer com sobras de frutas • Como aproveitar cascas, folhas, sementes e talos

Produção da reportagem

1. Reúnam os dados importantes que pesquisaram e escrevam um texto com as informações.
2. Escrevam um título para a parte pesquisada por seu grupo.
3. Usem letras maiores e coloridas para o título.
4. Usem fotografias, desenhos, ilustrações e gráficos para tornar a reportagem mais interessante.

Revisão

Releiam o texto e façam as correções necessárias principalmente quanto: à organização em parágrafos, ao uso de maiúsculas, à pontuação e à concordância nominal.

Montagem final da reportagem

1. Em papel grande, dividam o espaço para os quatro assuntos da reportagem e para a entrevista.
2. Lembrem-se: o assunto do seu grupo é apenas uma parte da reportagem geral.
3. Cada grupo usará um espaço para expor sua parte.
4. Distribuam imagens e textos conjuntamente, caprichando na apresentação.
5. Escolham um local apropriado para expor a reportagem coletiva para que todos possam ler.

Observação: Se optarem pela veiculação da reportagem por meio eletrônico oral (rádio, TV ou internet), estejam atentos à entonação expressiva e à articulação clara de palavras e frases. No caso de veiculação de imagens, cuidem da postura corporal e da expressividade de gestos do apresentador do jornal.

Ilustrações: Marcos Guilherme/Arquivo da editora

Aí vem... reportagem

Leiam juntos mais uma reportagem. Depois, conversem: Que relação esse texto tem com a reportagem do jornal **Joca**?

Por que temos de comer?

Existem muitas razões para você não torcer mais o nariz diante de um prato de comida

Tem gente boa de garfo: come de tudo sem reclamar. Mas tem gente que eu vou te contar... Mesmo diante de seu prato favorito, torce o nariz e pergunta: por que tenho de comer? Pois saiba que sem se alimentar ninguém cresce, tampouco tem concentração para estudar ou forças para brincar. E aí, encontrou boas razões para raspar o prato?

Assim como as máquinas precisam de combustível para funcionar, o organismo necessita de alimentos para produzir energia e movimento. Mas comparar nosso corpo a uma máquina é pouco. Somos mais que um conjunto de órgãos funcionando. Temos, também, emoções e a alimentação interfere até nelas...

Bem alimentados, somos mais dispostos, temos mais interesse em trocar experiências com os outros, somos capazes de pensar melhor sobre o que acontece nas nossas vidas, somos até mais bem-humorados. Já em pessoas com alimentação deficiente, é comum o desânimo, até mesmo certa tristeza. [...]

A quantidade de alimentos necessária para cada um de nós depende de fatores como sexo, idade e atividade física. Quem passa muito tempo sentado à frente do computador, televisão ou *videogame*, por exemplo, tem necessidade menor de energia do que quem pratica esportes, joga bola ou brinca de pique.

O momento biológico também é muito importante. Isso quer dizer que, quando se está doente, esperando bebê ou na fase do chamado estirão do crescimento, é preciso uma alimentação adequada. Por isso, podemos dizer que os planos alimentares devem respeitar os hábitos e as necessidades de cada um.

Como você já descobriu, precisamos comer para manter o corpo em equilíbrio. [...]

Ah! E não se esqueça de beber bastante água. Esse líquido, além de ser considerado alimento, compõe a maior parte do nosso organismo. Saúde!

Mônica Valle de Carvalho. **Ciência Hoje das Crianças**.
Disponível em: <http://chc.org.br/por-que-temos-de-comer>. Acesso em: 10 set. 2019.

Palavras em jogo

Formação de palavras

Palavras com as terminações -agem; -oso/-osa; -isar/-izar

Você pode formar novas palavras acrescentando terminações a uma **palavra primitiva**. Observe:

Terminação -agem		
folha	→	folh**agem**
barra	→	barr**agem**
lavar	→	lav**agem**

Terminação -oso/-osa		
gosto	→	gost**oso**/gost**osa**
cheiro	→	cheir**oso**/cheir**osa**
perigo	→	perig**oso**/perig**osa**

Leiam as palavras.

Terminação -isar		
aviso	→	av**isar**
pesquisa	→	pesqu**isar**
piso	→	p**isar**

Terminação -izar		
fértil	→	fertil**izar**
computador	→	computador**izar**
civil	→	civil**izar**

Comparem as listas, conversem e respondam: Por que algumas palavras terminam com -isar, escrito com S, e outras com -izar, escrito com Z?

Palavras com as terminações -esa/-eza

1 Complete as palavras em destaque com **S** ou **Z**.

Chegou na vendinha a **fregue** _____ **a**.

Embora fosse cheia de **bele** _____ **a**.

Tratou o vendedor sem nenhuma **gentile** _____ **a**.

E com o nariz empinado como o de uma **barone** _____ **a**.

Você teve dúvida na hora de escrever essas palavras?

Vamos aprender um pouco sobre as terminações **-esa** e **-eza**. Leia.

Ela é uma **mulher** (nome substantivo) **bonita** (qualidade adjetivo). →

> Note que a palavra **bonita** atribui uma qualidade à palavra **mulher**, que é um **substantivo**. A palavra **bonita** é um **adjetivo**.

2 Leia as frases e pinte as palavras destacadas. Use **verde** para pintar os substantivos e **laranja** para pintar os adjetivos.

a) Todos os dias visto **roupas limpas**.

b) Seu pai é uma pessoa de **decisões firmes**.

c) As **águas impuras** do reservatório foram proibidas para uso.

3 Observe o exemplo. Depois, complete as frases.

Salas **limpas** (palavra primitiva) são salas com **limpeza** (palavra derivada).

a) Decisões **firmes** são decisões que mostram ______________________.

b) Águas **impuras** são águas com ______________________.

c) Atitudes **gentis** são atitudes que demonstram ______________________.

Observe que as palavras que você escreveu são todas substantivos, isto é, nomes que **derivam** dos adjetivos **firme**, **impuro** e **gentil**.

derivam: procedem, originam-se, formam-se a partir de algo.

4 Um substantivo pode ser derivado de um adjetivo. Veja.

adjetivo ⟶ substantivo

triste ⟶ **tristeza**

a) Agora complete com os substantivos derivados dos adjetivos propostos.

- leve ⟶ ____________________
- delicado ⟶ ____________________
- rico ⟶ ____________________
- frio ⟶ ____________________

b) O que todos esses substantivos que derivaram de adjetivos têm em comum? Pense e escreva uma regra para o que você descobriu.

____

____

____

5 Vocês descobriram uma regra. Agora vão enfrentar outro desafio.

a) Completem os substantivos a seguir com **S** ou **Z**.

- prince____a
- me____a
- linde____a
- fraque____a
- duque____a
- mole____a

b) Distribuam os substantivos do item **a** no quadro.

Substantivos que **não** são derivados de adjetivos	____________________
Substantivos que **são** derivados de adjetivos	____________________

c) Observando o quadro, que outra regra podemos elaborar? Escreva-a abaixo.

____

____

____

____

Uso de terminações -ês/-esa nos adjetivos pátrios

1 Leia a frase do quadro e, em seguida, responda às questões.

> Ao visitar cidades **inglesas**, um grupo de turistas **japoneses** estranhou o pequeno número de crianças nas ruas.

a) Cidades **inglesas** refere-se a que país? ______________________

b) Turistas **japoneses** vieram de que país? ______________________

As palavras **inglesas** e **japoneses** indicam a nacionalidade ou o lugar de origem de alguém ou de algo. Essas palavras são chamadas de **adjetivos pátrios**.

2 Qual é o adjetivo pátrio que corresponde a quem nasce:

a) na França? ______________________

b) na Holanda? ______________________

c) na Noruega? ______________________

d) na China? ______________________

3 Reescreva as frases trocando os termos destacados pela informação que está entre parênteses. Faça as adaptações necessárias.

a) **Um jogador** inglês foi desclassificado por ter sido violento. (Uma jogadora)

____

____

b) **O ator** português recebeu o prêmio de melhor intérprete no cinema. (A atriz)

____

____

c) **Brinquedos** chineses chegam a todas as partes do mundo. (Roupas)

____

____

A terminação dos adjetivos pátrios é escrita com a letra S: -ês ou -esa.

Unidade 3

Assim também aprendo

- Leia esta história em quadrinhos com os colegas, saiba mais sobre alimentação e descubra o que o personagem Bocão acha que acontece com o que comemos quando tudo chega à barriga.

Ziraldo. **Maluquinho pega na mentira**. São Paulo: Globo, 2013. p. 30.

O que estudamos

Autoavaliação

Faça um **X** na coluna que mostra como você se saiu nesta unidade.

Unidade 3		Avancei	Preciso estudar mais
Gênero	Leitura e interpretação de **reportagem** e **entrevista**		
	Linguagem e construção do texto: elementos da reportagem e uso de infográficos		
	Produção de texto: entrevista e reportagem		
Estudo sobre a língua	Concordância do substantivo em gênero e número		
	Adjetivos e artigos		
	Um pouco mais sobre substantivos		
	Palavras com **-agem**, **-oso**/**-osa**, **-isar**/**-izar**, **-esa**/**-eza**; **-ês**/**-esa**		
Oralidade	Participação nas atividades orais		

Sugestões de...

Sites

<http://criancas.uol.com.br>

Site de dicas com informações e reportagens interessantes. Acesso em: 10 set. 2019.

Reprodução/<https://criancas.uol.com.br>

<www1.folha.uol.com.br/folhinha>

Este *site* apresenta reportagens sobre diferentes assuntos que podem interessar crianças e jovens. Acesso em: 10 set. 2019.

Reprodução/<http://www1.folha.uol.com.br/folhinha>

<http://chc.org.br>

Página virtual da Revista **Ciência Hoje das Crianças**, uma publicação do Instituto Ciência Hoje, que há 30 anos é referência em divulgação científica no Brasil. Acesso em: 10 set. 2019.

Reprodução/<http://chc.org.br>

Unidade

4 Carta

Nesta unidade você vai...

- ler e interpretar cartas;
- escrever e enviar uma carta de reclamação;
- estudar o uso do verbo como marcador de tempo;
- estudar as pessoas do verbo e os pronomes pessoais;
- diferenciar, na fala, a sílaba tônica das palavras;
- estudar o uso de acento gráfico em palavras oxítonas e paroxítonas;
- participar de atividades orais.

- Observe a cena e responda: O que essas pessoas estão fazendo no correio?
- Você já recebeu alguma encomenda pelo correio? Já foi ao correio com alguém para enviar algo?
- Pelo correio são enviadas também muitas cartas: de amigos e de familiares, de empresas que cobram serviços prestados, de consumidores que reclamam contra o desrespeito a algum direito do cidadão, etc. Você já leu alguma carta? De que tipo ela era?

Everton Caetano/Arquivo da editora

Para iniciar

Você sabe o que é uma carta enigmática?

É um texto em código que mistura figuras, palavras, letras e sinais para desafiar o leitor a resolver um enigma.

Será que você é capaz de decifrar a carta enigmática desta página?

Forme uma dupla com um colega e, juntos, tentem resolver esse enigma.

miniaria/Shutterstock
– r 1º – eir,

JethroT/Shutterstock
– da + m

Mega Pixel/Shutterstock
– b

Olya_Beli_Art/ Shutterstock
– go + i 1

NataliaKo/ Shutterstock
– mante

NataliaKo/ Shutterstock
– amante +

– de + tido:

Oleh Dubyna/ Shutterstock
– da 9ª – na

Sidney de Almeida/ Shutterstock
– e +

Tanya Sid/Shutterstock
– ijo

Aksenova Natalya/ Shutterstock
– pa + mei 1

Andrey_Nikitin/Shutterstock
– a + e e

fotomirk/ Shutterstock
– nil + i

ao

Viacheslav Lopatin/ Shutterstock

1

fizkes/Shutterstock

JethroT/Shutterstock
– da 1º – eir

Maxx-Studio/Shutterstock
– rro +

CharlitoCZ/Shutterstock
– mão +

Christos Georghiou/Shutterstock
– na.

O desafio foi divertido?

Mas nem sempre escrever ou receber cartas é algo divertido. Principalmente quando a carta é uma carta de reclamação.

A carta que você vai ler é de um cachorro chamado Sam para sua dona, Gertrudes Leroy. Ela enviou Sam a uma escola de obediência para cães. Qual será o motivo que a levou a tomar essa atitude? Leia a carta para descobrir o que Sam pensa sobre o assunto.

Leitura 1: carta pessoal

Cara Sra. Leroy

Cara sra. Leroy,

6 de outubro

Os vizinhos se queixam mesmo de meus uivos? É difícil imaginar. Primeiro, porque não uivo tanto assim. A senhora esteve fora naquelas noites, então não tem como saber, mas, acredite, fui bastante **moderado**. Segundo, não devemos nos esquecer de que são ELES que vivem me acordando no meio da tarde com aquele aspirador barulhento. Costumo dizer que todos temos de aprender a **conviver** em harmonia.

Minha vida aqui continua um pesadelo. A senhora não acreditaria nas coisas que acontecem na lanchonete.

Sinceramente seu,
Sam

P.S. Não quero deixá-la **alarmada**, mas a ideia de uma fuga passou-me pela cabeça!

Mark Teague. **Cara Sra. Leroy:** cartas da Escola de Obediência. Tradução de Cássio de Arantes Leite. São Paulo: Globo, 2004. p. 14.

moderado: controlado, sem excesso.

conviver: viver junto com outros, próximo, com contato constante.

alarmada: assustada, em sobressalto.

Sobre o autor

SLOWKING/<www.gnu.org/licenses/old-licenses/fdl-1.2.html>

Mark Teague nasceu nos Estados Unidos; é escritor e ilustrador de livros infantis. Entre suas obras, destacam-se: **Como os dinossauros dizem boa noite?** e **O atalho secreto**.

Reprodução/Editora Globo

Interpretação do texto

Compreensão do texto

1 Observe a imagem da página anterior. Depois, converse com os colegas sobre ela.

a) Descrevam a cena.

b) Qual personagem da cena é Sam? O que ele está fazendo?

c) Vejam os objetos que estão sobre a mesa:

© Mark Teague/Editora Globo

Que objetos são esses? Qual é a relação entre eles e o que Sam diz na carta?

d) Após a leitura da imagem, vocês concordam com a queixa de Sam em relação ao tratamento que recebe? Justifiquem a resposta.

2 Que motivo teria levado Sam a escrever essa carta para a senhora Leroy?

____

____

3 Sam apresenta dois argumentos para se justificar diante da reclamação dos vizinhos sobre seus uivos. Escreva-os de forma resumida.

____

____

4 Na carta, Sam se queixa do tratamento que vem recebendo. Copie a frase que expressa a **opinião** dele sobre o local onde está vivendo.

____

____

5 Releia o trecho a seguir e responda às questões.

> [...] não devemos nos esquecer de que são **ELES** que vivem me acordando [...]

a) A quem Sam se refere quando escreve "ELES"?

____

b) Por que Sam usou letras maiúsculas nessa palavra?

____

____

6 Releia a observação que Sam faz ao final da carta.

> P.S. Não quero deixá-la alarmada, mas a ideia de uma fuga **passou-me** pela cabeça!

P.S. é a abreviatura de *post scriptum*, uma expressão que vem do latim e significa "escrito depois". É usada para acrescentar alguma informação que se tenha esquecido de dizer no corpo do texto ou para destacar algo, como um lembrete, chamando a atenção do leitor.

a) Em sua opinião, por que Sam escreveu o *P.S.*?

____

____

b) Identifique na imagem algo que confirme a ideia de fuga de Sam.

____

c) Analisando a imagem e a palavra destacada no trecho, **passou-me**, você acha que a intenção de Sam é realmente fugir? Por quê?

____

Você leu uma carta escrita pelo personagem de uma história de ficção, Sam, um cachorro que reclamava das queixas feitas pelos vizinhos da Sra. Leroy contra os seus uivos.

As cartas de reclamação são muito comuns, principalmente entre consumidores e empresas prestadoras de serviço.

Como esse tipo de carta envolve, geralmente, situações delicadas entre as partes envolvidas, o texto que leremos a seguir é uma simulação de uma carta de reclamação.

Leitura 2: carta de reclamação

São Paulo, 25 de julho de 2019.

Senhor(a) responsável pela emissão de conta de energia elétrica,

No último ano paguei em média R$ 100,00 por mês pelo consumo de energia elétrica em minha residência. No entanto, no mês passado o valor da conta quase dobrou.

Nesse período, não houve alteração da forma de utilização de energia elétrica. Moro com mais uma pessoa em um apartamento pequeno e ficamos fora dele praticamente o dia todo porque trabalhamos fora.

Como a reclamação sobre o alto valor das contas de energia também é comum entre os demais moradores do prédio, solicito o comparecimento de um técnico para identificar a causa do problema na medição da energia utilizada pelos apartamentos.

Aguardamos, portanto, uma resposta da empresa sobre a data e hora da visita do técnico solicitado.

Sem mais,

Veruska del Sole

Texto elaborado pelas autoras para fins didáticos.

Interpretação do texto

Compreensão do texto

1. Copie da carta o nome do destinatário e o nome do remetente.

2. Nessa carta o destinatário está identificado pela função e não pelo nome. Faça um **X** diante do provável motivo para que isso acontecesse.

- [ ] A remetente quer enfatizar o aspecto comercial da carta de reclamação.
- [ ] A remetente não gosta do nome do responsável.
- [ ] A remetente não consegue identificar o nome da pessoa responsável pela sua conta de energia elétrica.
- [ ] É normal isso acontecer em correspondência de caráter mais comercial.

3. Qual é o **assunto** dessa carta?

4. Com que **finalidade** essa carta foi enviada ao destinatário pela remetente?

5. Que **argumentos** a consumidora utilizou para justificar a reclamação dela?

6. Qual é a **opinião** da remetente da carta sobre a possível causa do valor muito alto para pouco consumo das contas de energia do prédio de apartamentos?

A carta de reclamação que você leu foi escrita por um cliente para protestar contra o alto valor da conta de energia elétrica. Veja a seguir um exemplo de uma conta de energia elétrica, também chamada de nota fiscal ou fatura.

Observe que ela está estruturada em vários campos. Vamos conhecer os mais importantes para que o consumidor compreenda claramente o que está pagando.

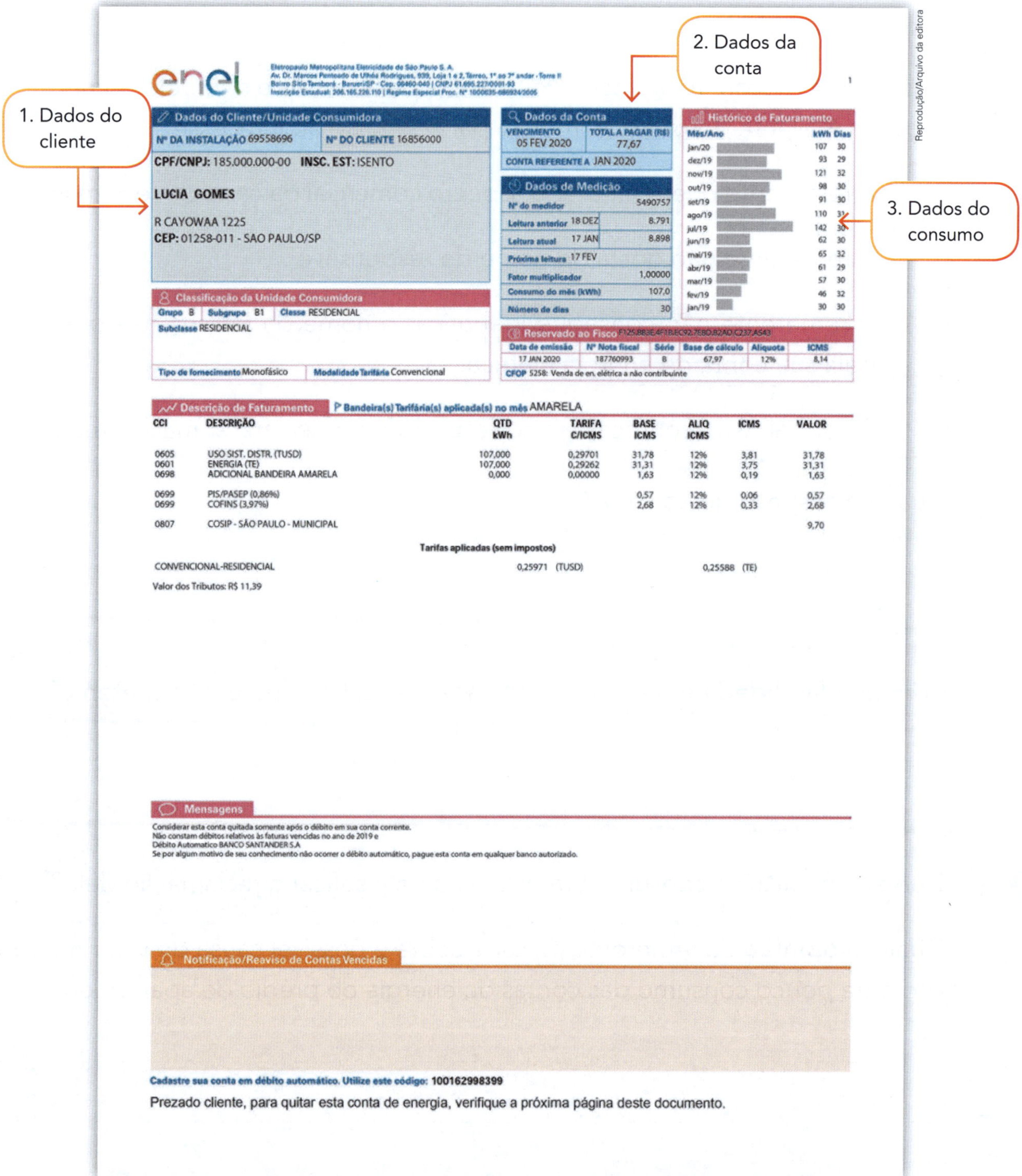

enel

Eletropaulo Metropolitana Eletricidade de São Paulo S. A.
Av. Dr. Marcos Penteado de Ulhôa Rodrigues, 939, Loja 1 e 2, Térreo, 1º ao 7º andar - Torre II
Bairro Sítio Tamboré - Barueri/SP - Cep. 06460-040 | CNPJ 61.695.227/0001-93
Inscrição Estadual: 206.165.226.110 | Regime Especial Proc. Nº 1000635-086924/2005

1

Dados do Cliente/Unidade Consumidora

Nº DA INSTALAÇÃO 69558696 | Nº DO CLIENTE 16856000

CPF/CNPJ: 185.000.000-00 INSC. EST: ISENTO

LUCIA GOMES

R CAYOWAA 1225
CEP: 01258-011 - SAO PAULO/SP

Dados da Conta

VENCIMENTO	TOTAL A PAGAR (R$)
05 FEV 2020	77,67

CONTA REFERENTE A JAN 2020

Dados de Medição

Nº do medidor		5490757
Leitura anterior	18 DEZ	8.791
Leitura atual	17 JAN	8.898
Próxima leitura	17 FEV	
Fator multiplicador		1,00000
Consumo do mês (kWh)		107,0
Número de dias		30

Histórico de Faturamento

Mês/Ano	kWh	Dias
jan/20	107	30
dez/19	93	29
nov/19	121	32
out/19	98	30
set/19	91	30
ago/19	110	31
jul/19	142	30
jun/19	62	30
mai/19	65	32
abr/19	61	29
mar/19	57	30
fev/19	46	32
jan/19	30	30

Classificação da Unidade Consumidora

Grupo B | Subgrupo B1 | Classe RESIDENCIAL

Subclasse RESIDENCIAL

Tipo de fornecimento Monofásico | Modalidade Tarifária Convencional

Reservado ao Fisco F125.B83E.4F1B.EC92.7E8D.82AD.C237.A543

Data de emissão	Nº Nota fiscal	Série	Base de cálculo	Alíquota	ICMS
17 JAN 2020	187760993	B	67,97	12%	8,14

CFOP 5258: Venda de en. elétrica a não contribuinte

Descrição de Faturamento Bandeira(s) Tarifária(s) aplicada(s) no mês AMARELA

CCI	DESCRIÇÃO	QTD kWh	TARIFA C/ICMS	BASE ICMS	ALIQ ICMS	ICMS	VALOR
0605	USO SIST. DISTR. (TUSD)	107,000	0,29701	31,78	12%	3,81	31,78
0601	ENERGIA (TE)	107,000	0,29262	31,31	12%	3,75	31,31
0698	ADICIONAL BANDEIRA AMARELA	0,000	0,00000	1,63	12%	0,19	1,63
0699	PIS/PASEP (0,86%)			0,57	12%	0,06	0,57
0699	COFINS (3,97%)			2,68	12%	0,33	2,68
0807	COSIP - SÃO PAULO - MUNICIPAL						9,70

Tarifas aplicadas (sem impostos)

CONVENCIONAL-RESIDENCIAL 0,25971 (TUSD) 0,25588 (TE)

Valor dos Tributos: R$ 11,39

Mensagens

Considerar esta conta quitada somente após o débito em sua conta corrente.
Não constam débitos relativos às faturas vencidas no ano de 2019 e
Débito Automatico BANCO SANTANDER S.A
Se por algum motivo de seu conhecimento não ocorrer o débito automático, pague esta conta em qualquer banco autorizado.

Notificação/Reaviso de Contas Vencidas

Cadastre sua conta em débito automático. Utilize este código: 100162998399

Prezado cliente, para quitar esta conta de energia, verifique a próxima página deste documento.

Projeto Ápis

CADERNO DE ATIVIDADES

LÍNGUA PORTUGUESA

4º ANO

Ensino Fundamental

NOME: ______________________ TURMA: __________

ESCOLA: ______________________________

editora ática

Sumário

Everton Caetano/Arquivo da editora

Introdução

Ajude os marinheiros a descobrir que navio será alvo do ataque dos piratas.

Weberson Santiago/Arquivo da editora

a) O primeiro passo é identificar a que país pertence cada um dos navios.

Decifre o enigma e descubra!

Os códigos são: A = ◆; L = ▣; P = ○; T = ✱; R = ◈; I = ●; Ã = ⊗; Á = ✦.

Navio 1: ______________________ Navio 3: ______________________

Navio 2: ______________________ Navio 4: ______________________

b) Qual é a nacionalidade do navio que os piratas pretendem atacar?

Dicas:

- Na vela do navio há um número ímpar.
- Não há ninguém dentro do navio.
- O nome do país tem três sílabas.

____

Unidade 1

Fábula em prosa e em verso

Parágrafo e organização do texto

1 Leia com atenção a história em quadrinhos em que Mônica e Magali estão brincando de cabeleireiras e fizeram de Cebolinha e Cascão seus clientes.

Mauricio de Sousa. Revista **Mônica**. n. 81. São Paulo: Globo.

2 Vamos escrever essa história em quadrinhos em prosa? Lembre-se de que as características de um texto em prosa são:

- O narrador inicia a história, conta as ações de cada personagem e também o fim da história.
- As falas de cada personagem devem ser iniciadas por parágrafo e travessão.
- Os sinais de pontuação final devem ser usados de acordo com a expressividade desejada.
- É necessário dar um título à história.

3 Depois de pronto, leia seu texto em voz alta com bastante expressividade para conferir se a pontuação transmite adequadamente as entonações.

Pontuação e expressividade

Leia a história em quadrinhos a seguir.

Galvão. **Folha de S.Paulo**, 7 fev. 2009. Folhinha, p. 8.

a) A conversa entre os personagens é bastante informal. Copie dos quadrinhos três palavras que mostram esse uso, bastante comum na língua falada.

b) Observe que há balões de fala que contêm apenas sinais de pontuação. E eles têm um significado, um sentido.

- No primeiro quadrinho, que sentido pode ter o ponto de exclamação?

- Que expressões comuns na linguagem informal poderiam ser utilizadas no lugar dos sinais de pontuação nos balões do primeiro quadrinho?

Palavras e sílabas

Leia o trecho da letra da cantiga popular a seguir.

Se souber a melodia, cante-a com os colegas.

Seu João tinha uma casa ia, ia, ô
E nessa casa tinha um **cachorro** ia, ia, ô
Era au, au, au pra cá
Era au, au, au pra lá
Era au, au, au pra todo lado, ia, ia, ô.

Seu João tinha uma casa, ia, ia, ô
E nessa casa tinha um **gato**, ia, ia, ô
Era miau, miau, miau pra cá
Era miau, miau, miau pra lá
Era miau, miau, miau pra todo lado, ia, ia, ô.

Domínio público.

Andréia Vieira/Arquivo da editora

a) Complete os espaços com a voz correspondente ao animal mencionado neste trecho.

Seu João tinha uma casa, ia, ia, ô
E nessa casa tinha um **galo**, ia, ia, ô

Era ____________________ pra cá, era ____________________ pra lá

Era ____________________ pra todo lado, ia, ia, ô.

Domínio público.

b) Escreva uma palavra em cada coluna do quadro.

Dica: Use palavras dos trechos da letra da cantiga. Conte quantas sílabas há em cada palavra.

Monossílaba	Dissílaba	Trissílaba	Polissílaba

Unidade 2

Notícia

Variedades linguísticas

A língua portuguesa oferece muitas possibilidades de uso, tanto formal como informal.

1 Leia os textos a seguir e divirta-se com o duplo sentido de algumas expressões populares de nossa língua.

Dar uma colher de chá

Giz de Cera/Arquivo da editora

A expressão **dar uma colher de chá** significa dar uma chance, uma ajuda, uma nova oportunidade para alguém.

Exemplo: A professora não me deu uma colher de chá na correção da prova, e eu acabei tirando nota baixa.

Dar uma de João sem braço

A expressão **dar uma de João sem braço** significa se fazer de desentendido, fingir que não compreendeu algo para tirar vantagem de alguma situação. É o mesmo que **dar uma de Miguel**.

Exemplo: A mãe de Pedro pediu a ele que arrumasse o quarto, mas o menino deu uma de João sem braço: fingiu que não escutou, e o quarto continuou bagunçado!

2 **Agora você.** Você conhece alguma expressão popular que, se entendida "ao pé da letra", pode provocar o mesmo efeito de humor que as expressões apresentadas na atividade 1? Se não conhecer ou não se lembrar, peça ajuda a alguém da sua família.

Escreva aqui a expressão escolhida e, depois, registre uma frase empregando-a.

____

____

Gírias

1 Leia o trecho de um livro que traz o diário pessoal de uma menina chamada Clarice Bean.

Sexta-feira

Lauren Child

[...] Meu pai passa o dia inteiro no escritório, atendendo o telefone. **Tipo assim**:

"Não posso falar agora, estou **atolado** de trabalho!"

"O **chefão** está **subindo pelas paredes**. Acho que muita gente **vai pro olho da rua** se não **acertar na bola**."

Lauren Child. **Clarice Bean sou eu**. São Paulo: Ática, 2005.

Vicente Mendonça/Arquivo da editora

a) Observe as palavras e expressões destacadas no texto acima.

Elas são empregadas em situações formais ou em situações informais do dia a dia? Explique.

____

____

b) Em seu dia a dia, você utiliza alguma das palavras e expressões destacadas no texto? Qual e em que situação? Caso não utilize nenhuma delas, cite alguma outra que costuma usar.

____

____

c) Que expressão você utilizaria para substituir a expressão **tipo assim**?

____

d) O que significa a expressão **vai pro olho da rua**?

____

____

e) O que pode significar a expressão **acertar na bola**?

____

____

Releia a definição a seguir.

Gírias são palavras ou expressões empregadas mais comumente na linguagem informal. Algumas gírias específicas costumam ser utilizadas por determinados grupos sociais.

2 Você sabia que os surfistas geralmente usam gírias próprias para se comunicarem? Bruno é surfista e tem um diário em que registra seus melhores momentos nesse esporte.

Leia o que Bruno escreveu em seu diário.

Domingo

Foi demais! Quebrou altas ondas nesse final de semana. Nino, meu *brother*, rolou pra cá pra gente dar uma queda.

Texto escrito pelas autoras.

Vicente Mendonça/Arquivo da editora

a) Escreva o que pode significar:

- **quebrou altas ondas**: ______________________
- **rolou pra cá**: ______________________
- **dar uma queda**: ______________________

b) Quais são as gírias que você conhece ou usa nas conversas com seus amigos? Escolha duas gírias muito empregadas hoje em dia entre os jovens e escreva uma frase com cada uma delas.

____

____

____

____

3 Leia a tirinha a seguir.

Adão Iturrusgarai. Kiki. **Folha de S.Paulo**. São Paulo, 13 jun. 2009. Folhinha.

a) O que faz essa tirinha ser engraçada? Explique.

____

____

b) Que elementos do último quadrinho indicam o estado em que a jovem sem celular se encontra?

____

____

c) As personagens empregam gírias comuns do dia a dia, usadas especialmente em situações informais. Localize essas palavras e expressões e copie-as a seguir.

____

d) Escreva uma frase com cada palavra e expressão que você copiou no item anterior.

____

____

e) Além das gírias, há palavras empregadas na tirinha que são próprias da língua falada. Escreva quais são elas.

____

O uso da letra maiúscula

Você já sabe que a letra maiúscula é utilizada no início de frases e em substantivos próprios. Também pode dar destaque a alguma palavra ou expressão.

1 Leia esta charada popular.

o dilema do barqueiro

seu geraldo precisa levar seu cachorro cacau, sua galinha e um saco de milho para a outra margem do rio grajaú. o cachorro e o saco são muito pesados e não podem viajar juntos, senão o barco afunda.

o pior é que, caso seu geraldo deixe o cachorro cacau com a galinha, ela é comida pelo cachorro. se deixar a galinha e o milho, ela come o saco inteiro. o que fazer?

Versão das autoras para charada popular.

Como o barqueiro pode resolver esse dilema? Escreva uma possível solução para ele.

2 Na charada que você leu as letras maiúsculas não foram aplicadas.

Reescreva-a, empregando adequadamente as letras maiúsculas.

3 Agora, memorize a charada e desafie outras pessoas a resolvê-la. Divirta-se!

A separação de sílabas na escrita

Para lembrar:

Na escrita não se separam os encontros: **ch**, **lh**, **nh**, **gu**, **qu**.

Não se separam os encontros de consoantes com **l** e **r**: **bl**, **cl**, **fl**, **gl**, **pl**, **tl**, **br**, **cr**, **dr**, **fr**, **gr**, **pr**.

Na escrita separam-se as letras **ss**, **rr**, **sc**, **sç**, **xc** quando estiverem na mesma sílaba.

1 Complete as lacunas do texto com as palavras do quadro.

internet	diário	livros	preferências	interessantes

Mariana é uma garota moderna. Ela não fez seu ______________ em um caderno. Ela criou o próprio blog na ______________, onde ela posta diariamente coisas ______________ que podem ser lidas por pessoas que o acessarem.

Ela costuma colocar no blog suas opiniões e ______________ sobre música, cinema, programação de tevê, ______________ que ela leu e recomenda, etc.

Ter um blog parece uma ideia muito bacana!

Agora, separe as sílabas das palavras que você escreveu para completar o texto.

____

____

____

____

2 Você conhece a língua do **pê**?

As sílabas das palavras do quadro foram separadas usando a língua do pê. Descubra o que está escrito nesta frase e registre a seguir. Atenção para o uso de letra maiúscula no começo de frase.

penós peso-pemos peos pecam-pepe-peões peda pelín-pegua pedo pepê.

____

____

3 Justifique a separação das sílabas das palavras abaixo de acordo com as regras que você relembrou na página 13.

a) cha-ti-ce, ga-lho, ni-nho, guar-da, quei-jo

Justificativa: ____

____

b) blo-co, cla-ri-da-de, fla-ne-la, glo-bo, plan-ta, a-tle-ta, bra-ço, cra-vo, dra-gão, fra-co, gra-de, pra-te-lei-ra

Justificativa: ____

____

c) clas-se, car-ro-ça, des-ci-da, nas-ci-men-to, ex-ces-so, cres-ça

Justificativa: ____

____

4 Separe e escreva as sílabas das palavras a seguir em cada quadrinho.

machado →	___	___	___	___	___
espantalho →	___	___	___	___	___
braço →	___	___	___	___	___
atrapalhado →	___	___	___	___	___
tranquilo →	___	___	___	___	___

Unidade

3 Reportagem

Um pouco mais sobre os substantivos

Silvana Rando/Arquivo da editora

1 Observe a cena e escreva alguns substantivos para cada item.

- Objetos para diversão: ______________________________
____
- Objetos para a escola: ______________________________
____
- Animal vivo: ______________________________
- Peças de vestuário: ______________________________
____
- Móveis: ______________________________
____

2 Leia a quadrinha para responder às questões.

Boca de riso escarlate
Com dentes brancos no meio,
Meu coração bate, bate,
Mas bate por ter receio.

Fernando Pessoa. **Quadras ao gosto popular.** Lisboa: Ática, 1965. Disponível em: <http://arquivopessoa.net/textos/4420>. Acesso em: 2 mar. 2020.

a) Esse poema fala do que faz o coração bater mais forte.

Responda: O que faz o seu coração bater mais forte? E o que o faz ter receio?

____

____

b) Encontre no poema os substantivos que correspondem aos itens do quadro abaixo. Depois, escreva-os.

Nomes de partes do corpo	
Nome de um sentimento	

3 Leia o trecho desta letra de canção.

Felicidade

Lupicínio Rodrigues

Felicidade foi-se embora
e a saudade no meu peito ainda mora
[...]

Lupicínio Rodrigues. Felicidade. In: **Gravações originais**. Vinil. São Paulo: Discos Copacabana, 1974.

Nesses versos, há um substantivo que expressa o sentimento de quando a felicidade vai-se embora, isto é, acaba. Copie esse substantivo a seguir.

____

4 Leia as adivinhas.

1. Qual é a parte do corpo
— vou te dar uma deixa —
que depois de um soco
vira queixa?

2. De leite é feito.
Rima com beijo.
Bom e nutritivo.
É o...

3. São grandes amigos,
mas passam o dia se batendo.
Não fazem mal aos outros,
embora vivam mordendo.

4. Quero que você me diga
o que é de fato
aquele que com um **R**
vira prato.

Textos escritos pelas autoras.

a) Associe as adivinhas às respostas escrevendo os números nos quadrinhos correspondentes.

- [ ] aquarela
- [ ] pato
- [ ] nuvens
- [ ] dentes
- [ ] queixo
- [ ] maestro
- [ ] pimenta
- [ ] queijo

Weberson Santiago/
Arquivo da editora

b) Dos substantivos encontrados, pinte o único que dá nome a um animal.

Substantivos simples e compostos

Releia a definição a seguir.

Substantivos formados por uma palavra são chamados **simples**, e os formados por duas ou mais palavras são chamados **compostos**.

Pesquise e escreva no quadro abaixo apenas nomes que sejam formados por substantivos compostos.

Nome de pássaro	
Nome de flor	
Nome de comida	

Substantivos primitivos e derivados

Podemos formar palavras usando outras como base. Leia o quadro.

Primitivo	Derivado
livro	livreiro
	livraria
	livrinho

1 Agora, leia as estrofes da letra de uma canção popular brasileira.

Asa branca

Luiz Gonzaga e Humberto Teixeira

Quando olhei a terra ardendo
Qual fogueira de São João
Eu perguntei a Deus do céu, ai
Por que tamanha **judiação**

Que braseiro, que fornalha
Nem um pé de plantação
Por falta d'água perdi meu gado
Morreu de sede meu **alazão**
[...]

Luiz Gonzaga e Humberto Teixeira. Asa branca.
In: **O melhor de Luiz Gonzaga**. 1 CD. São Paulo: BMG, 1996.

judiação: tristeza, maldade.

alazão: cavalo de pelagem castanho-avermelhada.

Vicente Mendonça/ Arquivo da editora

2 Nos itens abaixo, reproduzimos **substantivos derivados** presentes nas estrofes da canção. Escreva os substantivos primitivos que lhes deram origem.

a) fogueira: ______________________

b) braseiro: ______________________

c) fornalha: ______________________

d) plantação: ______________________

3 Escreva a seguir a maior quantidade possível de substantivos que podem ser derivados do substantivo **terra**. Se precisar, consulte um dicionário.

____

____

____

Substantivos coletivos

Releia a definição a seguir.

> Substantivos que nomeiam conjuntos de seres ou coisas de mesma espécie são chamados **coletivos**.

Ligue cada substantivo coletivo destacado ao que ele se refere.

manada	animais de uma região
constelação	soldados, guardas
ninhada	filhotes
batalhão	bois
matilha	estrelas
fauna	cães

Concordância nominal

Você já ouviu falar da história "Os músicos de Bremen"?

Nela, um burro, um gato, um galo e um cachorro sentem-se injustiçados pelos seus donos e fogem. Eles se juntam e formam um grupo musical bem diferente.

1 Leia o trecho em que o burro está se lamentando:

> — Estou velho e cada vez mais fraco. Meu dono vivia reclamando que eu não conseguia mais ajudá-lo. [...] Antes que ele me matasse, resolvi fugir — informou ele. — Mas agora não tenho para onde ir e estou morto de fome.
>
> Júlio Emílio Braz (reconto). **Os músicos de Bremen**. São Paulo: Scipione, 2005. p. 7. (Outro lado da história).

a) O burro emprega dois adjetivos para caracterizar o estado em que se encontra. Quais são eles?

____

b) Imagine que o burro e o cachorro, juntos, vão se lamentar por meio da mesma fala em uma conversa com o galo. Reescreva esta fala fazendo as adaptações necessárias para manter as concordâncias.

> — Estou velho e cada vez mais fraco. Meu dono vivia reclamando que eu não conseguia mais ajudá-lo.

____

____

c) Agora imagine que, em vez de um burro, fosse uma gata falando. Como ficaria essa mesma fala? Reescreva o trecho e faça as adaptações necessárias para que a concordância entre as palavras fique correta.

____

d) Como ficaria a fala a seguir se todos os bichos estivessem lamentando juntos?

> — Mas agora não tenho para onde ir e estou morto de fome.

____

e) Nessa história, há quatro personagens: um burro, um gato, um galo e um cachorro – todos substantivos do gênero masculino. Como ficariam os substantivos que nomeiam esses animais se os personagens fossem do gênero feminino?

____

____

2 Quadrinhas populares são fáceis de ler e de memorizar.

a) Reescreva esta quadrinha imaginando que a fala seja de **vários rapazes**.

Fui pedir a São Gonçalo
Que me fizesse casar.
Dez noivas apareceram
Nove delas fiz voltar

Domínio público.

____

____

____

____

b) Reescreva esta quadrinha como se ela fosse declamada por **várias jovens**.

Laranjeira pequenina
Carregadinha de flor
Eu também sou pequenina
Carregadinha de amor

Domínio público.

____

____

____

____

Marcos Guilherme/Arquivo da editora

3 Você já estudou que o nome de alguns animais varia para indicar se pertencem ao gênero masculino ou ao gênero feminino.

a) No labirinto a seguir, para alcançar a chegada, você deverá escolher o caminho que só tenha nomes de animais que sofrem variação do masculino para o feminino. Por exemplo: **ursa** é a forma feminina de **urso**. Nomes que não sofrem variação, como **jacaré**, podem ser acompanhados das palavras "macho" ou "fêmea".

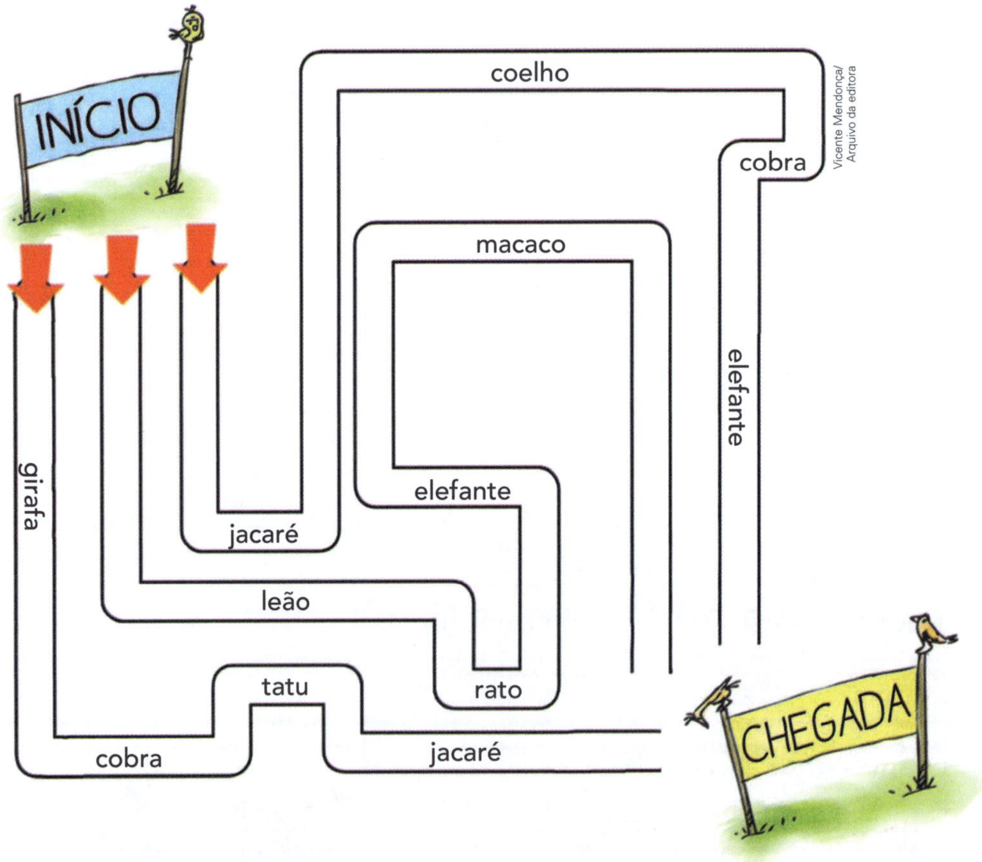

Vicente Mendonça/Arquivo da editora

b) Escreva o nome dos animais do caminho que você escolheu.

____

c) Qual é a forma feminina do nome desses animais?

____

d) Você sabe qual é o par dos seguintes animais? Complete.

bodes	________

boi	________

________	éguas

4 Leia mais versos do poeta português Fernando Pessoa.

Tens um livro que não lês,
Tens uma flor que desfolhas;
Tens um coração aos pés
E para ele não olhas.

Fernando Pessoa. **Quadras ao gosto popular**. Lisboa: Ática, 1965. Disponível em: <http://arquivopessoa.net/textos/116>. Acesso em: 2 mar. 2020.

Weberson Santiago/Arquivo da editora

Esse poema fala de livro, flor, coração, pés...

Às vezes você tem dúvida quanto ao gênero a que pertencem alguns nomes? Os artigos podem ajudar você nessa tarefa.

Ao lado de cada substantivo a seguir, escreva os artigos que poderiam acompanhá-los para indicar a que gênero pertencem.

a) ______________ livro

b) ______________ flor

c) ______________ coração

d) ______________ pés

Uso de terminações -oso/-osa; -es/-esa

1 Leia o texto a seguir sobre a transformação de garrafas PET em tecido.

Tecido feito de garrafa PET. É possível? Sim, e a maior parte é transformada em camiseta. Dá para imaginar? Não, ela não tem cheiro nem cor de refrigerante, muito menos textura de plástico. É um pano gostoso e leve de vestir, e fácil de entender como é fabricado.

O processo de transformação de uma garrafa PET em camiseta é algo bastante curioso, engenhoso e econômico. É preciso apenas duas garrafas PET vazias, daquelas de refrigerantes, misturadas com algodão e pronto!

Diego Fernandez. Como funciona a transformação de garrafas PET em tecido? **Ciência Hoje das Crianças**. Ano 26, n. 242, jan.-fev. 2013. p. 28.

Pack/Shutterstock

Garrafa PET.

a) Copie as palavras do texto em que aparecem os sufixos **-oso**, **-osa**; **-es**, **-esa**.

____

b) Como é a forma feminina de cada uma delas?

____

c) Escolha uma delas e escreva uma frase com a forma no feminino ou no masculino.

____

____

2 Veja novamente alguns dos navios ilustrados na página 3. Escreva o nome da nacionalidade de cada um deles.

a) O navio de Portugal é um

navio ____________________.

b) O navio do Japão é um

navio ____________________.

Weberson Santiago/Arquivo da editora

Weberson Santiago/Arquivo da editora

3 Veja o exemplo e faça o mesmo nas frases a seguir.

Londres fica na Inglaterra. É a capital **inglesa**.

a) Helsinque fica na Finlândia.

É a capital ____________.

b) Beijing fica na China.

É a capital ____________.

Veronika Galkina/Shutterstock

Helsinque, capital da Finlândia.

Unidade 4 Carta

Verbo como marcador de tempo

1 Leia trechos do poema a seguir.

O macaco e a sereia

Elias José

O macaco viu a sereia
não no mar
mas na areia.
[...]
Depois que viu a sereia,
Ele se escondeu complexado,
Achando-se horroroso, relaxado.
Mas lá da areia
Ela falava de mansinho:
— Que bicho mais bonitinho!

Elias José. **Um pouco mais de tudo, de bichos, de gente, de flores**. São Paulo: Paulus, 1998.

Vicente Mendonça/Arquivo da editora

2 Copie os versos cujos verbos estão no **tempo passado**.

3 Reescreva esses versos com os verbos no **tempo presente**, como se o encontro entre o macaco e a sereia acontecesse agora.

4 Leia um trecho do livro **Viagem ao centro da Terra**, de Júlio Verne, em que os personagens pescam um peixe monstruoso.

> [...] Hans preparou um anzol na ponta de uma corda, colocou um pedacinho de carne-seca como isca e atirou-o ao mar. Duas horas depois, sentiu uma fisgada. Um peixe de cabeça chata, cego e sem dentes mordeu a isca.
>
> Júlio Verne. **Viagem ao centro da Terra**. São Paulo: Scipione, 2001. p. 34.

a) Copie os verbos que aparecem nesse trecho.

____

b) Escreva qual é o tempo que esses verbos indicam.

____

c) Como eles ficariam no tempo futuro?

____

5 Leia o poema e responda às questões.

É preciso fazer sinal ao motorista

Raymond Queneau

A senhora esperava o ônibus.
O senhor esperava o ônibus.
A senhora fica olhando o cachorro.
O senhor fica olhando o cachorro.
Nesse meio-tempo o ônibus passou.

Silvana Rando/Arquivo da editora

Raymond Queneau. In: José Paulo Paes (Sel. e trad.). **Ri melhor quem ri primeiro**: poemas para crianças (e adultos inteligentes). São Paulo: Companhia das Letrinhas, 1998. p. 46.

Preencha as lacunas com os verbos destacados de cada verso e escreva o tempo que eles indicam.

a) A senhora **esperava** o ônibus.

verbo: ______________ tempo: ______________

b) A senhora **fica** olhando o cachorro.

verbo: ______________ tempo: ______________

6 Leia o trecho de uma história de suspense.

A casa sonhada

Angela-Lago

Em Pitangui tinha uma mulher que desandou a querer dormir mais cedo só para sonhar mais. É que toda noite ela sonhava com a mesma casa, que ela adorava, sei lá por quê. Era uma casa confortável, mas comum.

Angela-Lago. **Sete histórias para sacudir o esqueleto**. São Paulo: Companhia das Letrinhas, 2005.

a) O que a mulher queria ao ir dormir mais cedo?

b) Releia as frases:

Em Pitangui **tinha** uma mulher [...]
[...] toda noite ela **sonhava** com a mesma casa [...]

Responda: Em que tempo foram empregados os verbos destacados?

Weberson Santiago/Arquivo da editora.

c) Por que será que, na maioria das histórias inventadas, o tempo utilizado é o passado?

d) Imagine que a mulher da história "A casa sonhada" seja casada e que o marido dela tenha, frequentemente, o mesmo sonho.

Para contar esse fato, como você reescreveria a frase a seguir? Faça as adaptações necessárias.

É que toda noite ela sonhava com a mesma casa, que ela adorava, sei lá por quê.

Concordância verbal

1 Leia, a seguir, o trecho de uma fábula.

Dois viajantes encontraram um urso. Um deles fugiu, e o outro se fez de morto.

O urso, vendo o homem imóvel, imaginou que ele estava mesmo morto e foi embora.

O amigo que fugiu voltou.

Agora, acompanhe a conversa que ocorreu depois disso.

— **Grande corajoso você!** Enganou o urso!

— Foi sim! Ele até cochichou uma coisa no meu ouvido.

— Foi mesmo? O que foi que o urso disse pra você?

— **Eu vou contar. Ele me aconselhou a não confiar em amigos que abandonam a gente diante do perigo...**

Versão das autoras para a fábula "Os viajantes e o urso", de Esopo.

Levando em conta esse trecho do diálogo, responda.

a) Quem diz a frase de cor laranja?

____

b) Qual pronome é usado por aquele que fala?

____

c) Quem diz a frase de cor verde? E qual pronome indica com quem ele fala?

____

d) Releia a frase.

Ele até cochichou uma coisa no meu ouvido.

O pronome destacado indica:

☐ quem fala. ☐ com quem fala. ☐ de quem se fala.

2 Leia o trecho de uma carta que duas amigas escreveram para a autora dos livros de uma série que elas adoram.

> Prezada Patricia
>
> Somos leitoras da série Ruby Redfort e já lemos todos os livros pelo menos uma vez. O que nós gostaríamos de saber é quando vai sair o próximo livro da Ruby Redfort e qual vai ser o título.
>
> Esperamos sua resposta ansiosamente.
>
> Betty Morais e Clarice Bean
>
> *P.S.* Nós achamos que você deveria escrever um pouco mais depressa.
>
> Lauren Child. **Tipo assim, Clarice Bean**. São Paulo: Ática, 2004. p. 40 e 41.

Vicente Mendonça/Arquivo da editora

Agora, responda.

a) Na primeira frase da carta, as garotas usam dois verbos: **somos** e **lemos**. A quem esses verbos estão se referindo?

____

____

b) Qual dos pronomes a seguir poderia ser empregado com esses verbos na primeira frase da carta?

☐ Elas ☐ Vocês ☐ Nós

c) Observe os verbos destacados na frase "[...] quando **vai sair** o próximo livro da Ruby Redfort e qual **vai ser** o título". Depois, responda.

- Qual é o tempo verbal empregado nessa frase?

____

d) Na mesma frase, de que outro modo esses verbos poderiam ser escritos?

____

Estudo da palavra: sílaba e tonicidade

1 Leia as palavras do quadro. Depois, preencha as colunas adequadamente de acordo com a sílaba tônica de cada palavra.

partiu abril próximo livro gostaríamos
fácil dócil você título ônibus cachorro
azul mansinho Brasil fábula

Oxítona	Paroxítona	Proparoxítona

2 Circule a sílaba tônica de cada palavra destacada a seguir.

Sergey Bazarnov/Shutterstock

a) O gatinho da **vizinha** sumiu ontem.

b) Pensaram que o **gatinho** caiu no poço.

c) Foi muito difícil encontrar o **bichano**.

d) O **animalzinho** estava bem, mas **assustado**.

Todas as palavras destacadas são:

☐ oxítonas. ☐ paroxítonas. ☐ proparoxítonas.

Unidade

5 Texto informativo

Pronomes

1 Leia a tirinha e faça o que se pede.

Bill Watterson. **O Estado de S. Paulo**, 12 out. 2008.

a) Sublinhe o pronome pessoal que aparece na frase do primeiro balão.

b) Circule o pronome pessoal que aparece na frase do último balão.

2 Leia esta outra tirinha e responda às questões.

Bill Watterson. **O Estado de S. Paulo**, 7 jul. 2005. Caderno 2, D4.

a) Que pronome Calvin usa? ______________________

b) Qual pronome aparece na resposta do tigre? ______________________

3 Observe os verbos destacados e complete cada frase com o pronome pessoal adequado.

________ se **lembra** do nome desse bicho? ________ se **chama** bicho-pau. É muito difícil ________ **conseguirmos** enxergar esse bichinho quando está em uma folha ou em um pau porque ________ **está** sempre camuflado, disfarçado.

Bicho-pau.

4 Você acha que o burro é burro?
Leia o texto, complete as lacunas com pronomes e descubra a resposta!

Os burros são considerados até mais inteligentes que os cavalos e são cheios de personalidade.

É muito provável que a fama deles venha do seu hábito de empacar.

O que pouca gente sabe é que __________ empacam simplesmente porque querem parar naquele determinado momento.

Logo, quando __________ mandamos o burro andar e __________ não sai do lugar, não é porque é “burro” e não entende o que estamos falando.

Na verdade, __________ está fazendo o que __________ quer e não o que __________ queremos.

Disponível em: <www.sitedecuriosidades.com/curiosidade/curiosidade-sobre-o-burro.html>. Acesso em: 5 mar. 2020. (Adaptado.)

5 Leia o trecho da letra da canção e circule os pronomes que você identificar.

[...]
Mas ora, vejam só, já estou gostando de vocês
Aventura como essa eu nunca experimentei!
O que eu queria mesmo era ir com vocês
Mas já que eu não posso, boa viagem!
E até outra vez! [...]

Raul Seixas. O carimbador maluco. In: **Novo Aeon**. Rio de Janeiro: Philips Records, 1975. Disponível em: <www.vagalume.com.br/raul-seixas/o-carimbador-maluco.html>. Acesso em: 2 mar. 2020.

Fernando Pimentel/Editora Abril

6 Leia a tirinha e preencha os espaços de acordo com os números correspondentes.

Chris Browne. **Folha de S.Paulo**, 26 jan. 2009.

(1) __________ (2) __________

Pronomes possessivos e demonstrativos

1 Leia abaixo o trecho de uma notícia.

Peixe-leão

Uma espécie de peixe venenosa está causando uma devastação entre a fauna nativa do Caribe depois de ter escapado de um tanque nos Estados Unidos. [...]

Richard Whitcombe/Shutterstock

Disponível em: <http://g1.globo.com/Noticias/Ciencia/0,,MUL723459-5603,00-PEIXELEAO+CAUSA+MAIOR+INVASAO+MARINHA+DA+HISTORIA+NO+CARIBE+DIZEM+CIENTISTAS.html>. Acesso em: 2 mar. 2020.

Agora, complete o texto abaixo com um pronome possessivo e um pronome demonstrativo.

__________ peixe, com __________ espinhos venenosos, ataca animais e mergulhadores.

2 Leia as afirmações sobre o trecho da notícia da atividade 1.

a) Pinte os pronomes que você encontrar.

- Quando você lê uma notícia dessas, começa a pensar que outras formas de vida estão correndo risco, e isso é muito perigoso.
- Essa notícia alerta a todos nós sobre a nossa responsabilidade ambiental.
- Aquilo que fizeram, deixando aquela espécie de peixe escapar, foi uma enorme imprudência daquelas pessoas que eram responsáveis por cuidar do tanque onde aqueles peixes viviam.

b) Dos pronomes encontrados, copie no quadro abaixo apenas os que são pronomes demonstrativos.

Pronomes demonstrativos
____
____

Uso de **por que** e **porque**

Leia o texto abaixo e faça o que se pede.

Alexander Raths/Shutterstock

Outono, as folhas voam sem parar.
Por que elas voam?
Voam **porque** as nuvens começaram a espirrar.
Primavera, as flores estão alegres a vibrar.
Por que estão alegres?
Porque suas cores vão poder mostrar.

Texto elaborado pelas autoras.

a) Nas frases "Por que elas voam?" e "Por que estão alegres?", a palavra **por que** foi escrita separadamente. Explique esse uso.

____

____

b) Na 3ª e na 6ª linhas, a palavra **porque** aparece sem separação. Justifique esse uso.

____

____

c) Crie e escreva abaixo uma frase usando **por que** e uma frase usando **porque**.

____

____

Unidade 6

Conto de suspense

Pontuação, entonação e expressividade

1 Leia os quadrinhos.

Jim Davis. **Garfield**. Porto Alegre, 2010. p. 32.

Agora, assinale o sentido que a pontuação dá ao texto.

a) No primeiro quadrinho da segunda linha, os pontos de exclamação expressam:

☐ indignação. ☐ medo. ☐ chamamento.

b) No segundo quadrinho da segunda linha, a fala de Jon é pontuada duas vezes com exclamação.

A primeira fala, "Levante já!", expressa:

☐ medo. ☐ chamamento. ☐ ordem.

c) A segunda fala, "Está na hora do *jogging*!", expressa:

☐ determinação. ☐ poder. ☐ entusiasmo.

2 Leia a fábula a seguir.

Os pássaros discutiam
Quem será nosso rei
Por minha beleza serei eu disse o pavão
Todos aprovaram Mas a gralha argumentou
Vejamos Tu és nosso rei uma águia nos ataca Como vais nos salvar

Esopo. **Fábulas**. Trad. Antônio Carlos Vianna. Porto Alegre: L&PM, 1997. p. 140.

a) Você deve ter notado que faltam alguns elementos no texto. Que elementos são esses? ____________________

b) Agora, reescreva o texto, colocando a pontuação necessária para que o sentido fique claro.

____

____

____

____

____

c) Pense em uma moral para essa fábula e escreva-a a seguir.

____

____

Verbo e uso do tempo passado nas histórias

1 Leia o início da história "Chapeuzinho Vermelho", recontada por Sâmia Rios. Depois, assinale as alternativas corretas.

Era uma vez uma menina pequena e muito meiga que **morava** com sua mãe em uma casinha perto de uma floresta. Ela **usava** sempre uma capa vermelha com capuz, que sua avó havia dado de presente no dia de seu aniversário. Por isso **era chamada** de Chapeuzinho Vermelho.

Certo dia, sua avó, que morava do outro lado da floresta, **adoeceu**. A mãe de Chapeuzinho **pediu** que levasse uma cesta com lanche para a avó. [...]

Sâmia Rios. **Chapeuzinho Vermelho** (reconto a partir de texto dos Irmãos Grimm). São Paulo: Scipione, 2009. p. 3-5.

a) A expressão **Era uma vez** indica:

- [ ] que o tempo em que a história ocorreu está no passado.
- [ ] que o tempo em que a história ocorreu é indeterminado.
- [ ] que o tempo em que a história ocorreu é recente.

b) Os verbos destacados no primeiro parágrafo indicam:

- [ ] fatos costumeiros, habituais.
- [ ] fatos acontecidos em determinado momento.
- [ ] fatos que não aconteceram ainda.

c) Os verbos destacados no segundo parágrafo indicam:

- [ ] fatos costumeiros, habituais.
- [ ] fatos acontecidos em determinado momento.
- [ ] fatos que não aconteceram ainda.

2 Imagine que a própria Chapeuzinho Vermelho esteja contando a história dela para você.

Complete o texto colocando no passado os verbos entre parênteses.

Eu ________________ (morar) com minha mãe em uma casinha perto da floresta.

________________ (costumar) usar uma capa vermelha com capuz, que minha avó me ________________ (dar) no dia de meu aniversário. Por isso, me chamam de Chapeuzinho Vermelho.

3 Leia a tira a seguir.

Laerte. **Classificados**. São Paulo: Devir, 2001. p. 57.

Releia o primeiro quadrinho e complete.

a) Na expressão "você **comprou** uma geladeira?!", o verbo destacado está indicando tempo ____________________.

b) No segundo quadrinho, a personagem fala referindo-se ao tempo

____________________.

c) No terceiro quadrinho, a personagem fala referindo-se ao tempo

____________________.

d) Reescreva a fala do último quadrinho indicando tempo passado.

____

Final de palavras: -ol e -ou

1 Leia em voz alta as frases.

- O jogador marcou um **gol** de craque!
- Não se esqueça de que **vou** com você para casa.

O que se pode observar nas palavras destacadas:

a) quanto ao som?

____

b) quanto à escrita?

____

2 Agora, leia as frases e observe as palavras destacadas.

- O **sol** estava muito forte durante o jogo.
- O jogador famoso não conseguiu marcar nenhum **gol** nessa partida.

O que se pode observar nas palavras destacadas:

a) quanto ao som? ______

b) quanto à escrita? ______

3 Leia o que diz o menino ao final do dia.

Giz de Cera/Arquivo da editora

Hoje fez um lindo dia de s______.

Zico pass______ em casa, cham______ todo mundo e fomos para a praia jogar futeb______.

Assim que pint______ uma chance, adivinha quem fez um g______?

Entre as alternativas, qual contém as letras que completam as lacunas das seis palavras incompletas no texto?

a) ol – ol – ol – ou – ou – ol

b) ol – ou – ou – ol – ou – ol

c) ol – ol – ol – ol – ou – ou

d) ou – ou – ou – ol – ol – ol

4 Preencha as lacunas com as palavras que melhor completam o sentido das frases.

a) O ______ atrapalhou a visão de Carol e, quando ela ______, já estava em cima da faixa de pedestres. (corou, parou, sol, morou, caracol)

b) Ele é ______ porque nasceu na Espanha, mas ______ muitos anos em Portugal. (levantou, espanhol, anzol, morou, lençol)

c) Meu avô ______ bem cedo, saiu para pescar e esqueceu o ______. (anzol, futebol, gol, levou, farol, levantou)

Unidade 7

Conto popular

Uso de palavras de ligação (coesão)

As palavras ou expressões de ligação organizam as ideias de um texto falado ou escrito. Exemplos: **aí**, **então**, **mas**, **quando**, **lá**, **porque**, **e**, **como**, **até**, **que**, etc.

1 Observe que na fábula "A assembleia dos ratos" estão faltando algumas palavras de ligação.
Leia em voz alta para perceber o sentido do texto e escolha no quadro as palavras adequadas para preencher as lacunas. Algumas delas serão usadas mais de uma vez.

até	quando	mas	que	então	assim

A assembleia dos ratos

Monteiro Lobato

Um gato de nome Faro-Fino deu de fazer tal destroço na rataria duma casa velha que os sobreviventes, sem ânimo de sair das tocas, estavam a ponto de morrer de fome. O caso tornou-se muito sério, ______________ resolveram se reunir em assembleia para o estudo da questão.

Foi ______________ um dos ratinhos deu sua sugestão:

— Acho que o meio de nos defendermos de Faro-Fino é colocarmos um guizo no pescoço dele. ______________ quando ele se aproximar, o guizo o denuncia e ______________ pomo-nos a correr.

Palmas saudaram a luminosa ideia. O projeto foi aprovado com delírio ______________ ______________ um rato casmurro pediu a palavra e disse:

— Está tudo muito direito, ______________ quem vai amarrar o guizo no pescoço de Faro-Fino?

Silêncio geral. Um desculpou-se por não saber dar nó. Outro, porque não era tolo. Todos não tinham coragem. E ______________ a assembleia dissolveu-se no meio de geral consternação.

Dizer é fácil; fazer é que são elas!

Monteiro Lobato. **Fábulas**. São Paulo: Brasiliense, 1958. p. 45.

2 Leia os quadrinhos a seguir. Você vai notar que faltam algumas palavras de ligação.

Para entender a história, escolha no quadro abaixo palavras ou expressões para completar as falas adequadamente, onde aparecer o símbolo ◆.

enquanto	mas	nesse tempo	tudo	na Idade Média

[...]

Ziraldo. **Almanaque Maluquinho**. São Paulo: Globo, 2009. p. 21-22.

a) Complete com a palavra que falta na fala de Sugiro: ______________________.

b) Complete com as palavras que faltam no quadrinho "Os monges copistas":

______________________; ______________________; ______________________.

c) Complete com a palavra que falta na última fala de Lúcio: ______________________.

3 Complete a parlenda com as palavras de ligação que, para você, dão mais sentido às frases. Observe que este é um texto em que se podem empregar ligações próprias da língua falada, isto é, escrever como se fala.

O doce perguntou ______________ doce

qual é o doce mais doce.

O doce respondeu ______________ doce

______________ o doce mais doce

É o doce ______________ batata-doce.

Parlenda popular.

Grau das palavras e expressividade

1 Observe as duas imagens a seguir.

artemisphoto/Shutterstock

cs333/Shutterstock

Que diferença entre esses coelhos!

Escreva uma frase para cada imagem, usando o substantivo **coelho** no grau aumentativo e no grau diminutivo.

____

____

2 Leia a tira a seguir.

© Fernando Gonsales/Acervo do cartunista

Fernando Gonsales. **Níquel Náusea:** com mil demônios. São Paulo: Devir, 2002. p. 13.

No primeiro quadrinho, a palavra **gatinho** é empregada no diminutivo.

Que efeitos essa palavra provoca na tira?

- [ ] carinho
- [ ] raiva
- [ ] delicadeza
- [ ] espanto
- [ ] emoção
- [ ] surpresa

Final de palavras: -eu, -éu, -el

1 No quadro abaixo, encontre e pinte dez palavras terminadas em -eu, -éu e -el.

P	H	R	C	O	Y	A	E	U	O	C	H	A	P	É	U	F
D	O	E	U	M	I	R	U	T	A	C	É	U	M	O	X	G
B	N	E	J	M	E	L	V	A	O	L	T	O	U	D	E	U
A	S	O	P	E	L	Q	B	I	O	U	T	R	O	F	É	U
B	E	U	P	R	O	M	E	U	L	A	T	U	I	P	A	M
M	I	L	P	J	A	U	A	D	O	R	Á	V	E	L	M	O
T	E	O	P	M	E	X	E	U	Z	A	E	C	E	U	N	I
E	T	P	E	L	M	P	A	P	E	L	H	V	Z	L	U	X

2 Entre as palavras que você encontrou, escreva as que terminam com o som igual ao de **mel**, mesmo que a escrita seja diferente.

____

3 Preencha o quadro abaixo com palavras terminadas com -eu, -éu e -el, de acordo com os sons indicados.

Não vale usar as palavras que apareceram no quadro acima.

Palavras com -éu (mesmo som de céu)	Palavras com -eu (mesmo som de mexeu)	Palavras com -el (mesmo som de adorável)	Palavras com -el (mesmo som de papel)

Unidade **8**

Mapa e roteiro de passeio

Usos do verbo no imperativo

1 Leia o cartaz ao lado.

Reprodução/Coordenadoria do Bem-Estar Animal/Prefeitura Municipal de Florianópolis

Prefeitura Municipal de Florianópolis (SC).

a) Assinale a(s) alternativa(s) que corresponde(m) ao sentido em que a palavra **raça** foi empregada nesse cartaz:

- [ ] espécie
- [ ] força
- [ ] coragem
- [ ] personalidade

b) Se, em vez de uma afirmação, o texto fosse organizado para fazer um pedido, como ficaria a frase a seguir? Para efetuar a transformação, altere o modo do verbo destacado para o imperativo e realize as adaptações necessárias.

> Você vai **descobrir** a raça que ele tem quando souber o que ele já sofreu...

____

c) Leia o pedido que é feito no cartaz.

> Adote um cão ou gato do Canil Municipal

- Essa frase está sem pontuação. Copie-a e coloque um sinal de pontuação para dar mais sentido e expressividade a ela.

____

- Se essa frase fosse dirigida a várias pessoas, como ficaria? Reescreva-a a seguir.

____

2 Leia o trecho do poema e faça o que se pede.

Mousse geladinho

Se você gosta de maracujá,
não vá à feira, não!
Pegue duas gelatinas desse sabor,
dissolva em duas xícaras de água quente
e coloque no liquidificador.

Junte mais duas latas de leite de vaca
com meia xícara de suco de maracujá.

Acrescente uma lata de creme de leite sem soro
e mais uma de leite condensado nesse bolo.

Bata tudo e ponha em tacinhas para gelar.
Depois é só comer e se deliciar.

Texto escrito pelas autoras.

Alberto De Stefano/Arquivo da editora

a) A quem se dirige essa receita em versos?

____

b) Copie do poema um verbo no **imperativo afirmativo**.

____

____

c) Copie o verso que traz um verbo no **imperativo negativo**.

____

d) Releia o verso final da receita.

Depois é só **comer** e se **deliciar**.

Reescreva esse verso substituindo as formas verbais destacadas por outras no imperativo afirmativo. Faça as adaptações necessárias para dar sentido ao texto reescrito.

____

Com que letra se escreve: **S** ou **Z**?

1 Leia a tira a seguir e faça o que se pede.

Fernando Gonsales. **Níquel Náusea:** com mil demônios. São Paulo: Devir, 2002. p. 18.

Você notou que estão faltando letras em algumas palavras? Então, complete-as com **s** ou **z** para poder rir mais com essa história. Depois, copie abaixo as palavras que você completou nos balões de fala.

____

2 Você gosta de dar risada? Então vai gostar de ler esta piada!
Ops! Mas faltaram letras em algumas palavras. Complete-as com **s** ou **z** e depois divirta-se com o texto.

A___ crianças estavam no horário do recreio. Às de___ hora___ tomaram o lanche: leite e bi___coitos. Enquanto as crianças recebiam os alimentos, a professora chamava a atenção para as boa___ maneiras à me___a: mastigar bem os alimentos, não falar com a boca cheia, cuidar para não deixar cair farelos fora do prato...

Foi quando uma garotinha deixou cair todo o leite ___obre a me___a com um sorri___o de ___atisfação no rosto.

A professora, enfe_____ada, preparou-se para enfrentar mais e_____se de___afio de indi___ciplina escolar.

— Muito bem, Mari___a! Quando você derrama o leite em ca___a, o que é que sua mãe fa___?

A menina olhou para a mesa toda lambu___ada e respondeu:

— Ela na verdade não fala nada. ___ó olha para mim e dá um ___orri___o.

Versão das autoras para texto de domínio público.

3 Pinte no quadro abaixo palavras terminadas com z que tenham som de s.

B	S	A	I	Z	C	I	A	A	F	E	L	I	Z	O	P
M	A	T	R	I	Z	O	T	S	I	Z	A	R	O	D	A
P	Z	I	S	C	B	S	R	A	V	E	Z	B	S	E	Z
M	R	A	I	Z	P	S	I	Y	P	O	N	E	A	Z	P
Q	U	X	T	R	Y	E	Z	S	N	A	R	I	Z	P	L

4 Escreva três palavras que terminem com:

a) -az: _______________

b) -ez: _______________

c) -iz: _______________

d) -oz e -uz: _______________

5 No quadro abaixo há palavras com s com som /s/ e palavras com s com som /z/. Separe-as nas colunas correspondentes.

sal	lasanha	suco	sopa
maionese	assado	mesa	vaso

Letra s com som /s/	Letra s com som /z/

Veja a reprodução do campo 2.

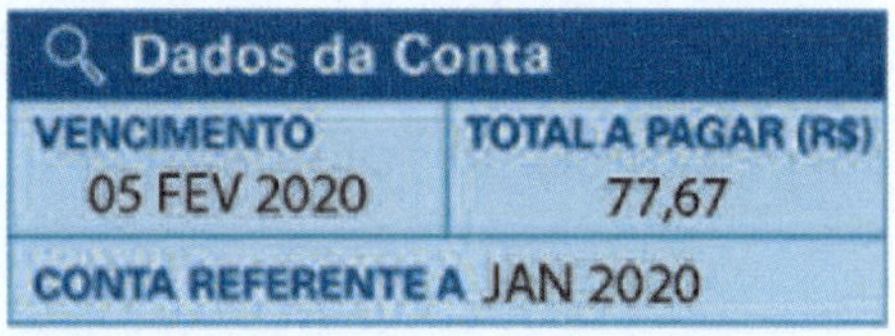

Dados da Conta	
VENCIMENTO 05 FEV 2020	TOTAL A PAGAR (R$) 77,67
CONTA REFERENTE A JAN 2020	

Reprodução/Arquivo da editora

1 Copie o que se pede sobre os dados da conta.

a) Total a pagar (R$): ______________________

b) Data do vencimento: ______________________

2 Leia o campo 3, em que é possível comparar o resultado da medida de consumo por determinado período.

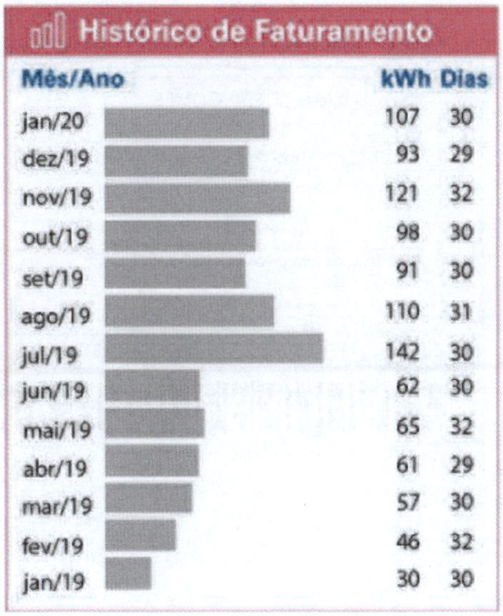

Histórico de Faturamento

Mês/Ano	kWh	Dias
jan/20	107	30
dez/19	93	29
nov/19	121	32
out/19	98	30
set/19	91	30
ago/19	110	31
jul/19	142	30
jun/19	62	30
mai/19	65	32
abr/19	61	29
mar/19	57	30
fev/19	46	32
jan/19	30	30

Reprodução/Arquivo da editora

Agora, responda às questões.

a) Por quanto tempo é possível comparar o consumo?

____

b) O consumo é registrado em reais ou em quilowatts?

____

c) Observe o gráfico com o histórico de consumo e responda:

- Em que mês e ano o consumo foi maior?

____

- Em que mês e ano houve o menor consumo?

____

3 Agora observe a sequência de barras que está no verso da conta de energia elétrica. Essa sequência recebe o nome de **código de barras**.

- CLIENTE, PAGUE PREFERENCIALMENTE NOS CANAIS ELETRÔNICOS

Orientações

enel

Nº da Conta	Data da Emissão	Conta Referente à
527106700000	17 JAN 2020	JAN 2020
Nº da Instalação	VENCIMENTO	TOTAL A PAGAR (R$)
62850000	05 FEV 2020	77,67

Nome do Cliente LUCIA GOMES

Mensagem
- ENCARGOS POR ATRASO SERÃO COBRADOS NA PRÓXIMA FATURA

Autenticação Mecânica

836200000005 776700481000 141995910116 001629983998

Converse com os colegas sobre a função desse código de barras que normalmente vem impresso em boletos, carnês e faturas, trocando informações sobre:

- para que servem;
- como funcionam;
- que relação existe entre as barras e a sequência de números que vem em cima delas.

Hora de organizar o que estudamos

Carta pessoal e de reclamação

Comunicação escrita, com uma intenção específica, entre pessoas que geralmente estão distantes

Intenção/finalidade
- Registrar uma reclamação
- Queixar-se de algo ou de alguém

Construção
- Data
- Saudação
- Destinatário
- Corpo do texto:
  - problema
  - opinião
  - argumentos
- Despedida
- Assinatura do remetente
- Lembrete (P.S.)

Linguagem
- Depende da relação entre remetente e destinatário e do assunto a ser tratado
- Pode ser:
  - mais subjetiva e informal
  - mais objetiva, mais formal

Leitor
- O destinatário

Prática de oralidade

Conversa em jogo

Desafios da convivência no dia a dia

Na primeira carta, o personagem Sam escreve "todos temos de aprender a conviver em harmonia".

a) Em sua opinião, Sam sabe conviver em harmonia? Explique o que você pensa e ouça a opinião dos colegas sobre esse assunto.

b) Na carta de reclamação sobre o alto valor cobrado pela empresa de energia elétrica, a remetente escreve:

> Como a reclamação sobre o alto valor das contas de energia também é comum entre os demais moradores do prédio, solicito o comparecimento de um técnico para identificar a causa do problema na medição da energia utilizada pelos apartamentos.

Qual é a opinião de vocês sobre o fato de a remetente inserir a reclamação dos vizinhos na sua carta de reclamação?

- Ela teve uma atitude solidária em relação aos vizinhos ou só quis tornar mais significativo o valor cobrado pelo fornecimento da sua energia?
- O que você faria diante de uma cobrança de valor alto não justificado?

Linguagem e construção dos textos

Comparando as cartas

1 As cartas geralmente têm alguns dados em comum. Observe.

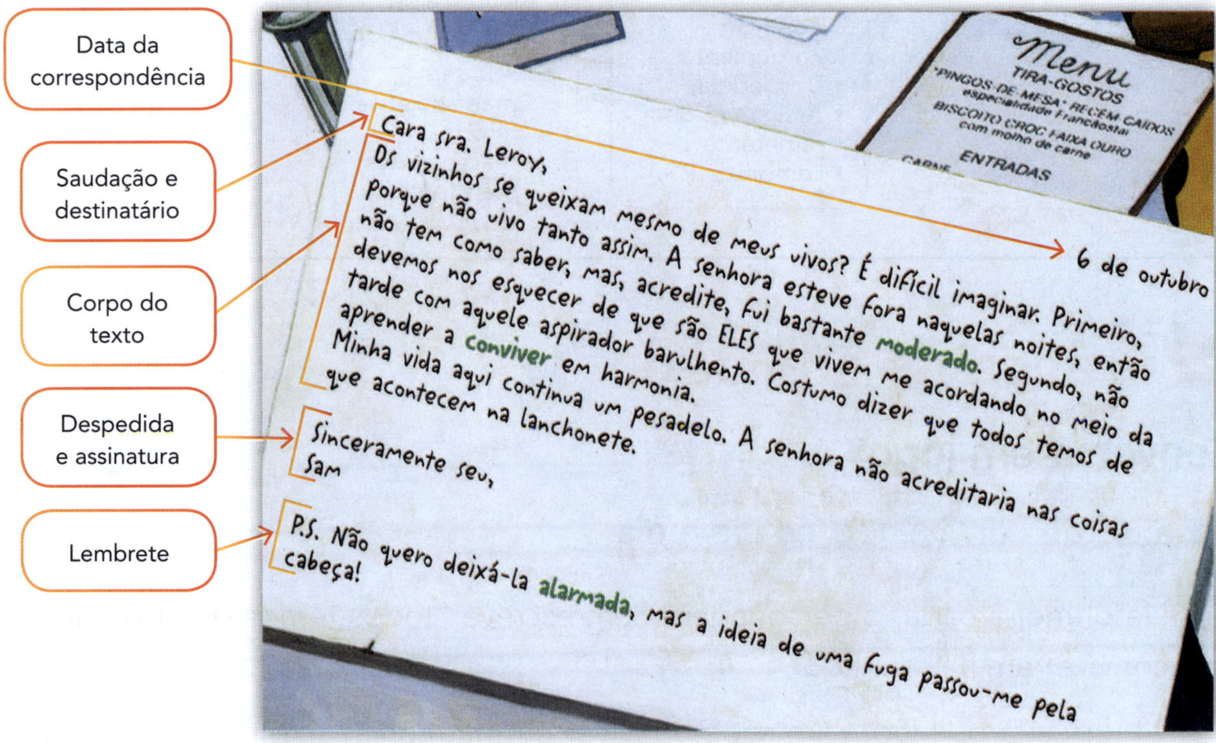

© Mark Teague/Editora Globo

a) Na carta de reclamação à companhia de energia elétrica, localize o que se pede.

- A saudação e o destinatário: ______________________________

____

- A despedida: ______________________________

____

b) Em qual das duas cartas a saudação e o destinatário revelam mais intimidade e afetividade? Justifique sua resposta para os colegas.

2 Continue comparando as duas cartas. Leia as frases e expressões abaixo.

- Expressa um sentimento.
- Faz uma reclamação.
- Justifica comportamento próprio.
- É mais pessoal.
- É mais formal.
- Linguagem não emotiva.
- Linguagem emotiva.
- Linguagem respeitosa.

Agora, copie em cada coluna as frases que correspondem a cada carta.

Carta à Sra. Leroy	Carta à companhia de energia elétrica

Ao nos comunicarmos por escrito com alguém, devemos fazer **escolhas de linguagem** de acordo com:

- nossas intenções ao escrever – ser mais pessoal ou mais impessoal, revelar ou não emoções, etc.;
- a finalidade do texto – manter uma relação de amizade, documentar algo ou fazer um comunicado formal;
- o destinatário – se é jovem ou mais velho; se é mais próximo ou mais distante; se é alguém com quem se tem ou não se tem intimidade.

Produção de texto

Carta de reclamação

Preparação e planejamento

1. Formem grupos de 4 ou 5 colegas e conversem sobre os itens a seguir.
   a. O que, na **opinião** de vocês, causa problemas na escola? Podem ser levantados **problemas** referentes a horário, barulho, falta de estrutura, etc.
   b. Ao definir o problema, vocês também definem o **assunto** da carta.

c. Hora de definir o **destinatário**, isto é, quem poderia resolver esse problema: algum professor, a direção, a coordenação, a merendeira, etc.

d. Pensem nos **argumentos** que utilizarão para dar conta da **intenção**: convencer o **destinatário** da carta a resolver o **problema** apontado.

2. Vocês podem esquematizar a carta preenchendo os quadros:

Escrita – rascunho

Façam o rascunho do corpo do texto de forma que fique claro qual é o **problema** e a **opinião** de vocês sobre **como** e **por que** resolvê-lo. Utilizem os **argumentos** apontando em primeiro lugar o que consideram mais importante, caso existam outros a serem considerados também.

Revisão e reescrita

Verifiquem:

a. se vocês deixaram claro o problema, opinião e argumentos;

b. se utilizaram uma linguagem mais objetiva e impessoal, sem gírias, sem expressões que possam agredir funcionários e/ou colegas;

c. a escrita das palavras pouco utilizadas normalmente por vocês, consultando um dicionário para conferir a grafia;

d. se a paragrafação e a pontuação deram conta do efeito de sentido desejado (para isso, façam a releitura do texto em voz alta).

Escrita final da carta

1. Decidam se a carta será manuscrita ou digitada e providenciem o material necessário.
2. Escrevam **data**, **saudação** e o **nome do destinatário** (usem um tratamento adequado, como Sr.(s) e/ou Sra.(s) para pessoas mais velhas).
3. Copiem o corpo do texto que já foi lido e reescrito.
4. Encerrem a carta com a **despedida** e a **assinatura** de vocês, não esquecendo de mencionar a turma da escola a que pertencem.
5. Releiam tudo para se certificarem de que a carta está correta.

Hora de escrever os dados no envelope

1. Decidam com a professora como as cartas deverão ser enviadas: entregues pessoalmente aos destinatários ou colocadas no correio.
2. Se a opção for o envio pelo correio, enviem todas para o endereço da escola, já que elas são cartas pessoais de reclamação de usuários desse espaço para as pessoas responsáveis por ele.
3. Observem na imagem a seguir os itens que devem constar no envelope com as informações do destinatário e do remetente.

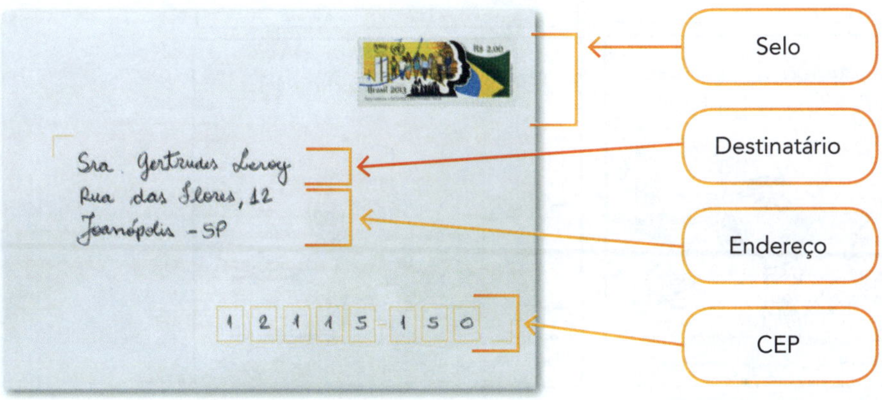

carlatayler/Shutterstock (envelope) e Neftali/Shutterstock (selo)

Picsfi ve/Shutterstock

Outras linguagens

Tirinha

Atividade oral

Leia como foi uma troca de cartas entre Snoopy e Spike.

Charles M. Schulz. **Ser cachorro é um trabalho em tempo integral**. São Paulo: Conrad Editora do Brasil, 2004. p. 98.

1. Como sabemos que Spike é irmão de Snoopy?

2. Observe bem as imagens dos quadrinhos e responda: Qual será a razão de Snoopy e Spike se comunicarem por meio de cartas, e não por outro meio de comunicação?

3. Spike esperava receber um convite para esse concurso? Explique.

Aí vem... carta

Quer saber como começou a história do cachorro Sam?

Leia a primeira carta enviada por Sam à Sra. Leroy.

Cara Sra. Leroy

Mark Teague. **Cara Sra. Leroy:** cartas da Escola de Obediência. Tradução de Cássio de Arantes Leite. São Paulo: Globo, 2004. p. 7.

Língua: usos e reflexão

Verbo como marcador de tempo

1 Releia a seguir os trechos observando os verbos em destaque. Seu desafio será escrever se esses verbos se referem ao tempo presente, passado ou futuro.

a) Os vizinhos se **queixam** mesmo dos meus uivos?

____

b) A senhora me disse que **preciso** ter paciência e aceitar o fato de que **permanecerei** aqui até o fim do período determinado.

____

c) **Tem** consciência de que ele **dura** DOIS MESES?

____

d) [...] **sou** horrivelmente maltratado.

____

e) [...] a ideia de uma fuga **passou-me** pela cabeça!

____

2 Reescreva no tempo **futuro** os verbos destacados nas frases de Sam a seguir.

a) **É** difícil imaginar.

____

b) [...] **fui** bastante moderado.

____

c) [...] **preciso** ter paciência [...]

____

d) [...] o que isso **representa** em anos caninos?

____

____

Verbos são palavras que alteram sua forma, isto é, sofrem variações para indicar os tempos presente, passado e futuro.

Concordância verbal

1 Releia as frases de Sam e observe os verbos em destaque.

Costumo dizer que todos temos de aprender a conviver em harmonia.

Não **quero** deixá-la alarmada, mas a ideia de uma fuga passou-me pela cabeça!

© Mark Teague/Editora Globo

Que palavra pode ser usada antes desses verbos indicando a pessoa a quem estão se referindo?

___

Além de indicar tempo – presente, passado, futuro –, os verbos indicam a **pessoa** a que estão se referindo.

2 As frases a seguir foram extraídas da carta de Sam. Leia-as e circule no quadro a palavra que indica a pessoa a que os verbos destacados estão se referindo.

Costumo dizer que todos **temos** de aprender a conviver em harmonia.

[...] não **devemos** nos esquecer de que são ELES que vivem me acordando [...]

eu	nós	vocês	eles	elas

3 Observe os verbos destacados nas frases. Depois, escreva a pessoa a que o verbo se refere, fazendo a concordância com o pronome pessoal.

a) [...] acredite, **fui** bastante moderado.

____

b) ... acredite, **fomos** bastante moderados.

____

c) ... acredite, **foram** bastante moderados.

____

Agora você

1 Leia as frases e complete com a forma verbal que esteja de acordo com a pessoa a que se refere, fazendo a concordância com a pessoa a que o verbo está se referindo. Veja o exemplo.

Os vizinhos **fazem** barulho.

a) Nós ______________ barulho.

b) Eu ______________ barulho.

c) Eles ______________ barulho.

d) Você ______________ barulho.

2 Observe.

Sam **escreve** uma carta.
Eu **escrevo** uma carta.
Nós **escrevemos** uma carta.
Eles **escrevem** uma carta.

O que aconteceu com o verbo quando mudou a pessoa a que ele está se referindo?

____

____

Variar a forma do verbo para indicar tempo ou pessoa é **conjugar** o verbo.

3 Releia o trecho e observe os verbos destacados.

> Segundo, não **devemos** nos esquecer de que são ELES que **vivem** me acordando [...]

A quem os verbos destacados estão se referindo?

____

____

O verbo concorda com o termo ou a pessoa a que se refere.

Pronomes pessoais

1 Leia a frase e observe as palavras destacadas.

> **Você** não acredita, mas **eu** fui moderado nos uivos e foram **eles** que me acordaram.

Associe as colunas para fazer a correspondência de cada palavra destacada com a pessoa que está sendo indicada e o nome que está sendo substituído.

a) pessoa que fala	☐	eles – vizinhos
b) pessoa com quem se fala	☐	você – Sra. Leroy
c) pessoa de quem se fala	☐	eu – Sam

2 Imagine que Sam e outros cães resolveram fugir juntos. Reescreva o trecho a seguir, substituindo o **eu** pelo **nós**.

> E se **eu** penso em fugir é porque **eu** sou horrivelmente maltratado na escola de obediência.

E se nós ____

____

____

Unidade 4

3 Releia.

> [...] são ELES que vivem me acordando no meio da tarde [...]

a) Quem está falando nesse trecho?

____

b) Que palavra Sam usa para referir-se a si mesmo?

____

c) Que nome ou palavra está sendo substituída por **ELES**?

____

As palavras **eu**, **nós**, **você**, **ele**, **ela**, **eles**, **elas**, **me**, **nos** são chamadas de **pronomes pessoais**. Essas palavras indicam as pessoas do discurso e podem substituir nomes no texto.

O uso dos pronomes para evitar repetições no texto

1 Quando há muitas repetições em um texto escrito, ele pode perder a qualidade. Leia em voz alta e observe.

> **Os Três Porquinhos** querem processar o Lobo porque **os Três Porquinhos** acham que sofreram um grande prejuízo. O Lobo deverá indenizar **os Três Porquinhos**, porque **os Três Porquinhos** precisam do dinheiro para uma nova casa.

a) Reescreva no caderno o trecho e tente eliminar as repetições desnecessárias, sem perder a clareza do texto.

b) O que foi feito para evitar a repetição no texto?

____

____

2 Que pronome pode substituir as palavras destacadas e evitar a repetição no trecho a seguir?

> Eu, André e Marta queremos sair mais cedo da escola para comprar ingressos para o jogo do próximo fim de semana. **Eu, André e Marta** não vamos deixar para amanhã porque queremos bons lugares no estádio.

____

Os **pronomes pessoais** podem substituir nomes e ser empregados para ajudar a eliminar repetições em um texto, retomando termos já expressos.

3 Leia com a professora o quadro de pronomes.

Pessoas		Pronomes pessoais	
1ª pessoa	quem fala	eu nós	me, mim, comigo nos, conosco
2ª pessoa	com quem se fala	você vocês	se, si, consigo
	com quem se fala (usado em algumas regiões do Brasil)	tu vós	te, ti, contigo vos, convosco
3ª pessoa	de quem se fala	ele/ela eles/elas	se, si, consigo

Em algumas regiões do Brasil, as pessoas empregam o pronome **tu** no lugar do pronome **você**. Veja:

- **Você** vive de bom humor.
- **Tu** vives de bom humor.

Qual desses pronomes você costuma empregar? Converse com os colegas.

Hora de organizar o que estudamos

Leia o esquema a seguir com os colegas.

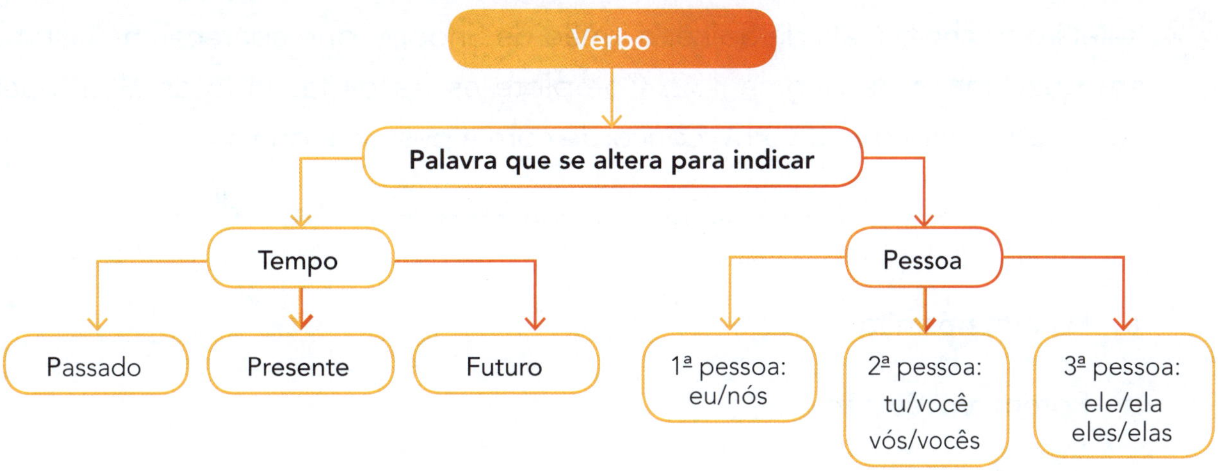

Agora você

1 Leia a anedota.

Weberson Santiago/ Arquivo da editora

Em família

O sujeito vai ao psiquiatra:
— Doutor, meu irmão é louco. **Ele** pensa que é uma galinha.
— E **vocês** já disseram para **ele** parar com isso?
— **Nós** até que gostaríamos, mas é que precisamos dos ovos.

Almanaque Brasil de Cultura Popular. São Paulo: Andreato Comunicação e Cultura, fev. 2007. p. 34.

a) O que provoca o humor nessa piada?

____

____

b) Que expressão o pronome **ele** substitui?

____

c) Na piada, a quem o pronome **vocês** pode estar se referindo?

____

____

d) A quem o pronome **nós** pode estar se referindo?

____

2 Releia o trecho da fala de Spike, o irmão de Snoopy, que apareceu na história em quadrinhos da página 132. Complete as frases fazendo as alterações necessárias para que o verbo concorde com a pessoa a que se refere.

Porém, **eu** não me considero feio.

a) Porém, **nós** não _______________________________________.

b) Porém, **vocês** não _____________________________________.

c) Porém, **ela** não ______________________________________.

3 Reescreva a frase de Sam abaixo, fazendo a concordância do verbo com as pessoas indicadas pelos pronomes propostos.

A senhora ficou mesmo tão aborrecida assim?

a) Ele ____

b) Você ____

c) Nós ____

d) Elas ____

e) Eu ____

4 Leia a letra da canção a seguir, que fala de um... felizardo.

O felizardo

hoje eu acordei
me sentindo tão bem, tão bem,
tão bem, tão bem

também pudera
minha vida tá tão boa!
logo que acordo
já me pego rindo à toa

eu gosto do que eu penso
eu gosto do que eu faço
às vezes não faço benfeito
me embaraço, tropeço feio,
mas depois acerto o passo

laço de fita
pra enfeitar o abraço
terra e céu
sol e luar

Tata Fernandes.
Intérprete: Banda Mirim. In:
O felizardo. [S.l.]: Platô Produções, 2007. 1 CD. Faixa 3.

Weberson Santiago/Arquivo da editora

felizardo: pessoa sortuda e muito feliz.

Você concorda que o "felizardo" da letra da canção é realmente um felizardo? Por quê?

____

____

5 Na letra da canção "O felizardo" predomina o uso da 1ª pessoa.

a) Faça uma lista de palavras do texto que comprovam essa afirmação.

____

____

b) A palavra **hoje** indica que o felizardo fala de algo que está acontecendo no momento **presente**. Sublinhe um verso em que o **presente** indica algo que acontece **sempre**.

6 Imagine que o felizardo está tão feliz que quer que todos cantem com ele. E então começa a cantar assim: "**Hoje nós** acordamos...".

Reescreva as duas estrofes iniciais da canção de acordo com esse novo começo.

______________________________ ______________________________

______________________________ ______________________________

______________________________ ______________________________

____

7 Circule os pronomes pessoais presentes na tirinha a seguir.

Charles M. Schulz. Minduim. **O Estado de S. Paulo**. São Paulo, 9 fev. 2009. p. D4.

Tecendo saberes

Você já ouviu falar em pombo-correio, ave utilizada para transportar mensagens escritas, amarradas ao corpo?

Quer saber como um pombo consegue chegar ao local da entrega da correspondência? Leia o texto a seguir e descubra.

Como o pombo-correio sabe para onde ele deve levar a mensagem?

O pombo-correio não leva uma mensagem espontaneamente a um determinado destino, como muita gente pensa. Ao invés disso, ele é transportado de seu local de origem até um certo ponto de partida, de onde ele saberá como retornar à sua casa. "É um mecanismo natural que ele tem. Trata-se de uma estratégia adaptativa, ou seja, um resultado da seleção natural. Alguns animais são nômades, outros, migratórios. Já os pombos-correio possuem uma moradia fixa e procuram sempre voltar para esse abrigo, onde encontram proteção, alimento e os membros de seu bando", diz o professor Ronald Ranvaud, que ministra as disciplinas de Neurofisiologia e Ciências Cognitivas no Departamento de Fisiologia e Biofísica do Instituto de Ciências Biomédicas da Universidade de São Paulo (ICB-USP).

Bettmann Archive/Gendreau Collection/Getty Images

Pombo-correio

[...]

Eliza Kobayashi. **Nova escola**. Disponível em: <https://novaescola.org.br/conteudo/1093/como-o-pombo-correio-sabe-para-onde-ele-deve-levar-a-mensagem>. Acesso em: 25 set. 2019.

Leia um trecho de um artigo de Beto Pimentel, publicado na revista **Ciência Hoje das Crianças**. Ele conta um pouco a forma de enviar mensagens em um tempo passado.

Muito antes do celular

Basta olhar com um pouco de atenção para o mundo à nossa volta e fica fácil perceber: as tecnologias de comunicação estão cada vez mais presentes em nossas vidas. Telefones celulares com mil e uma funções, internet rápida, *tablets*, conexão sem fio... Enviar e receber informações é o que está por trás de todas essas invenções.

Cerca de 400 anos atrás, para uma mensagem sair de um lugar e chegar a outro, ela precisava ser escrita em um papel, que era transportado por um mensageiro do lugar onde a coisa aconteceu até o lugar onde estava a pessoa que seria informada sobre aquilo.

Uma das maiores invenções humanas, o sistema de correios – surgido na Inglaterra no final do século 17 – permitiu dividir os custos de todas mensagens trocadas, pois o mesmo mensageiro podia entregar vários bilhetes. [...]

Beto Pimentel. **Ciência Hoje das Crianças**. Disponível em: <http://chc.org.br/muito-antes-do-celular>. Acesso em: 25 set. 2019.

Carteiro a cavalo anunciando o fim da Guerra dos Trinta Anos, em 1648. Alemanha, 1848.

Ao longo dos anos, os seres humanos desenvolveram várias formas de se comunicar.

Agora, leia um trecho que fala sobre mais uma dessas formas.

Tambores africanos

[...] você sabia que, mais do que embalar cantos e danças, os tambores africanos servem como um meio de comunicação? Assim, os tambores, além de servirem para os rituais africanos, podem transmitir a identidade de uma linguagem falada.

Dessa forma, os tambores africanos "falam", ou seja, são um meio de comunicação social. Denominados de "tam-tam", esses tambores transmitem códigos precisos para a transmissão de mensagens a distância. Quando o tambor é tocado do alto de uma colina, o som que produz pode ser escutado em uma área de até quarenta quilômetros. Porém, às vezes, para garantir a transmissão da mensagem, há tambores intermediários que tocam a cada sete ou dez quilômetros, auxiliando, assim, na transmissão do que se pretende comunicar. [...]

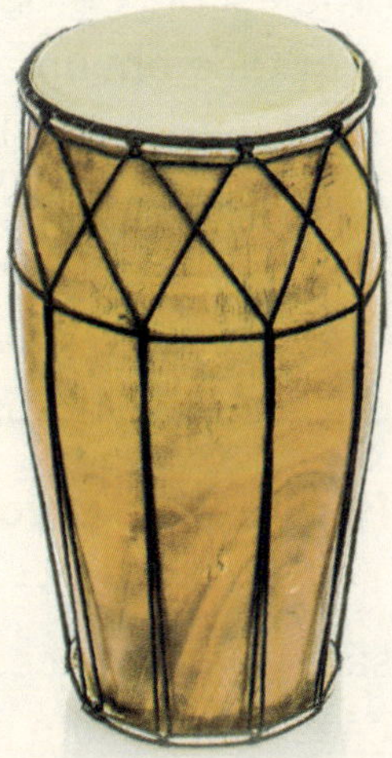

Andrey Armyagov/Shutterstock

Tambor

Assim, os tambores africanos têm um papel fundamental na transmissão da cultura desse povo, porque servem como um elo que os liga ao passado. Mais do que isso, os tambores conseguem transmitir as notícias mais rapidamente do que a linguagem escrita [...]

Disponível em: <http://clickeaprenda.uol.com.br/portal/mostrarConteudo.php?idPagina=26326>. Acesso em: 25 set. 2019.

Danita Delimont/Gallo Images/Getty Images

Percussionistas tocando tambores, Gana, África, 2014.

Conversem sobre as formas utilizadas pelo ser humano para se comunicar ao longo do tempo. Depois, ajudem a professora a construir um painel, por escrito, com as diferentes formas de comunicação a distância.

Com a palavra

Você leu uma carta do cachorro Sam, que reclama do fato de ter sido enviado a uma escola de obediência porque os vizinhos se queixavam de seus uivos. Tudo isso acontece em uma história de ficção.

Na vida real, há animais que destroem móveis e afastam as visitas porque são agressivos. O que pode ser feito para que eles mudem de comportamento e convivam bem com seus tutores e as outras pessoas?

Para saber, leia a entrevista com Leonardo Ogata, adestrador profissional que se dedica a melhorar a comunicação entre cães e as pessoas com quem convivem.

Por quais motivos as pessoas procuram o serviço de um adestrador?

Quando enfrentam problemas de comportamento de seus cães. Os mais comuns são: fazer as necessidades no local errado, cães muito agitados, filhotes que mordem, cães que puxam muito a guia e agressividade com outros cães.

E as pessoas também buscam adestradores de maneira preventiva, para tornar os cães sociáveis e educados.

Onde ocorrem as atividades de adestramento?

O adestramento normalmente começa na casa dos tutores. Gradualmente, o cão passa a ser treinado em outros locais que a família frequenta, como ruas próximas da casa, parques, praças, *shoppings*, etc.

Que cuidados devem ser tomados para que o adestramento tenha sucesso?

Devemos garantir uma boa qualidade de vida por meio de atividades como passeios e treinamento, estimular a interação com outras pessoas, outros cães e outros animais, além de proporcionar boa alimentação e um espaço seguro, limpo e confortável para o nosso cão.

O que fez você se interessar pela profissão de adestrador?

Eu tive uma cachorrinha, a Duda, que estava sempre assustada e com medo das pessoas e de outros cães. Para ajudá-la, comecei a estudar comportamento animal e, com o adestramento, conseguimos superar os medos e as inseguranças dela. Nossa vida mudou drasticamente! Passamos a viajar e praticar esportes juntos, melhorando não apenas a qualidade de vida da Duda como a minha também. Após vivenciar isso, decidi levar essa conquista para mais pessoas e cães.

Reprodução/Arquivo pessoal

O treinamento de Leonardo Ogata é baseado em métodos positivos, sem o uso de qualquer punição ao animal. Desde 2004, ministra cursos de adestramento e comportamento animal a adestradores, veterinários, biólogos e estudantes.

Palavras em jogo

Estudo da palavra: sílaba e tonicidade

1 Leia este parágrafo e observe as palavras em destaque.

> Bem alimentados, somos mais dispostos, temos mais interesse em trocar experiências com os outros, somos capazes de pensar **melhor** sobre o que acontece nas nossas vidas, somos **até** mais bem-humorados. Já em pessoas com alimentação deficiente, é **comum** o desânimo, até mesmo certa tristeza.

a) Leia em voz alta as palavras do quadro.

me**lhor**	a**té**	co**mum**

Em cada palavra, que sílaba foi pronunciada com mais intensidade?

____

b) Leia.

> A sílaba pronunciada com mais intensidade é chamada de **sílaba tônica** da palavra.

As sílabas que foram destacadas nas palavras do item **a** são **sílabas tônicas**. Porém, somente uma delas tem acento gráfico, ou seja, o acento está **sinalizado** na palavra escrita. Qual é essa palavra? Escreva.

____

Para classificar uma palavra quanto à sua sílaba tônica, devemos contar as sílabas começando sempre do fim. Veja.

so – mos **2** ⟵ 1	ca – **pa** – zes 3 ⟵ **2** ⟵ 1	in – te – **res** – se 4 ⟵ 3 ⟵ **2** ⟵ 1

Percebeu que, nesses exemplos, a sílaba tônica caiu sempre na penúltima sílaba? Em língua portuguesa, a sílaba tônica pode ser a última, a penúltima ou a antepenúltima sílaba da palavra.

Leia em voz alta as seguintes palavras e observe qual é a sílaba tônica de cada uma delas.

de	**sâ**	ni	mo
	antepenúltima	penúltima	última

a	con	**te**	ce
	antepenúltima	penúltima	última

cer	ta
penúltima	última

2 Agora, leia estas palavras e circule a sílaba tônica de cada uma delas.

estranha ideia seria vassoura veja

Dependendo da posição da sílaba tônica, a palavra recebe uma classificação. Veja.

a**té** → última → oxítona

ca**pa**zes → penúltima → paroxítona

de**sâ**nimo → antepenúltima → proparoxítona

Se a **sílaba tônica** de uma palavra for a última, dizemos que a palavra é **oxítona**.
Se for a penúltima, dizemos que a palavra é **paroxítona**.
Se for a antepenúltima, dizemos que a palavra é **proparoxítona**.

3 Agora, observe a posição da sílaba tônica nas palavras da atividade 2. Escreva se as palavras são oxítonas, paroxítonas ou proparoxítonas.

a) estranha: ______________________

b) ideia: ______________________

c) seria: ______________________

d) vassoura: ______________________

e) veja: ______________________

4 O que você observou a respeito da classificação das palavras feita na atividade 3?

____

Depois de aprender a classificar as palavras em oxítonas, paroxítonas e proparoxítonas, vamos estudar quando essas sílabas tônicas recebem **acentos gráficos**.

Acentuação gráfica das oxítonas

Leia as palavras em voz alta e observe a sílaba tônica: ba**lão**, jor**nal**, lu**gar**, sa**ci**.

Mesmo sem haver o sinal gráfico ´ (agudo) ou ^ (circunflexo) sobre a última sílaba, não temos dúvida em pronunciar a palavra com a tonicidade recaindo na última sílaba.

Observe as palavras oxítonas que necessitam de acento gráfico.

Palavras oxítonas com acento gráfico			
terminadas em **-a, -as**	terminadas em **-e, -es**	terminadas em **-o, -os**	terminadas em **-em, -ens**
sofá	você	avô	alguém
crachás	filés	avó	parabéns
maracujás	purê	dominós	também
está	jacarés	cipós	armazéns

1. Escreva como terminam as palavras:

da 1ª coluna: ____________________

da 2ª coluna: ____________________

da 3ª coluna: ____________________

da 4ª coluna: ____________________

2. Complete a frase a seguir concluindo o que você observou quanto à regra de acentuação das palavras oxítonas.

> **As palavras oxítonas são acentuadas quando terminadas em: ________________________________ .**

3. Agora que vocês já sabem quais palavras oxítonas recebem acento gráfico, completem as colunas do quadro com mais dois exemplos.

Acentuação gráfica das paroxítonas

Observe os quadros a seguir em que as paroxítonas estão colocadas ao lado das oxítonas. Vamos comparar?

Palavras terminadas em -ão	
Oxítonas	**Paroxítonas**
ba**lão**	**ór**fão
fo**gão**	**só**tão
ale**mão**	**bên**ção

Palavras terminadas em -l	
Oxítonas	**Paroxítonas**
jor**nal**	a**má**vel
a**nel**	**rép**til
bar**ril**	**têx**til

Palavras terminadas em -r	
Oxítonas	**Paroxítonas**
lu**gar**	a**çú**car
la**zer**	**é**ter
al**tar**	pu**lô**ver

Palavras terminadas em -is	
Oxítonas	**Paroxítonas**
sa**cis**	**í**ris
gu**ris**	**tê**nis
abaca**xis**	**cú**tis

a) Acentue as palavras paroxítonas abaixo quando necessário.

amigo orgão facil face
fossa tunel carater lapis ımpar

b) O que você observou nas colunas das palavras paroxítonas e nas palavras que você acentuou no item anterior? Complete a regra observada:

São acentuadas as palavras paroxítonas terminadas em ______, ______, ______, ______.

Assim também aprendo

- Agora é sua vez de produzir uma carta enigmática. Siga as etapas:

1. Escreva a carta enigmática com todas as partes (destinatário, mensagem, despedida e remetente).

2. Comece a montar palavra por palavra, utilizando desenhos, símbolos ou fotos. Use o sinal de menos (–) para indicar as letras que não devem ser consideradas na representação de cada uma das palavras. Use o sinal de mais (+) para indicar as letras que devem ser acrescentadas para formar as palavras que você imaginou.

3. Leia a carta para conferir se as indicações estão claras.

4. Divirta-se desafiando um colega e aceitando o desafio da carta que ele montou.

O que estudamos

Autoavaliação

Faça um **X** na coluna que mostra como você se saiu nesta unidade.

Unidade 4		Avancei	Preciso estudar mais
Gênero	Leitura e interpretação de **cartas**		
	Linguagem e construção da carta		
	Produção de texto: carta de reclamação		
Estudo sobre a língua	Verbo como marcador de tempo		
	Concordância verbal		
	Pronomes pessoais		
	Sílaba e tonicidade		
Oralidade	Participação nas atividades orais		

Sugestões de...

Livros

***Carta errante, avó atrapalhada, menina aniversariante,* de Mirna Pinsky, publicado pela editora FTD.**
Um funcionário dos correios, responsável por responder cartas destinadas ao Papai Noel e ao Super-Homem, encontra um desafio muito mais inusitado: encontrar a neta destinatária da carta que a avó enviou, escrevendo o endereço em hebraico.

Reprodução/Editora FTD

***Uma carta para Deus (de um menino curioso),* de Juan Arias, publicado pela editora Paulinas.**
Um menino que escreve cartas para Deus, sem se identificar, faz a ele perguntas que muitos de nós gostaríamos de fazer.

Reprodução/Editora Paulinas

Unidade

5 Texto informativo

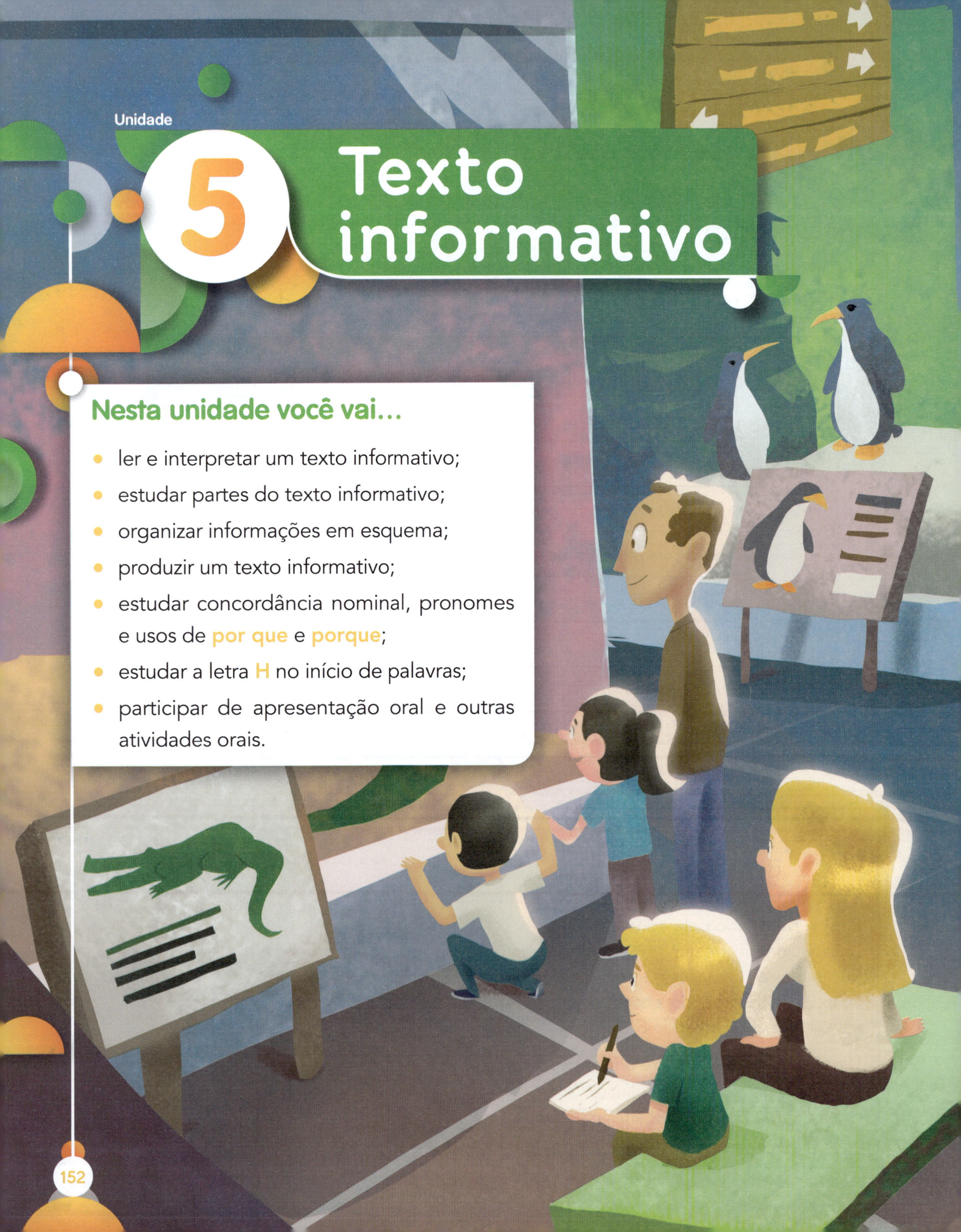

Nesta unidade você vai...

- ler e interpretar um texto informativo;
- estudar partes do texto informativo;
- organizar informações em esquema;
- produzir um texto informativo;
- estudar concordância nominal, pronomes e usos de **por que** e **porque**;
- estudar a letra **H** no início de palavras;
- participar de apresentação oral e outras atividades orais.

- O que as pessoas da cena estão fazendo?
- Onde você procura informações quando quer saber de algo que desconhece?
- Você se interessa por animais? Quais costumam despertar sua curiosidade?

Everton Cautano/Arquivo da editora

Para iniciar

Vamos ver se você conhece bem os animais?

Observe as ilustrações com atenção para descobrir os animais que trocaram de pele com outros animais.

© Ziraldo Alves Pinto/Acervo do cartunista

Ziraldo. **Horas maluquinhas**. São Paulo: Melhoramentos, 2008. p. 31.

Indique os pares de letras para mostrar os animais que trocaram de pele. Veja o exemplo abaixo.

A (leão) com **C** (zebra)

____

____

____

____

É muito interessante descobrir informações sobre os animais e entender alguns de seus hábitos. Por exemplo: você já viu um rabinho de lagartixa se mexendo no chão sozinho?

Por que isso acontece? Como isso é possível? Leia o texto para descobrir.

Leitura: texto informativo

Por que as lagartixas perdem o rabo?

Você já viu uma lagartixa cotó, isto é, sem rabo ou só com um pedaço dele? Estranho, não é mesmo? Será que ela nasceu assim, com "defeito de fabricação"? Com certeza, não. O filhote da lagartixa sai do ovo com o rabo inteiro. Na natureza, os animais têm formas diferentes para se proteger e escapar dos **predadores**. Alguns adquirem a cor do ambiente; uns têm espinhos; outros, veneno; há ainda os que podem partir, por vontade própria, uma parte do corpo para escapar do perigo, como as lagartixas.

As lagartixas são um tipo de lagarto, e os lagartos pertencem ao grupo dos répteis, junto com as cobras, as tartarugas e os jacarés. Acontece que só os lagartos — alguns deles — são capazes de desprender um pedaço do rabo. Esse processo se chama autotomia (auto = voluntário, próprio; tomia = partir, cortar), e significa partir ou quebrar por vontade própria uma parte do corpo. A autotomia ocorre em alguns animais, como insetos, **crustáceos** ou répteis, mas nem sempre a parte que se pode partir é a mesma. Com a lagartixa, como isso se dá na cauda (nome que os cientistas dão para qualquer rabo de animal), chamamos de autotomia caudal.

A quebra do rabo da lagartixa só acontece porque elas, por natureza, têm a cauda **apta** a quebrar. É assim: em alguns dos ossos que formam a cauda da lagartixa existe um ponto onde pode ocorrer um tipo de fratura. Caso ela faça uma força naquele ponto, o rabo se parte ali e se solta. Trata-se de um tipo de estratégia de defesa usada para momentos de perigo.

Fabio Colombini/Acervo do fotógrafo

Lagartixa.

predadores: animais que caçam e matam outro para se alimentar.

crustáceos: classe de animais, em geral aquáticos, com corpo revestido de crosta. Exemplos: caranguejo, camarão, lagosta, siri.

apta: capaz.

Aves, gambás, gatos e cobras são alguns dos animais que gostam de comer lagartixas. Portanto, a primeira coisa que ela faz quando se sente ameaçada por um desses predadores é correr para algum abrigo e fugir deles. Se isso não dá certo e o predador consegue alcançá-la e tenta capturá-la, a lagartixa simplesmente solta a cauda. Quando ela faz isso, o pedaço de rabo solto fica se mexendo de um lado para o outro por alguns segundos. Esse movimento do rabo atrai a atenção do predador, que fica olhando e tentando pegar o pedaço saltitante da cauda. Com o predador distraído, a lagartixa aproveita para correr e salvar sua vida. É claro que nem sempre essa estratégia funciona, e muitas lagartixas acabam virando almoço de outros animais. Mas e depois? Será que ela fica com o rabo cotó para sempre ou a cauda cresce de novo? E, se crescer, pode se quebrar novamente?

Com o tempo, aquele pedaço de cauda vai crescendo de novo, se **regenerando**. Só que a nova cauda, depois de regenerada, não é mais a mesma. Seu interior não é mais feito de osso — porque as **vértebras** não se regeneram —, e sim de um outro tipo de **tecido cartilaginoso**, que não terá mais aqueles pontos de quebra. Além disso, o novo pedaço tem um tamanho menor que o espaço original. Se a lagartixa se meter em apuros e precisar soltar a cauda de novo, o corte só poderá acontecer naquele pedaço da cauda que sobrou quando ela escapou do predador da outra vez, porque lá ainda existem aqueles pontos que podem se quebrar. Ao fazer uma nova autotomia, ela perderá mais um pedaço da cauda verdadeira, além daquele pedaço que havia regenerado. Ou seja: a cada autotomia, o rabo da lagartixa será mais curto. Por isso, não devemos fazê-la perder sua cauda à toa, só por brincadeira, pois estaremos tirando dela uma chance de usar essa estratégia com um predador de verdade e, com isso, salvar sua vida. Lembre-se: sempre que você encontrar uma lagartixa cotó ou com um rabinho muito pequeno, pode ter certeza de que ela escapou de ser o lanche de alguém.

Mara C. Kiefer e Carlos F. D. da Rocha. **O livro dos porquês**. São Paulo: Companhia das Letrinhas, 2008. p. 16-17.

regenerando: formando-se de novo.

vértebras: ossos que formam a coluna vertebral.

tecido cartilaginoso: tecido flexível encontrado nas articulações, nas orelhas, no nariz.

Sobre os autores

Os professores **Mara Cíntia Kiefer** e **Carlos Frederico Duarte da Rocha** são pesquisadores do Departamento de Ecologia do Instituto de Biologia Roberto Alcantara Gomes (Ibrag), da Universidade do Estado do Rio de Janeiro.

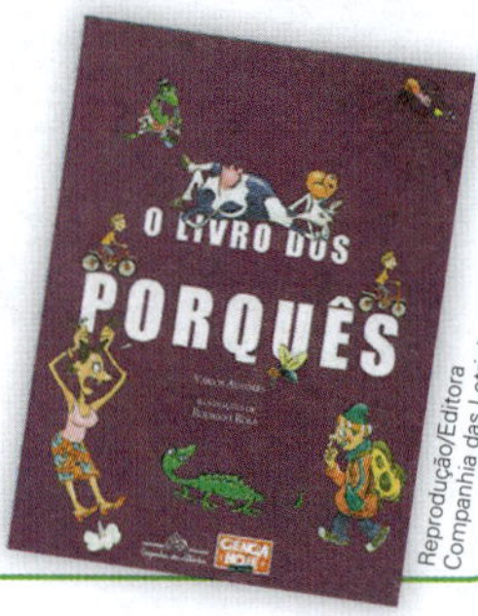

Interpretação do texto

Compreensão do texto

1 Responda, de acordo com o texto.

a) Agora você já sabe: o rabinho da lagartixa se mexe sozinho porque ela o solta. Por que ela faz isso?

b) O que é lagartixa cotó?

c) Que nome os cientistas dão ao rabo de qualquer animal?

d) A que grupo de animais pertencem as lagartixas?

e) Escreva o nome que se dá à capacidade que a lagartixa tem de desprender um pedaço do rabo.

f) Quais animais são uma ameaça para as lagartixas?

g) A cauda regenerada, isto é, a parte que cresceu de novo, pode se quebrar da mesma maneira em outra situação de perigo? Explique.

2 Numere as frases a seguir na ordem em que ocorre cada estratégia da lagartixa para se defender.

☐ A cauda solta fica se mexendo de um lado para o outro por alguns segundos. Enquanto isso, a lagartixa aproveita para correr e fugir.

☐ A cauda cresce de novo na lagartixa, mas não pode se quebrar no mesmo lugar em que se quebrou da primeira vez.

☐ A lagartixa corre para algum abrigo e foge do predador.

☐ Se não conseguir fugir, a lagartixa solta a cauda.

Alberto De Stefano/Arquivo da editora

3 Releia um trecho final desse texto informativo.

> [...] a cada autotomia, o rabo da lagartixa será mais curto. Por isso, não devemos fazê-la perder sua cauda à toa, só por brincadeira, pois estaremos tirando dela uma chance de usar essa estratégia com um predador de verdade e, com isso, salvar sua vida.

Copie no caderno a frase desse trecho que expressa:

a) o fato informado;

b) a opinião dos autores do texto;

c) o porquê da opinião dos autores do texto.

Linguagem e construção do texto

O texto sobre as lagartixas que você leu nesta unidade é chamado de **texto informativo** e é construído assim:

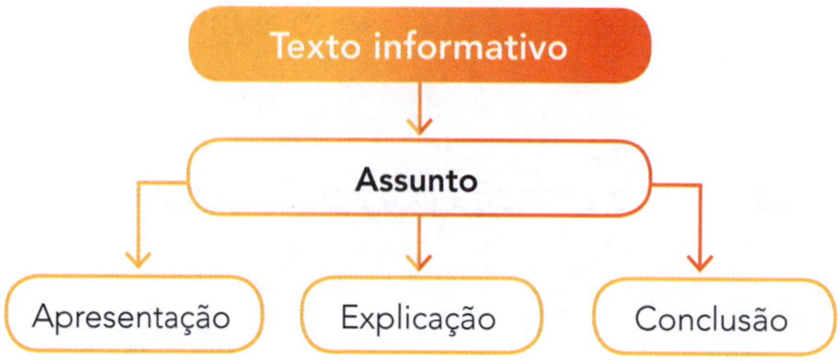

Essas partes foram distribuídas entre os cinco parágrafos do texto. Vamos analisar cada uma delas a seguir.

1 Assinale apenas a alternativa que completa cada uma das frases a seguir.

a) O **assunto principal** desse texto é:

- [ ] as lagartixas são um tipo de lagarto.
- [ ] as lagartixas perdem o rabo para salvar a própria vida.
- [ ] animais que perdem o rabo.

b) Os parágrafos 1 e 2 fazem a **apresentação** do assunto e falam sobre:

- [ ] as formas de defesa usadas pela lagartixa.
- [ ] as formas de defesa usadas pela lagartixa e por outros animais.
- [ ] como são as caudas de vários animais.

c) Os parágrafos 3 e 4, que trazem a **explicação**, tratam de:

- [ ] como a autotomia ocorre no rabo das lagartixas.
- [ ] como nascem e morrem as lagartixas.
- [ ] como o rabo da lagartixa volta a crescer.

d) O parágrafo 5 traz a **conclusão** do texto e fala sobre:

- [ ] a quebra e a regeneração da cauda das lagartixas.
- [ ] a regeneração da cauda e os predadores das lagartixas.
- [ ] a regeneração da cauda e a proteção das lagartixas.

2 Leia este outro texto, que trata do mesmo assunto.

Por que as lagartixas perdem o rabo? Como isso ocorre?

Para se defender, assim como a maioria dos lagartos, as lagartixas são capazes de soltar a cauda, mecanismo conhecido como autotomia (auto = voluntário, próprio; e tomia = partir, cortar). Elas forçam uma fratura em um ponto específico do rabo, que se desprende de forma indolor e continua se movimentando, distraindo a atenção do predador enquanto fogem. Essa estratégia pode ser repetida, porém [...] o rabo ficará mais curto. [...]

Ronaldo Nunes, Pablo Assolini e Rita Trevisan. Disponível em: <http://novaescola.org.br/conteudo/1116/por-que-as-lagartixas-perdem-o-rabo-como-isso-ocorre>. Acesso em: 4 nov. 2019.

Comparando com o texto principal desta unidade, "Por que as lagartixas perdem o rabo?" (que você leu nas páginas 155 e 156), é possível afirmar que o texto acima apresenta:

- [ ] os mesmos blocos de assuntos do texto principal, mas de forma sintetizada, em um único parágrafo.
- [ ] apenas um dos blocos de assuntos tratados no texto principal.
- [ ] as mesmas partes do texto principal: **apresentação**, **explicação** e **conclusão**.
- [ ] apenas duas partes: a **apresentação** e a **conclusão**, sem contemplar a **explicação**.

3 Releia este trecho do texto principal prestando atenção à expressão destacada.

A quebra do rabo da lagartixa só acontece porque elas, por natureza, têm a cauda apta a quebrar. **É assim:** em alguns dos ossos que formam a cauda da lagartixa existe um ponto onde pode ocorrer um tipo de fratura. Caso ela faça uma força naquele ponto, o rabo se parte ali e se solta. Trata-se de um tipo de estratégia de defesa usada para momentos de perigo.

a) Nesse caso, a expressão destacada indica que vai se iniciar:

- [ ] um exemplo.
- [ ] uma explicação.
- [ ] uma opinião.
- [ ] um parágrafo.

b) Assinale as afirmações corretas sobre a linguagem do trecho lido.

- [ ] É mais informal e apresenta algumas gírias.
- [ ] Apresenta palavras mais usadas no campo da ciência.
- [ ] Traz várias opiniões pessoais do autor.
- [ ] Explica o assunto detalhadamente.
- [ ] É direta, mais objetiva, sem opiniões pessoais.

4 A estratégia de defesa de cada animal recebe um nome diferente. Conheça duas delas nos esquemas a seguir e veja como as palavras foram formadas.

As imagens não estão representadas em proporção.

homocromia → **homo** + **cromia**

homo ↓ igual; cromia ↓ cor

Sergey Uryadnikov/Shutterstock

Urso-polar: pelo branco para se confundir com a neve.

homotipia → **homo** + **tipia**

homo ↓ igual; tipia ↓ tipo

Devin Edmonds/Acervo do fotógrafo

Rã dourada de Madagascar: cores que imitam o ambiente em que vive.

Os textos que você leu dão um nome específico à capacidade que alguns animais têm de soltar o rabo: **autotomia**. Com base nas informações desses textos, faça um esquema para essa palavra, como o dos exemplos acima.

autotomia → ____________ + ____________

↓ ____________ ↓ ____________

5 Para estudar um texto informativo, é possível organizar as informações principais em um esquema. Complete o esquema abaixo, localizando no texto principal as informações que faltam.

Lagartixa

Como nasce	Grupo de animais a que pertence	Principais predadores	Estratégia de defesa
______	______	______	______
______	______	______	______
______	______	______	______

Uso de por que e porque no texto

1 Releia estas frases do texto principal, observando as palavras destacadas.

1ª: **Por que** as lagartixas perdem o rabo?
2ª: A quebra do rabo da lagartixa só acontece **porque** elas, por natureza, têm a cauda apta a quebrar.
3ª: [...] o corte só poderá acontecer naquele pedaço da cauda que sobrou [...] **porque** lá ainda existem aqueles pontos que podem se quebrar.

a) Na 1ª frase, lemos **por que**, escrito separadamente. Em que tipo de frase ele aparece?

____

____

b) Na 2ª e na 3ª frase, lemos uma só palavra: **porque**. Qual é o tipo de frase em que ela aparece dessa forma?

____

____

2 Complete as frases a seguir usando **porque** ou **por que**.

______________ o polvo libera jato de tinta? Ele faz isso ______________ quer encobrir sua fuga quando se sente ameaçado ou é atacado por predadores.

Hora de organizar o que estudamos

Leia o esquema a seguir com os colegas.

Texto informativo

Apresenta dados, explicações, de forma organizada, sobre determinado assunto

- **Intenção/finalidade**
  - Informar; dar explicações sobre um assunto
- **Linguagem e construção do texto**
  - Linguagem precisa, clara, objetiva e geralmente mais formal
  - Explicações detalhadas
  - Uso de termos específicos da área (Ciência, Tecnologia, Saúde, etc.)
  - Organização em blocos de assunto
- **Leitor**
  - Pessoas interessadas no assunto apresentado
  - Pessoas interessadas em novos conhecimentos

Prática de oralidade

Conversa em jogo

Brincadeiras com animais

No texto "Por que as lagartixas perdem o rabo?", há o seguinte aviso sobre a lagartixa: "[...] não devemos fazê-la perder sua cauda à toa, só por brincadeira [...]".

Animais de estimação gostam de brincar com seus donos. Por exemplo, jogar a bolinha para o cachorro buscar costuma ser diversão garantida. Entretanto, muitas pessoas fazem brincadeiras de mau gosto com os animais e se divertem com isso.

- O que você acha da atitude de pessoas que maltratam os animais? Dê a sua opinião e ouça a dos colegas.

Outras linguagens

Textos verbais e não verbais

Atividade oral

Ao produzirmos um texto informativo, podemos empregar recursos visuais, como fotografias, desenhos, gráficos, esquemas, setas, etc., para ajudar o leitor a compreender melhor o que estamos explicando.

Nas representações visuais a seguir, observe como são apresentadas as informações sobre como é um ovo por dentro e o nascimento de um pintinho.

1. Esquema com título, ilustração, fios e **legendas simples**.
   - A **ilustração** mostra como o pintinho fica dentro do ovo.
   - Os **fios** indicam as partes do corpo da ave e do interior do ovo.
   - As **legendas simples** informam o nome dessas partes.

CORTE DE UM OVO DE GALINHA

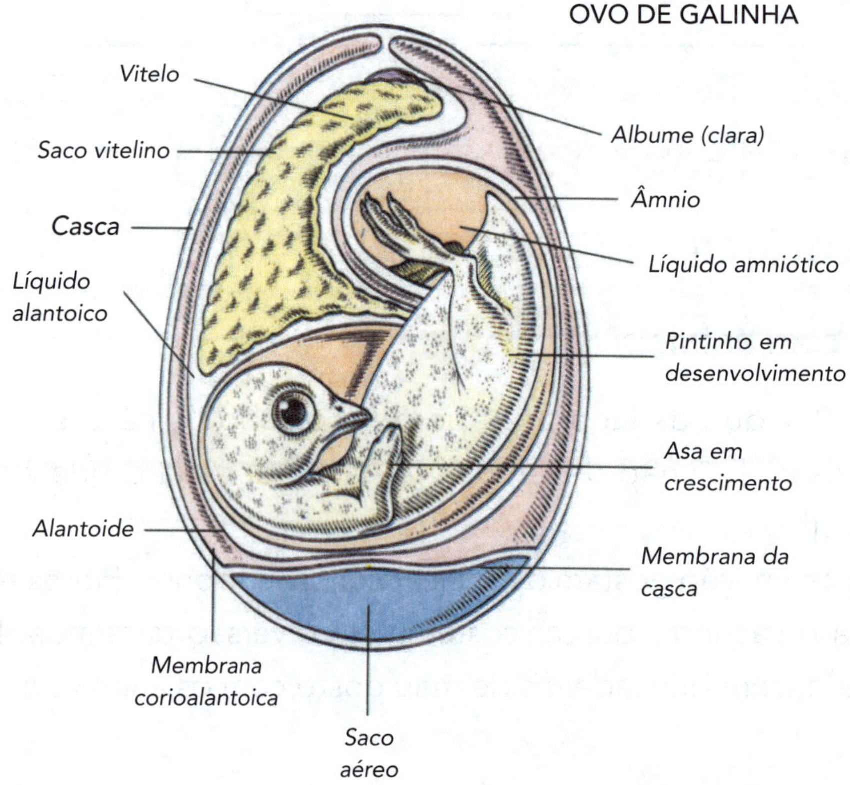

João Guizzo (Org.). **Atlas visuais:** animais. Tradução de José Guilherme Chaui-Berlink. São Paulo: Ática, 1995. p. 40.

2. Esquema com título, fotografia, fios, legendas simples e **legendas explicativas**.

- A **fotografia** mostra o pintinho saindo do ovo.
- Os **fios** indicam as partes do corpo da ave e do ovo.
- As **legendas simples** informam o nome dessas partes.
- As **legendas explicativas** dão informações para que o leitor entenda melhor o que a fotografia representa.

QUEBRANDO O OVO DE DENTRO PARA FORA

João Guizzo (Org.). **Atlas visuais:** animais. Tradução de José Guilherme Chaui-Berlink. São Paulo: Ática, 1995. p. 40.

1 Observe o esquema acima e o da página anterior e responda:

a) Como é que o pintinho sai do ovo?

b) O que você observou para responder à questão anterior?

2 Observe a fotografia acima com atenção e responda:

a) Você já tinha visto um pintinho saindo do ovo?

b) O que mais chamou sua atenção nessa fotografia?

c) Qual é a importância de imagens detalhadas em textos informativos?

Tecendo saberes

Lagartixas poéticas

Nesta unidade você ficou sabendo por que a lagartixa perde o rabo.

Assim como outros tantos animais, a lagartixa também pode ser apresentada aos leitores por meio da linguagem poética. Leia o poema e a quadrinha a seguir.

Caçadora de inseto.

Cantora com voz de lixa.

Se espicha

Lá no teto

Ou dispara —

Lagartixa!

Luiz Roberto Guedes.
Bicharada de tinta.
São Paulo: FTD, 1996. p. 7.

Alberto De Stefano/ Arquivo da editora

Você diz que sabe muito
Lagartixa sabe mais
Ela sobe na parede
Coisa que você não faz

Domínio público.

1. O que você leu no poema e na quadrinha sobre a lagartixa que não apareceu nos textos informativos?

2. Você sabe algo mais sobre lagartixas que poderia ser acrescentado?

Curiosidades sobre o corpo humano

Que tal conhecer algumas curiosidades sobre o corpo humano? No dia a dia, há diversas coisas que despertam nosso interesse. Quando deparamos com um assunto desconhecido e sentimos vontade de saber mais sobre ele, é comum ficarmos nos perguntando: **Por quê?**

São muitas as vezes em que é possível encontrar uma resposta científica para nossas dúvidas. Leia a seguir algumas perguntas e respostas curiosas sobre o corpo humano.

Por que...	Explicação
... temos chulé?	Porque no ambiente úmido e quente surgem bactérias e fungos que causam cheiro ruim. Acontece quando tomamos banho, não enxugamos bem o pé e calçamos os tênis.
... a pele fica roxa quando leva uma pancada?	Porque, com a batida, pequenas veias se rompem por baixo da pele, e um pouco de sangue escapa, deixando a área azulada, roxa ou até preta.
... a língua gruda em coisas geladas?	Porque a língua está sempre molhada pela saliva e, quando entra em contato com algo muito gelado, a água da saliva congela, grudando a língua no gelo.
... as unhas crescem?	Porque possuem uma raiz que está viva, e as células da parte da unha que enxergamos já estão mortas. Por isso não sentimos dor quando cortamos as unhas.
... os dedos estalam?	Porque os dedos são formados por vários ossinhos presos por ligações. Quando as ligações são apertadas, estalam.
... o nariz entope?	Porque quando estamos gripados ou com alergia a parte interna do nariz fica inchada e não há espaço para a secreção sair. Ela se acumula, e o nariz entope.
... aparece meleca nos olhos quando acordamos?	Porque os cílios, as pálpebras e as lágrimas não deixam sujeira ou poeira entrar nos nossos olhos. Quando dormimos, essa poeira forma a remela, a meleca.

Fonte de pesquisa: Fernando Santos (Org.). **Curiosidades Recreio**. São Paulo: Abril, 2012, v. 2.

Alberto De Stefano/Arquivo da editora

1. Que explicação mais chamou a sua atenção?

2. Você já conhecia alguma(s) dessas explicações? Qual(is)?

Língua: usos e reflexão

Pronomes

Atividade oral e escrita

Releia o trecho abaixo, do texto "Por que as lagartixas perdem o rabo?", observando os termos destacados.

> Aves, gambás, gatos e cobras são alguns dos animais que gostam de comer lagartixas. Portanto, a primeira coisa que **ela** faz quando se sente ameaçada por um desses predadores é correr para algum abrigo e fugir deles. Se isso não dá certo e o predador consegue alcançá-**la** e tenta capturá-**la**, a lagartixa simplesmente solta a cauda. Quando **ela** faz isso, o pedaço de rabo solto fica se mexendo de um lado para o outro por alguns segundos.

a) A quem se referem os termos destacados? ______________________

b) Assinale a(s) alternativa(s) que completa(m) a frase abaixo.

Todos esses termos foram usados para:

- [ ] substituir a palavra **lagartixa**.
- [ ] evitar a repetição de uma palavra.
- [ ] distinguir o nome dos bichos.
- [ ] substituir a palavra **predadores**.

As palavras **ele/ela**, **eles/elas**, **o/a**, **os/as** são chamadas de **pronomes**.

Esses pronomes podem substituir expressões e nomes que já apareceram em um texto e ajudam a evitar repetições desnecessárias.

Outros pronomes

Pronomes possessivos

1 Releia:

> [...] a lagartixa aproveita para correr e salvar **sua** vida.

Qual ideia a palavra **sua** expressa nesse trecho? Assinale a alternativa correta.

- [ ] Localização no espaço.
- [ ] Posse de algo.
- [ ] Indicação de tempo.
- [ ] Indicação de intensidade.

2 Leia um trecho de outro texto informativo.

> [...] Tartarugas marinhas de diferentes tamanhos, peixes dos mais variados formatos e cores e golfinhos de várias espécies, por exemplo, podem ser encontrados no nosso litoral. [...]
>
> "É do Brasil!". Disponível em: <http://chc.org.br/e-do-brasil/>. Acesso em: 5 nov. 2019.

a) De acordo com o texto, que animais são encontrados no litoral do Brasil?

---

b) Releia este trecho:

> [...] golfinhos de várias espécies, por exemplo, podem ser encontrados no **nosso** litoral.

Que ideia é dada pela palavra destacada no texto? Converse com os colegas.

As palavras **sua/suas seu/seus, nossa/nossas, nosso/nossos** indicam que algo pertence a alguém, dão a ideia de posse e são chamadas de **pronomes possessivos**.

3 Leia a tirinha a seguir e responda às questões.

© Ziraldo Alves Pinto/ Acervo do cartunista

Ziraldo. **As melhores tiradas do Menino Maluquinho**. São Paulo: Melhoramentos, 2000. p. 44.

a) Circule os **pronomes possessivos** dos balões de fala da tirinha.

b) Os pronomes do item **a** indicam que algo pertence a alguém. De acordo com o que vocês leram, a quem pertencem os sonhos e os sentimentos?

c) Conversem sobre atitudes que vocês podem tomar em casa, na escola e no bairro para tornar o mundo melhor.

4 Leia mais uma tirinha.

Fernando Gonsales. **Níquel Náusea:** com mil demônios.
São Paulo: Devir, 2002. p. 13.

a) A menina telefona provavelmente para os bombeiros pedindo que resgatem o gato de sua avó. O que torna a tirinha engraçada?

____

____

b) Agora copie o **pronome possessivo** que aparece na tirinha.

____

c) A quem pertence o gato? ______________________________

5 Leia a frase abaixo. Depois, complete as frases conforme o modelo do quadro, fazendo as concordâncias necessárias.

A lagartixa **escapa** e **salva sua** vida.

a) Eu ______________ e ______________ vida.

b) Nós ______________ e ______________ vidas.

c) Eles ______________ e ______________ vidas.

d) Ele ______________ e ______________ vida.

e) Elas ______________ e ______________ vidas.

f) Ela ______________ e ______________ vida.

Leia com a professora o quadro dos **pronomes possessivos** a seguir. Eles se referem às pessoas representadas pelos pronomes pessoais que você já estudou.

Pronomes pessoais	Pronomes possessivos
eu	meu, minha, meus, minhas
tu	teu, tua, teus, tuas
você, ele, ela	seu, sua, seus, suas
nós	nosso, nossa, nossos, nossas
vós	vosso, vossa, vossos, vossas
vocês, eles, elas	seu, sua, seus, suas

Pronomes demonstrativos

1 Leia a tirinha a seguir. Depois, responda às questões.

Bill Watterson. **O Estado de S. Paulo**. São Paulo, 14 maio 2006. p. 26.

a) Quais são as duas atitudes que mostram a reação de Calvin diante da dificuldade de montar o aeromodelo (miniatura de avião)?

____

____

b) No primeiro quadrinho da tira, a palavra **este** acompanha e indica um objeto que está próximo de Calvin. Que objeto é esse?

____

c) No segundo quadrinho, que palavra tem a mesma função, isto é, a de acompanhar e indicar um substantivo? E a qual substantivo a palavra está se referindo?

____

As palavras **este** e **estas** são pronomes que servem para mostrar, indicar, localizar e também substituir palavras ou expressões que já apareceram na frase ou no texto. Observe.

> **Este** avião é de Calvin. **Esse** é do tigre Haroldo.
>
> **Este** → Refere-se à palavra **avião**.
>
> **Esse** → Substitui a palavra **avião**. Refere-se a **outro avião**.

2 Leia a tirinha a seguir.

Chris Browne. Hagar. **Folha de S.Paulo**. São Paulo, 13 jan. 2005. p. E9.

a) Qual objeto Hagar desconhece? Por que ele fica surpreso com o uso desse objeto?

____

____

b) Que palavra Hagar emprega para indicar o objeto que desconhece?

____

Essa palavra aponta, indica, mostra para o outro personagem um objeto próximo de Hagar.

> Os pronomes que "mostram", localizam ou situam alguma coisa são chamados de **pronomes demonstrativos**.

Com a professora, leia o quadro abaixo, com **pronomes demonstrativos**.

Pronomes demonstrativos	
este, esta, estes, estas	isto
esse, essa, esses, essas	isso
aquele, aquela, aqueles, aquelas	aquilo

Hora de organizar o que estudamos

Leia o esquema a seguir com os colegas. Depois, complete-o com três exemplos de cada tipo de pronome.

Pronomes

Palavras que acompanham ou substituem palavras ou expressões em frases e textos

Pronomes possessivos
- Indicam posse de alguma coisa

____

____

Pronomes demonstrativos
- Mostram, indicam, localizam ou situam algo

____

____

Agora você

1 Leia as tirinhas e responda às questões.

Tirinha 1

Chris Browne. Hagar. **Folha de S.Paulo**. São Paulo, 13 jan. 2005. p. E9.

a) Copie o pronome demonstrativo da tirinha **1** e indique a que palavra ele se refere. _______________________

b) Na tirinha **1**, os guerreiros fizeram um curso de trabalhos manuais. Qual foi a consequência desse curso? Comente com os colegas.

Tirinha 2

Fernando Gonsales. Níquel Náusea. **Folha de S.Paulo**. São Paulo, 25 ago. 2006. p. E11.

c) Copie o pronome demonstrativo da tirinha **2** e indique a que ele se refere.

____

____

d) Qual foi a confusão do menino nessa tirinha? Comente com os colegas.

2 Leia as palavras dos quadros e a tirinha a seguir.

nossos	você	meus	sua	minha	vocês

Mike Peters. **Revista Recreio**, n. 152. São Paulo: Abril, p. 42.

a) Identifique quais pronomes dos quadros completam adequadamente as falas dos personagens. Depois, use-os para reescrever o diálogo.

____

____

____

b) Qual é a graça da tirinha? Converse com os colegas.

3 Reescreva o texto abaixo em seu caderno, evitando as repetições. Para isso, use pronomes.

> Nós temos um carro. **O carro que temos** sofreu um acidente na rodovia. **O carro que temos** ficou muito avariado e não funciona mais.

4 Leia a tira a seguir.

Jim Davis. **Folha de S.Paulo.** São Paulo, 14 maio 2002. Ilustrada. p. E5.

a) Garfield é um gato rabugento. Qual motivo o deixa contrariado na tirinha?

____

____

____

b) Agora, copie das falas e dos pensamentos dos personagens um pronome:

- pessoal; ______________
- possessivo; ______________
- demonstrativo. ______________

Produção de texto

Exposição oral

Nesta unidade, vocês viram que o texto informativo apresenta o conhecimento em linguagem objetiva, com a intenção de compartilhar informações do mundo real.

Agora é o momento de produzir um texto informativo para uma exposição oral sobre **os cuidados que devemos ter com nosso corpo**. Sigam as etapas propostas a seguir.

Preparação

1. Observem o esquema abaixo.

2. Pesquisem informações sobre um dos quatro assuntos apresentados no esquema. Consultem *sites*, atlas do corpo humano e outras fontes indicadas pela professora, além de entrevistar especialistas, como médicos, educadores físicos, entre outros profissionais com conhecimento do assunto.

Planejamento

1. Reúnam as informações e selecionem as mais importantes.
2. Preparem um roteiro da apresentação, estabelecendo os itens em que se divide o **assunto** pesquisado e a ordem em que vocês apresentarão cada item.

Revisão

1. Releiam o roteiro da apresentação em voz alta e verifiquem se o texto está adequado ao público que vai assistir à apresentação.
2. Reescrevam o que for necessário, lembrando de que se trata de um texto informativo, logo, a linguagem deve ser mais objetiva, mais formal.

Apresentação oral

1. Ensaiem e vejam se a ordem da apresentação está adequada. Observem a postura de vocês, o tom da voz, o ritmo da fala.
2. A professora vai marcar uma data para a apresentação.

Avaliação

Conversem com os outros grupos sobre as apresentações.

a) As apresentações atenderam à intenção de informar com clareza?
b) A linguagem usada estava adequada ao conteúdo?
c) Que postura cada grupo adotou ao fazer a exposição?
d) Como ocorreu a participação dos alunos ouvintes em cada exposição?

Aí vem... texto informativo

1 Leia o texto a seguir, que traz informações interessantes sobre as aranhas.

Aranhas

As aranhas caçam para comer. São grandes predadores como leões ou tubarões, guardadas as proporções de tamanho, é claro.

Algumas espécies constroem armadilhas, teias para capturar os insetos que passam. Outras cavam buracos, os cobrem com terra e teia e ficam esperando a vítima cair. Algumas aranhas se escondem dentro de flores e ficam à espreita de insetos. Outras saem atrás de suas presas e, quando encontram, atacam.

Quando a aranha consegue capturar seu almoço, ela morde várias vezes, injetando veneno, para que ele fique imóvel e ela possa comer tranquilamente. Depois de paralisar a caça, algumas aranhas a embrulham em seda para que fique mais fácil carregar até o ninho.

As aranhas, na maioria das vezes, injetam enzimas digestivas no animal para desmanchá-lo. Em seguida, ela suga o animal desmanchado para o estômago. É como se ela tomasse de canudinho sua vítima. [...]

Novas espécies de aranhas

Os pesquisadores brasileiros Antonio Brescovit e Cristina Anne Rheims, do Laboratório Especial de Coleções Zoológicas, identificaram 17 novas espécies de aranhas, uma enorme contribuição para o projeto de sistematização de artrópodes e para o estudo da biodiversidade da Mata Atlântica.

Acredita-se que a nova família — *Predatoroonops* — tenha mais de 3 mil espécies diferentes.

Essa família de aranhas recebeu esse nome por causa do personagem do filme **Predador**, que tem a boca parecida com as quelíceras dessas aranhas.

Texto de divulgação do **Instituto Butantan** – São Paulo. Disponível em: <www.ninha.bio.br/biologia/aranhas.html>. Acesso em: 5 nov. 2019.

Cristina Anne Rheims/Acervo Instituto Butantan

Aranha *Predatoroonops anna*.

2 Prepare a leitura em voz alta, enfatizando as informações mais importantes. Você poderá ler um trecho ou o texto completo para um colega ou para um adulto da sua casa.

Palavras em jogo

Letra H no início de palavras

1 Leia a lista de palavras a seguir.

- hábito, habitação, habilidade, hálito
- Helena, helicóptero, Hélio, hera
- higiene, hidratação, hipermercado, hipótese
- hoje, homem, hora, hospital, hotel
- humano, humildade, humor, Hungria

a) Copie a primeira palavra de cada linha da lista acima.

____

____

b) Observe a sequência de palavras que você copiou. O que você notou?

____

____

____

c) Podemos dizer que as palavras que você copiou estão organizadas em ordem alfabética? Por quê?

____

____

____

2 Organize as palavras do quadro abaixo em ordem alfabética.

hóspede	hálito	herói	humanidade	hino

____

____

3 Leia e compare o som inicial de cada par de palavras das colunas.

hindu	indústria
hálito	alimento
hemisfério	emissário
homenagem	omelete
humildade	umidade

Com suas palavras, complete as frases de acordo com a conclusão a que você chegou.

a) A letra **H**, no início de palavra, ______________________________.

b) O som inicial das palavras que começam com a letra **H** corresponde ao som

______________________________.

4 Leia os pares de palavras do quadro e compare o som da primeira sílaba de cada palavra.

haltere (instrumento de ginástica)	altere (forma verbal de **alterar** = modificar)
haras (local onde se criam cavalos)	aras (2ª pessoa do singular do verbo **arar** = preparar a terra para plantio)
hera (planta trepadeira)	era (3ª pessoa do singular do verbo **ser**)

Escreva uma frase com cada palavra do quadro. Atenção ao sentido de cada palavra.

____

____

____

____

____

____

____

5 Pinte a parte que se repete nas palavras de cada quadro.

horta	hortaliça	hortaliceiro	hortar
hortelão	horticultura	horto	

humano	humanidade	humanitário
humanista	humanismo	humanitarismo

As palavras de cada quadro formam uma **família de palavras**, porque todas se originam de uma única palavra ou raiz: elas têm, na forma e no sentido, uma parte comum.

Um modo de saber como é a escrita e também o possível significado de uma palavra é relacioná-la com outra palavra da **mesma família**.

6 Por que é importante identificar que uma palavra pertence a uma família de palavras? Converse com os colegas e depois anote aqui as conclusões a que vocês chegaram.

____

____

Assim também aprendo

- Leia a tirinha a seguir, que explora um dos assuntos que estudamos, mas de forma engraçada. Com os colegas, identifique quais são os assuntos que a tirinha retoma.

© Fernando Gonsales/Acervo do cartunista

Fernando Gonsales. **Níquel Náusea**. São Paulo: Devir, 2002. p. 5.

O que estudamos

Autoavaliação

Faça um **X** na coluna que mostra como você se saiu nesta unidade.

Unidade 5		Avancei	Preciso estudar mais
Gênero	Leitura e interpretação de **texto informativo**		
	Linguagem e construção do texto informativo		
	Uso de **porque** e **por que**		
	Produção de texto: apresentação oral de texto informativo baseada em pesquisa em grupo		
Estudo sobre a língua	Pronomes		
	Pronomes possessivos		
	Pronomes demonstrativos		
	Letra H no início de palavra		
Oralidade	Participação nas atividades orais		

Sugestões de...

Livros

***100 animais extraordinários*, de Genevieve de Becker, publicado pela editora Girassol.**

O livro apresenta fatos e curiosidades sobre 100 animais – por exemplo, as estratégias de caça de predadores como o tubarão e o tigre.

Reprodução/Editora Girassol

***O corpo humano*, de Richard Robinson, publicado pela editora Ciranda Cultural.**

O livro traz curiosidades sobre o corpo humano, como o fato de conseguirmos andar de bicicleta mesmo sem praticar essa atividade durante 50 anos, se nosso corpo já souber fazê-lo.

Site

<http://chc.cienciahoje.uol.com.br>

Site com uma variedade de textos informativos sobre assuntos muito interessantes, além de jogos, vídeos, entrevistas e muito mais. Acesso em: 6 nov. 2019.

Unidade

6 Conto de suspense

Nesta unidade você vai...

- ler e interpretar conto de suspense;
- ler texto com entonação adequada e com expressividade;
- identificar os elementos do conto: personagem, tempo, espaço, enredo e narrador;
- identificar as partes que compõem o enredo da história: situação inicial, complicação, clímax e desfecho;
- produzir conto de suspense;
- estudar pontuação nos textos;
- estudar verbo e uso de tempo passado nas histórias;
- estudar a escrita e o som de palavras terminadas em -ol/-ou e -il/-iu;
- participar de atividades orais.

- Observe a cena. O que será que o menino está sentindo? E o que será que ele estava lendo?
- Você já leu uma história que o deixou assustado? Qual?
- Você já assistiu a filmes ou animações que causam arrepios? Quais?

Everton Cacciano/Arquivo da editora

Para iniciar

Mostre sua habilidade para caçar fantasmas! Encontre na cena principal o local correto das ilustrações separadas nos quadrinhos a seguir.

Psonha/Arquivo da editora

1

2

3

4

5

Calafrios de medo! Caça-fantasmas! Histórias que assustam!

Você já leu ou ouviu alguma história que fez você sentir muito medo, ficar em estado de tensão, em suspense?

Vamos ler a história a seguir. Será que ela causa medo?

Leia o texto em silêncio. Depois, converse com os colegas: O que acharam da história?

Acompanhe novamente a leitura com a professora e veja se o que percebeu inicialmente se confirma.

Leitura: conto de suspense

Caio

Em Bom Despacho tinha uma fazenda à venda, mas ninguém queria comprar: era mal-assombrada.

Quando o preço chegou lá embaixo, veio de Luzes um comprador para fechar o negócio.

O caseiro aconselhou o homem a passar a noite na fazenda e deixar a decisão para o dia seguinte. E o homem ficou para dormir.

De madrugada, acordou com uma voz cavernosa:

— Caio? Caaaaaaaio? — a voz repetia.

Acontece que o homem se chamava Caio. Ele estranhou muito e foi com custo que gaguejou:

— A-a-a-qui.

E na mesma hora um osso de perna caiu em cima dele.

O homem gelou. Mas não adiantava correr, a assombração sabia até o seu nome. Melhor era continuar deitado e se cobrir todinho.

Dali a pouco o vozeirão recomeçou:

— Caaaaaaaio? Caaaaio?

E se a assombração não soubesse o nome dele coisa nenhuma e estivesse só perguntando se podia cair? Por via das dúvidas, Caio murmurou:

— Sim.

Caiu outro osso. E Caio matutava. Será que a assombração estava pensando que "Sim" queria dizer "Sim, pode cair" ou "Sim, sou eu, o Caio"? Resolveu desvendar a questão de uma vez por todas.

— Eu!!

Caiu mais um osso.

De novo:

— Caaaaaio? Caaaaaaaaaaio?

E o Caio, para testar:

— Cai!

Caiu outro osso. Aí o Caio começou a achar que a assombração estava gozando da cara dele.

— Caiiiuuuu!? — por coincidência, a assombração desafinou nessa hora.

O homem teve um treco. Deu dois tiros para o alto, chorando nervoso:

— Cai, mas cai logo, que eu não aguento mais essa história!

E para sua surpresa, quem despencou do forro do teto foi o caseiro, que não queria dono novo na fazenda onde ele gostava de vadiar.

Angela-Lago. **Sete histórias para sacudir o esqueleto**.
São Paulo: Companhia das Letrinhas, 2005. p. 7-12.

Sobre a autora

Reprodução/Arquivo da editora

A mineira **Angela-Lago** nasceu em 1945. Foi uma importante escritora e ilustradora de obras infantis. Traduzida e premiada em vários países, a autora foi uma das primeiras a criar uma página literária na internet, em 1990, destinada às crianças. Faleceu em 2017.

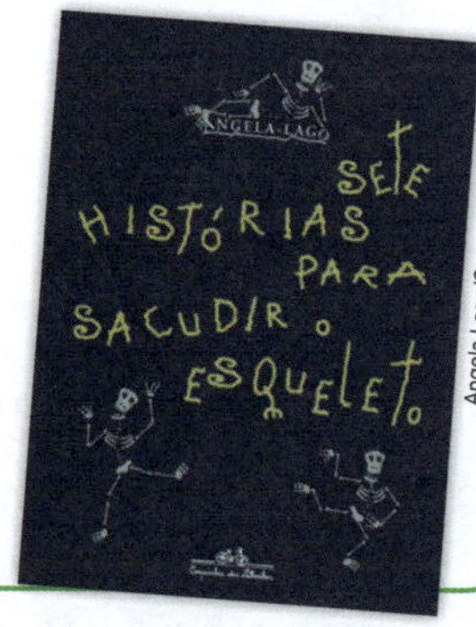

Angela-Lago/Companhia das Letrinhas

Interpretação do texto

Compreensão do texto

Atividade oral e escrita

1 Enquanto lia o conto "Caio", qual foi a primeira ideia que lhe veio sobre a voz?

2 Releia um trecho do conto.

> Quando **o preço chegou lá embaixo**, veio de Luzes um comprador para fechar o negócio.

a) O que quer dizer a expressão destacada?

____

b) Por que "o preço chegou lá embaixo"? Converse com os colegas.

c) Por que a palavra **Luzes** está escrita com inicial maiúscula?

____

d) Que "negócio" o comprador pretendia fechar?

____

3 Assinale, segundo sua opinião, os significados adequados para a expressão **voz cavernosa** no texto.

- [ ] Voz rouca.
- [ ] Voz assustadora.
- [ ] Voz aterrorizante.
- [ ] Voz grossa.
- [ ] Voz baixa.

4 Escreva os significados que a palavra **Caio** pode ter no texto.

____

____

Angela-Lago/Companhia das Letrinhas

Ilustração criada por Angela-Lago para seu conto "Caio".

5 Por que o homem deu dois tiros para o alto?

____

____

6 Antes do **desfecho**, você acha que o caseiro teve qualquer atitude suspeita?

____

____

7 Por que o caseiro armou aquela situação?

____

____

8 Escreva, no caderno, um **desfecho** diferente para esse conto.

Linguagem e construção do texto

Atividade oral e escrita

Nesse conto, o **modo de contar** foi muito importante para produzir o suspense. Para isso, a autora fez escolhas de linguagem, buscando envolver o leitor.

1 Releia trechos do conto "Caio".

> De madrugada, acordou com uma voz cavernosa [...]

> Dali a pouco o vozeirão recomeçou [...]

Copie as expressões empregadas para criar clima de medo, de suspense.

____

2 Copie do conto três palavras ou expressões que a autora empregou com a intenção de mostrar o medo que o comprador estava sentindo.

____

3 Releia a seguinte fala dessa história:

> Dali a pouco o vozeirão recomeçou:
> — Caaaaaaaio? Caaaaio?

a) Repita em voz alta essa fala da assombração. O que a repetição do **a** nessa fala pode provocar em quem ouve?

____

____

Agora, releia mais esta fala.

> [...] Ele estranhou muito e foi com custo que gaguejou:
> — A-a-a-qui.

b) A repetição do **a** nessa fala do comprador provoca a mesma sensação que na fala da assombração da atividade anterior?

____

____

4 Releia o seguinte trecho:

> O caseiro aconselhou o homem a passar a noite na fazenda e deixar a decisão para o dia seguinte.

No caderno, reescreva o trecho de modo a transcrever a fala do caseiro.

5 A maior parte dos fatos acontece durante a noite. Isso produz algum efeito para a história? Converse com os colegas.

6 Os contos são narrativas e costumam apresentar alguns elementos próprios. Leia com a professora o esquema a seguir.

Elementos da narrativa

- **Lugar/Espaço** — Onde a ação ou os fatos acontecem
- **Tempo** — Quando a ação ou os fatos acontecem
- **Personagem(ns)** — Quem participa da ação ou dos fatos
- **Narrador** — Quem conta a história, os fatos
- **Ação/Enredo** — O que acontece na história

Localize os elementos no conto e complete com as informações adequadas.

a) **Lugar/espaço**: ____________________

b) **Tempo**: ____________________

c) **Personagem(ns)**: ____________________

7 **Narrador** é quem conta a história.

a) Releia o trecho do conto "Caio" e circule apenas as frases que pertencem ao narrador.

> De madrugada, acordou com uma voz cavernosa:
> — Caio? Caaaaaaaio? — a voz repetia.

b) Esse narrador participa da história como se fosse um dos personagens?

____

8 Veja como o **enredo** – a ação – foi construído para produzir suspense no conto "Caio". Observe o esquema abaixo.

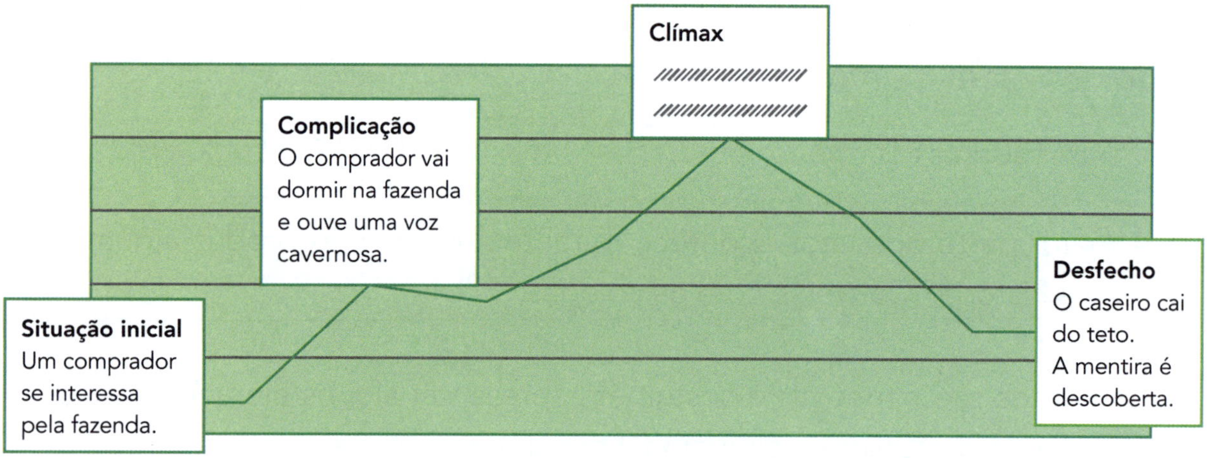

Clímax é o ponto de maior tensão, de maior suspense na história.

Qual é o momento de maior tensão no conto que você leu? Converse com os colegas.

9 Qual pode ser a intenção da autora ao deixar o **desfecho**, a solução do mistério, para a última frase do texto? Converse com os colegas.

10 Nesse conto, a autora utilizou vários recursos para produzir o efeito de suspense, de mistério. Ensaie como você gostaria de ler o conto para que seus ouvintes sintam o clima de suspense da história.

Hora de organizar o que estudamos

Leiam juntos o esquema, prestando bastante atenção.

Conto de suspense

↓

Narrativa (história) desenvolvida em torno de um mistério

Intenção/ finalidade
- Entreter, provocando emoções como: tensão, susto, medo, etc.

Linguagem e construção do texto
- Escolha de palavras e expressões ligadas às ideias de medo, suspense, mistério
- Tempo e espaço: um ambiente assustador
- Clímax: momento mais tenso da narrativa
- Desfecho surpreendente

Leitor
- Pessoas que se interessam por histórias que causem fortes emoções, como medo e susto

Prática de oralidade

Conversa em jogo

Medo: que sentimento é esse?

Pesquisadores comprovaram que o medo pode causar: boca ressecada, arrepio, suor e dor de barriga, entre outras sensações.

Você acha que todas as pessoas sentem medo? Por quê?

Há pessoas que riem e caçoam quando alguém sente medo. O que você acha de atitudes como essas?

Dramatização e leitura expressiva

Vamos dramatizar a história de suspense que você acabou de ler.

Organização e planejamento

1. Formem um grupo para representar a história lida. Um aluno será o caseiro e outro, o comprador. Escolham mais colegas para representar os moradores da cidade de Bom Despacho, que comentariam entre si o fato de a fazenda ser mal-assombrada.
2. Escolham um aluno para ser o narrador. Se preferirem, vocês podem também encenar a história substituindo a fala do narrador por falas dos próprios personagens.

Encenação

1. Releiam o conto e pensem maneiras de representar a história como se fosse uma peça de teatro.
2. Cada um deve destacar a sua parte no texto e ler o trecho durante a dramatização.
3. Prestem atenção na hora certa de ler cada fala e na entonação da voz. É preciso falar alto, para que todos ouçam, e com a entonação correta, para expressar o que se espera: dúvida, determinação, medo, susto, etc.
4. Para produzir o clima de mistério, criem um cenário que cause suspense: sala escura, cortinas fechadas, etc.
5. Combinem com a professora o dia em que a encenação acontecerá. Se desejarem, convidem colegas de outras turmas, pais e responsáveis para assistirem à apresentação.

Outras linguagens

Cenas de filmes de suspense para crianças

Atividade oral

A seguir, veja duas cenas de animações para o cinema feitas em computação gráfica sobre o mesmo tema: o medo. Você conhece esses filmes?

Banco de imagens/Arquivo da editora

Cena 1

Reprodução/Bits Produções

Filme **Tito e os pássaros**, de André Catoto Dias, Gabriel Bitar e Gustavo Steinberg, produzido em 2018.

Cena 2

Walt Disney Studios Motion Pictures/Courtesy Everett Collection/Fotoarena

Filme **Os fantasmas de Scrooge**, de Robert Zemeckis, produzido em 2009.

1. Na cena **1**, observe a expressão corporal das crianças; na cena **2**, observe o fundo escuro, que dá a ideia de um ambiente com pouca luz. Qual é a provável razão para as cenas terem sido representadas assim?
2. Que detalhe da cena **1** mostra que ela retrata um momento de tensão e medo?
3. Na cena **2**, o que cria a sensação de algo misterioso?

Tecendo saberes

Quando imaginação e realidade se encontram...

Às vezes, por não conhecer as explicações científicas sobre alguns fenômenos, as pessoas podem ter medo de coisas que são naturais.

Onde você mora existem pântanos? E cemitérios? Ui... Que medo!

Muitas pessoas já relataram ter visto chamas que pareciam fantasmas surgirem nesses lugares. E ainda diziam que essas "coisas" corriam atrás de quem estivesse por perto!

Veja o que a ciência descobriu sobre isso.

O que é fogo-fátuo?

É um impressionante fenômeno que costuma ocorrer em cemitérios ou pântanos. De tempos em tempos, surgem misteriosas chamas azuladas, que aparecem por alguns segundos na superfície e logo depois somem sem deixar vestígios.

Hoje, os cientistas sabem que esse fogo esquisito está ligado à decomposição dos corpos de seres vivos. Nesse processo, as bactérias que metabolizam a matéria orgânica produzem gases que entram em **combustão** espontânea em contato com o ar. "Ocorre uma pequena explosão e a chama azulada vem acompanhada de um estrondo que assusta quem está por perto", afirma o químico Luiz Henrique Ferreira, da Universidade Federal de São Carlos (Ufscar).

[...]

Revista **Mundo Estranho**. Disponível em: <https://mundoestranho.abril.com.br/ambiente/o-que-e-fogo-fatuo/>. Acesso em: 11 nov. 2019.

combustão: ação de queimar.

E por que esse fogo, que queima em poucos segundos por causa do contato com o ar, seria capaz de "correr atrás" de algumas pessoas, como muitos já relataram? Leia.

[...] Para quem está perto do fenômeno, a reação instintiva é correr. O problema é que esse movimento causa um deslocamento brusco de ar, puxando a chama e dando a impressão de que ela tenta perseguir a vítima — como um fantasma, uma alma penada ou o boitatá dos índios brasileiros.

Revista **Mundo Estranho**. Disponível em: <https://mundoestranho.abril.com.br/ambiente/o-que-e-fogo-fatuo/>. Acesso em: 11 nov. 2019.

1. Vocês já sentiram medo de alguma coisa por não conhecerem a explicação científica? Ou já ouviram falar desse tipo de medo?

2. Conversem sobre a importância do conhecimento científico em nossa vida.

Ai, que frio! Ai, que medo!

Prepare a leitura do poema a seguir com bastante expressividade, para provocar a sensação de suspense.

Horrores

Eu percorria uma estranha região:
Ao meu redor horrores **torvos**
No ar **pairavam** rostos; a noite era tão
Negra quanto a asa de um corvo.

Vi um monstro que avançava velozmente,
Cara de um verde venenoso;
Só se alimentava com carne de gente.
Aquele monstro cor de **lodo**.

Sem poder falar fiquei paralisado
E me senti tão indisposto
Que caí ao chão enquanto o olhar malvado
Do monstro me fitava o rosto.

E em meio aos meus surdos gemidos de dor,
Aos meus fundos gritos de **apelo**,
Ouvi uma voz: "Acorde, meu senhor:
Deve estar tendo um pesadelo".

Lewis Carroll. **Rimas no País das Maravilhas**.
Poemas escolhidos e traduzidos por José Paulo Paes.
São Paulo: Ática, 1996. p. 14

torvos: ameaçadores, assustadores, terríveis.

pairavam: ficavam parados no ar.

lodo: lama, limo.

apelo: pedido de ajuda, chamamento.

Alberto De Stefano/Arquivo da editora

1. E você, já acordou suando frio depois de um pesadelo?

2. Nesta unidade você leu dois textos que têm o mesmo propósito: o conto "Caio" e o poema "Horrores", acima. Em sua opinião, qual deles conseguiu atingir melhor o objetivo de criar uma atmosfera de suspense, de tensão? Por quê?

3 Agora, leia a explicação científica para o fato de o personagem do poema "Horrores" ter suado frio depois de ter um pesadelo.

Por que suamos frio quando sentimos medo?

[...] O suor frio é apenas uma das muitas reações de nosso organismo diante de uma situação de estresse ou ameaça.

Em consequência do medo, o nosso corpo sofre uma revolução. De maneira resumida, o cérebro sinaliza para o coração que é hora de acelerar, bombeando mais sangue — ah! e com muita adrenalina (substância que prepara o corpo para grandes esforços) — para os músculos, a fim de que eles funcionem melhor. Enquanto isso, por conta do excesso de sangue direcionado aos músculos, os órgãos do abdome e a pele passam a receber menos sangue, e é essa a razão pela qual a gente sente a sensação de frio na barriga, a pele gelada pelo suor e começa a tremer — brrrr!

[...]

Revista **Ciência Hoje das Crianças**. Disponível em: <http://chc.org.br/por-que-suamos-frio-quando-sentimos-medo/>. Acesso em: 11 nov. 2019.

4 Vocês se lembram de alguma situação em que sentiram um frio na barriga, a pele gelada e tremores de medo? Contem o que vivenciaram e ouçam os colegas.

Língua: usos e reflexão

Pontuação, entonação e expressividade

Atividade oral e escrita

1 Imagine que você é um contador de histórias e quer deixar sua plateia em suspense. Como você leria em voz alta estes trechos do conto "Caio"?

O caseiro aconselhou o homem a passar a noite na fazenda e deixar a decisão para o dia seguinte. E o homem ficou para dormir.

De madrugada, acordou com uma voz cavernosa:

— Caio? Caaaaaaaio? — a voz repetia.

O homem teve um treco. Deu dois tiros para o alto, chorando nervoso:

— Cai, mas cai logo, que eu não aguento mais essa história!

Leia em silêncio os trechos, pense em como você gostaria de fazer a leitura e pratique-a. Depois aguarde a sua vez de ler para os colegas.

2 Leia a história em quadrinhos a seguir.

Mauricio de Sousa. **Historinhas de três páginas**. n. 6. Barueri: Panini Comics, 2011. p. 70-71.

a) Observe as expressões de Cascão. Como ele se sente ao ser chamado para brincar?

____

b) Por que Cascão quase não é chamado para brincar no verão?

____

____

c) Nessa história há quatro personagens que aparecem falando. Formem um grupo de quatro alunos e cada um praticará a fala de um personagem. Procurem imaginar como cada personagem se expressaria.

d) Conversem: Para fazer a leitura em voz alta de maneira bem expressiva, bastou repetir apenas o que estava escrito ou vocês tiveram de acrescentar algo?

3 Observe os quadrinhos a seguir.

a) Qual é o sinal de pontuação que está presente em todas as falas?

____

b) Esse sinal tem o mesmo sentido em todas as falas? ____________________

c) Observe os sentidos que o ponto de exclamação assume nas falas dos personagens. Coloque o número correspondente a cada fala nos quadrinhos.

	muito entusiasmo
	alegria, carinho
	chamamento
	ordem
	dúvida

Os sinais de pontuação ajudam a indicar na escrita alguns recursos que empregamos na língua falada: intenções, sentimentos, pausas, entonações, etc.

Observe alguns sinais de pontuação a seguir.

.	!	?	,
ponto final	ponto de exclamação	ponto de interrogação	vírgula

:	...	—	“ ”
dois-pontos	reticências	travessão	aspas

Agora você

1 Nesta tira, as falas estão sem sinais de pontuação no final das frases.

Fernando Gonsales. **Folha de S.Paulo**. São Paulo, 19 abr. 2006.

a) Pontue as falas de acordo com a intenção que elas podem expressar.

b) Você conseguiu entender o que acontece na história sem a pontuação? E depois que pontuou? Converse com os colegas e ouça o que eles entenderam. Veja também como cada um deles pontuou o texto.

2 Releiam este trecho do conto "Caio".

> Caiu outro osso. E Caio matutava. Será que a assombração estava pensando que "Sim" queria dizer "Sim, pode cair" ou "Sim, sou eu, o Caio"? [...]

Conversem: Para que foram empregadas as aspas nesse trecho?

3 Leia os quadrinhos a seguir.

brachola: bife de carne bovina enrolado com recheio. Vem do termo italiano *bracciola*.

Mauricio de Sousa. **Almanaque de férias**. Turma da Mônica. Barueri: Panini Comics, dez. 2008. p. 154.

a) No primeiro quadrinho, qual expressão da fala de Mônica revela que ela e Magali já estavam conversando sobre alguma coisa?

____

____

b) O que faz Magali deixar de prestar atenção em Mônica?

____

c) A palavra **cebolinha** é empregada com dois sentidos nesses quadrinhos: quando Mônica fala "o Cebolinha", ela se refere ao nome do personagem; quando Magali fala "não usou cebolinha, só salsinha!", ela se refere ao nome de um tempero. Imagine que Magali tivesse citado o nome de mais três temperos, além de salsinha. Escreva-os, completando a fala dela:

— Não! Ela não usou cebolinha, só salsinha, ______________________

____

d) Que sinal de pontuação você utilizou para separar a enumeração de nomes de temperos do item anterior? ______________________

e) Observe a expressão de Mônica no último quadrinho. O que você acha que ela está sentindo? Converse com os colegas.

4 Releia os quadrinhos **1** e **4**.

Observe que, para ajudar a indicar o que cada personagem está sentindo, foi empregado o sinal de reticências nas falas de Mônica e de Magali.

Releia as frases a seguir.

a) Aí, então, eu disse pro Cebolinha...

b) Mas... e o Cebolinha?

c) Deixa ver...

Em cada frase, as reticências indicam uma ideia diferente.

Leia as frases abaixo e escreva a letra correspondente à fala de cada personagem, relacionando-as corretamente à ideia expressa na história.

- Pausa para pensar, analisar alguma coisa: ______________________
- Pausa que demonstra surpresa, dúvida sobre algo: ______________________
- Pausa para contar o que se falou em outro momento: ______________________

5 Qual das três ideias expressas pelas reticências apresentadas acima pode ser relacionada à fala de Mônica no quadrinho a seguir? Copie o item correto.

© Mauricio de Sousa/Mauricio de Sousa Editora Ltda.

____

____

6 Releia em voz alta as falas dos quadrinhos que têm reticências. Converse com os colegas e analisem: Os sentidos representados por essas reticências seriam expressos de forma igual pelo tom de voz? Justifiquem sua resposta.

____

____

7 Leia a tirinha e depois responda às questões.

© Miguel Paiva/Acervo do cartunista

Miguel Paiva. **Chiquinha** – Família & Cia. Rio de Janeiro: Rovelle, 2014. p. 29.

a) Qual sinal de pontuação aparece em todos os balões de fala dessa tira?

____

b) Faça um **X** nas afirmações corretas.

No primeiro quadrinho, a pausa na fala depois do nome **Chiquinha**, representada na escrita pelo uso da vírgula, tem o efeito de:

- [ ] enfatizar o fato de a mãe ter participado de uma reunião com a coordenadora de classe chamada Chiquinha.
- [ ] destacar que a mãe está se dirigindo a Chiquinha.
- [ ] chamar o nome da filha: Chiquinha.
- [ ] destacar o fato de a mãe ter ido à reunião da escola.

8 Releia a fala da mãe no primeiro quadrinho.

> — **Chiquinha**, tive uma reunião na escola com a sua coordenadora de classe.

A seguir, observe a pontuação que acompanha o nome **Chiquinha** e veja que essa fala pode ser dita de outros modos.

— Tive uma reunião na escola, **Chiquinha**, com a sua coordenadora de classe.

— Tive uma reunião na escola com a sua coordenadora de classe, **Chiquinha**.

O que você pode concluir sobre o uso da pontuação nessas falas?

A palavra ou expressão usada para fazer um chamamento recebe o nome de **vocativo**. O vocativo vem sempre separado dos outros elementos da frase por **vírgula**.

9 Copie do segundo quadrinho:

a) a lista de comportamentos de Chiquinha feita pela coordenadora de classe;

b) as disciplinas em que a menina tirou nota baixa, enumeradas pela coordenadora de classe.

Agora, responda:

c) Que sinal de pontuação foi utilizado para separar os elementos de cada lista ou enumeração?

A **vírgula** é o sinal de pontuação utilizado para separar cada elemento de uma **enumeração**.

10 Leia o título deste livro, observando o uso da vírgula.

a) Escreva, ao lado de cada figura da capa do livro, o nome do personagem correspondente, identificando-o com base nas informações do título.

b) Como foi possível descobrir o nome de cada personagem sem ter lido a história? Converse com os colegas.

11 Leia as frases a seguir.

> Pinote, **o fracote**, parece ter medo do outro personagem.
> Pinote, **o menino menor**, parece ter medo do outro personagem.

As expressões destacadas apresentam uma explicação, um esclarecimento sobre características de Pinote. Como é empregada a pontuação nessas expressões?

A palavra ou expressão que acompanha um nome a fim de esclarecê-lo ou especificá-lo chama-se **aposto**.

A **vírgula** é o sinal de pontuação normalmente utilizado para separar o **aposto** do nome a que se refere.

Agora você

Leia as capas de livros reproduzidas a seguir. Acima de cada capa, escreva qual é a função da vírgula na escrita de cada um dos títulos.

a) ______________________________

Reprodução/Editora Scipione

c) ______________________________

Reprodução/Ed. Salamandra

e) ______________________________

Reprodução/Companhia das Letrinhas

b) ______________________________

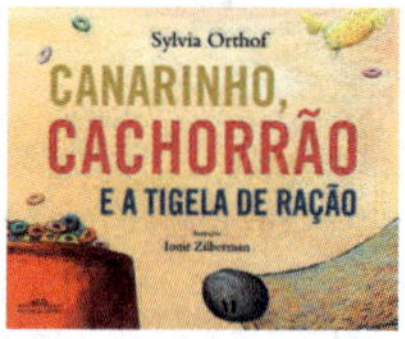

Reprodução/Companhia das Letrinhas

d) ______________________________

Reprodução/Editora Ática

f) ______________________________

Reprodução/Ed. Salamandra

Hora de organizar o que estudamos

Completem com os nomes dos sinais de pontuação.

Sinais de pontuação

- Organizam as ideias e informações do texto
- Indicam
  - Expressividade
  - A intenção do autor sobre como o texto pode ser lido (pausas, entonação)

.	!	?	,	—	:	...	" "
a)	b)	c)	d)	e)	f)	g)	h)

a) ______________________________

b) ______________________________

c) ______________________________

d) ______________________________

e) ______________________________

f) ______________________________

g) ______________________________

h) ______________________________

Verbo e uso do tempo passado nas histórias

Já vimos que nos textos o verbo é um dos responsáveis pela indicação do tempo: presente, passado ou futuro.

Você sabia que nem sempre o tempo **passado** é igual? Vejamos.

1 Releia os trechos do conto "Caio" a seguir e responda.

a) Em Bom Despacho **tinha** uma fazenda à venda, mas ninguém **queria** comprar: **era** mal-assombrada.

Os verbos **tinha**, **queria** e **era** indicam algo que acontecia sempre ou algo que aconteceu apenas uma vez?

____

b) Quando o preço **chegou** lá embaixo, **veio** de Luzes um comprador [...]

Os verbos **chegou** e **veio** indicam algo que acontecia sempre ou algo que aconteceu apenas uma vez?

____

Os verbos que indicam tempo **passado** podem expressar:

- um fato que era **habitual**, **costumeiro** no passado, algo que acontecia sempre;
- um fato **acontecido** e **terminado** em algum momento do passado.

2 Observe os verbos destacados nos trechos a seguir. Escreva no quadro os verbos que correspondem a cada uma das ideias.

O caseiro **aconselhou** o homem a passar a noite na fazenda [...]. E o homem **ficou** para dormir.

[...] o caseiro, que não **queria** dono novo na fazenda onde ele **gostava** de vadiar.

Fato habitual, costumeiro, que acontecia sempre	Fato acontecido uma vez no passado
______________________	______________________

3 Leia um trecho de uma história sobre dois cachorros: o pequeno Mugui e o grande e forte Dondo.

Amigos, mas nem tanto!

Dondo vivia no varandão da frente da casa.

Mugui vivia na varandinha do fundo da casa. [...]

Um dia, Mugui subiu as escadas e latiu alto, agudo e fininho.

Dondo desceu as escadas e latiu grosso, grave e forte.

Lêda Aristides. **Amigos, mas nem tanto!**.
São Paulo: Scipione, 2007. p. 4-5; 8-9.

Pinte palavras no texto de acordo com as indicações abaixo.

- **Laranja**: verbo que se refere a um **fato habitual**, **costumeiro** no passado.
- **Verde**: verbo que se refere a **fatos acontecidos e terminados** em determinado momento no passado.

Agora você

As formas verbais das frases abaixo expressam **ações acontecidas** e **terminadas** em um tempo determinado. Reescreva as frases expressando **ações habituais**, **costumeiras** no passado.

a) **Ouvi** um barulho e me **assustei**!

____

b) Elas **escreveram** muitos contos de mistério.

____

c) **Praticamos** vários esportes na infância.

____

d) O príncipe **procurou** uma princesa em reinos distantes.

____

____

Aí vem... conto de suspense

1 Leia o conto e tente imaginar se você também ficaria com medo.

A porca

Há mais ou menos dez anos, quando me casei, fui morar no Mato Grosso, num lugar de **garimpo**, bem longe da cidade.

O garimpo ficava dentro da mata, era preciso caminhar a pé, bastante tempo para chegar ao lugar. A gente dormia em barracos de plástico, cercados por árvores muito grandes. De noite, quando o vento batia no plástico dos barracos e nos galhos das árvores, dava muito medo. Além de o lugar amedrontar, havia uma história que o povo da região contava, que me deixava ainda mais assustada.

Os garimpeiros diziam que naquelas matas existia uma porca muito grande que **tinha parido** muitos porquinhos. A porca assustava quem andava por estradas e **trilheiras** da região. Muita gente dizia que já tinha visto os bichos.

Quando alguém andava sozinho no mato, a porca com seus filhotes aparecia e desaparecia na frente das pessoas. Diziam que era um espírito, uma assombração.

Naquela época, ouvi no rádio que um homem tinha previsto que o mundo ia acabar. Eu fiquei impressionada com a notícia do fim do mundo e, no mesmo dia, tive que caminhar pela mata, passando pela estrada deserta.

Enquanto andava naquela trilheira rodeada de árvores altas e cheia de grutas, fiquei com muito medo. Eu achava que, a qualquer hora, a porca assombrada e seus filhotes iam aparecer.

De repente, ouvi um barulho de passos na mata, bem perto de mim. Nem tive coragem de olhar para trás, nem para os lados. Fui caminhando, quase sem respirar.

Quando cheguei em casa, percebi que tive muita sorte, porque a porca não apareceu na minha frente, nem me atacou. Aí fiquei pensando se era mesmo a porca e seus filhotes que estavam me seguindo, ou se aquele não era o barulho do meu medo.

Cristina M. M. Tomaz. **De boca em boca**: histórias de todos os cantos do Brasil. São Paulo: Salesiana, 2002. p. 79.

garimpo: lugar em que se exploram pedras preciosas.

tinha parido: tinha dado à luz.

trilheiras: caminhos; tipos mais bem definidos de trilha.

2 O que você achou do final dessa história? Converse com os colegas.

Produção de texto

Conto de suspense

Vocês vão escrever um conto de suspense em uma folha à parte.

Preparação

1. Para começar, leiam o início de uma história em quadrinhos.

© Ziraldo Alves Pinto/Acervo do cartunista

Ziraldo. **As melhores tiradas do Menino Maluquinho**. São Paulo: Melhoramentos, 2005. p. 15.

2. Observem os detalhes: dois meninos entrando em uma casa mal-assombrada, com objetos velhos e quebrados, teias de aranha pelos cantos... O que poderia acontecer? Pensem em como a história poderá continuar e conversem sobre suas ideias.

Partes do enredo

1. Observem as partes do enredo abaixo e escrevam o número dos quadrinhos que correspondem a cada parte. Lembrem-se de que nem todas as partes do enredo apareceram nesses quadrinhos.

- Situação inicial: ____________________
- Complicação: ____________________
- Clímax: ____________________
- Desfecho: ____________________

2. Que partes do enredo não apareceram nos quadrinhos apresentados?

___

3. Para melhor planejar a história de vocês, não se esqueçam de que ela deve ter as quatro partes indicadas no item **1**.

Escrita

1. No momento da escrita, a divisão da história em parágrafos pode ajudá-los a produzir as partes do seu texto (situação inicial, complicação, clímax e desfecho).
2. Lembrem-se:
   - usem palavras e expressões para criar suspense e deixar o leitor com medo;
   - mantenham o suspense até chegar ao fim;
   - pensem em um momento em que o suspense aumente bastante, que seja o ponto alto do medo, do susto;
   - imaginem um desfecho, um final surpreendente para a história, revelando-o apenas no último parágrafo;
   - verifiquem se dividiram o texto em parágrafos para garantir uma sequência coerente dos momentos da narrativa.

Revisão e reescrita

Depois de pronta, leiam a história toda para ver se o suspense foi garantido. Peçam ajuda à professora e reescrevam o que for necessário.

Roda de histórias

1 Cada dupla deverá ensaiar a leitura da história que produziu.

2 Não se esqueçam de dar expressividade ao texto para criar mais suspense. Relembrem como se organizaram para a leitura expressiva durante a **Dramatização e leitura expressiva** da página 191.

- Usem as mesmas dicas: lembrem-se de que é preciso falar alto e com a entonação correta (dúvida, determinação, susto, etc.).
- Definam antecipadamente o momento em que cada um da dupla deverá ler a sua parte da história e ensaiem a leitura.

3 Façam uma roda. Leiam a história que vocês produziram e ouçam a de seus colegas. Divirtam-se e... sintam arrepios!

Palavras em jogo

Escrever de um jeito e falar de outro

Final de palavras: -ol e -ou

Leia o texto.

[...]

Quando todos esperavam pelo empate, nos minutos finais, o atacante Gean invadiu a grande área, tirou do goleiro e chutou firme para fazer o gol do título. Aliás, o atacante Gean foi artilheiro da competição. O treinador Thiago Miranda ficou satisfeito com o desempenho de seus comandados e vibrou com a vitória.

[...]

Disponível em: <http://wp.clicrbs.com.br/amadorfutebolclube/2013/12/11/sub-15-do-arena-r1-conquista-a-copa-amizade/?topo=52,2,18,,284,77>. Acesso em: 12 nov. 2019.

1 Leia as palavras tiradas do texto.

g**ol**	tir**ou**
	chut**ou**
	fic**ou**
	vibr**ou**

Alberto De Stefano/Arquivo da editora

Agora, leia em voz alta as palavras do quadro acima e observe a parte destacada na escrita. O que se pode concluir?

2 O que as palavras da coluna da direita do quadro têm em comum em relação ao tempo verbal?

____

3 Os verbos **tirou** e **chutou** se referem ao jogador Gean. O nome **Gean** pode ser substituído pelo pronome **ele**, que está no singular. A que pessoa do singular se refere o pronome **ele**? ______________________

4 Considerando o que você aprendeu, proponha uma regra que poderia ajudar a não errar a escrita de verbos como esses, que estão no passado.

____

____

5 Leia as palavras do quadro em voz alta.

sol	chutou
caracol	gol
futebol	lavou

Alberto De Stefano/ Arquivo da editora

Qual é o som da letra **O** nas duas colunas?

____

____

6 Escreva as formas verbais da 3ª pessoa do singular do passado dos seguintes verbos: **brincar**, **falar**, **dançar** e **estudar**.

____

____

Final de palavras: -il e -iu

1 Leia as frases abaixo.

a) No estádio onde o jogo aconteceu, havia mais de **mil** torcedores.

b) Quando Gean **invadiu** a grande área, **caiu** uma chuva de gritos sobre ele.

Compare a escrita das palavras a seguir.

mil	invadiu	caiu

O que você percebeu quanto ao som das palavras do quadro? E quanto à escrita?

____

____

2 Agora, leia estas palavras: **saiu** e **partiu**. Além do som final igual, o que mais elas têm em comum?

____

____

3 Escreva o nome dos objetos a seguir.

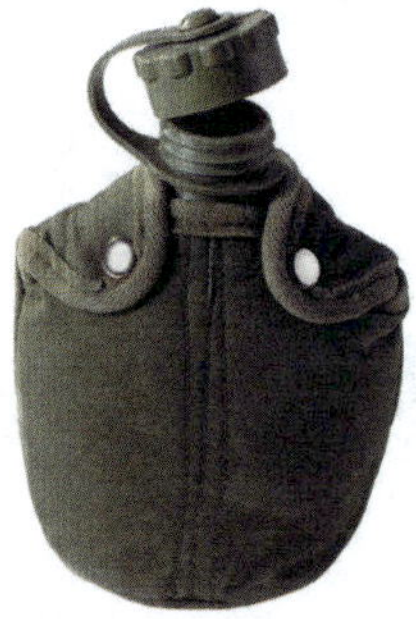

Ablestock.com/Jupiterimages/Getty Images

Photo Objects/Net Image/Getty Images

______________________ ______________________

Assim também aprendo

- Agora, leiam a história em quadrinhos completa e divirtam-se!

© Ziraldo Alves Pinto/Acervo do cartunista

Ziraldo. **As melhores tiradas do Menino Maluquinho**. São Paulo: Melhoramentos, 2005. p. 15.

O que estudamos

Autoavaliação

Faça um **X** na coluna que mostra como você se saiu nesta unidade.

Unidade 6		Avancei	Preciso estudar mais
Gênero	Leitura e interpretação de **conto de suspense**		
	Identificação dos elementos do conto: personagem, tempo, espaço, enredo e narrador		
	Identificação das partes que compõem o enredo da história: situação inicial, complicação, clímax e desfecho		
	Produção de conto de suspense		
Estudo sobre a língua	Pontuação e entonação expressiva nos textos		
	Verbo e uso do tempo passado nas histórias		
	Uso de palavras terminadas em **-il**, **-iu**, **-ol**, **-ou**		
Oralidade	Participação nas atividades orais		

Sugestões de...

Livros

Reprodução/Editora Cosac Naify

***Na noite escura*, de Bruno Munari, publicado pela editora Cosac Naify.**
Este livro transcende o texto, levando o leitor a acompanhar a história sensorialmente, por meio de diferentes tipos de papéis usados e também pelas cores e sobreposições de narrativas visuais.

Reprodução/Editora Global

***O menino que não teve medo do medo*, de Ignácio de Loyola Brandão, publicado pela editora Global.**
Esta história cheia de suspense e mistério, que mistura real e irreal, é contada do ponto de vista de um menino que não tem medo de notícias aterrorizantes.

Unidade

7 Conto popular

Nesta unidade você vai...

- ler e interpretar conto popular;
- identificar elementos do conto: personagem, tempo, espaço, enredo e narrador;
- identificar as partes do enredo de uma história;
- produzir reconto de conto popular;
- estudar diferenças entre língua falada e língua escrita;
- estudar uso de palavras de ligação (coesão);
- estudar grau das palavras;
- estudar a escrita e o som de palavras terminadas em **-eu**, **-éu**, **-el** e palavras com **ai**, **ei**, **ou**;
- participar de atividades orais.

- O que você acha que está acontecendo nesta cena?
- Há histórias já conhecidas, mas que sempre gostamos de ouvir de novo. Você se lembra de alguma? Qual?
- Dizem que "quem conta um conto aumenta um ponto". O que você acha que essa frase quer dizer?

Para iniciar

Você conhece estas histórias? Converse com os colegas e descubram: Que contos são estes?

Eram dois bichos espertos
E uma corrida resolveram apostar.
Um descansou durante a corrida,
O outro venceu andando devagar...

Ilustrações: Alberto De Stefano/Arquivo da editora

Um convite de festa chegou
Para os bichos que sabiam voar.
Pobre jabuti, não tinha asas!
Mas arrumou um jeito de lá chegar...

Ninguém queria casar com ela
Até que chegou um guloso ratão.
Mas o noivo não foi ao casamento
Porque caiu na panela de feijão...

Há histórias que permanecem na memória das pessoas. São passadas de geração em geração, geralmente de forma oral. Cada contador pode modificar alguma coisa ao contar uma história. Por isso, a mesma história pode ter diferentes versões.

O conto que você vai ler é uma dessas histórias. É sobre um animal com um casco que parece todo remendado. Que animal será esse? O que será que aconteceu para ele ficar assim? Isso nós só vamos descobrir mais tarde, pois vamos ler o conto por partes. Assim, a leitura ficará mais interessante!

Leitura: conto popular

Parte 1

O jabuti e a fruta

Uma vez apareceu na floresta uma árvore nova, que dava uma fruta que todos os bichos ficaram com vontade de comer. Mas só podia comer quem primeiro soubesse o nome da fruta. E, para ficar sabendo, era preciso perguntar a uma mulher que tomava conta e morava meio longe. Depois, embaixo da árvore, tinha que dizer bem certinho. Então a fruta amadurecia e caía.

Um por um, cada bicho ia lá na casa da mulher e perguntava. Ela respondia. Ela não podia enganar ninguém. Tinha que responder direito, o nome certo, como o deus da mata havia mandado.

[...]

Ana Maria Machado. **Histórias à brasileira**: O pavão misterioso e outras. São Paulo: Companhia das Letrinhas, 2008. v. 3. p. 45.

Será que os animais vão conseguir matar a vontade de comer a fruta? Converse com os colegas.

Parte 2

O jabuti e a fruta

[...]

Mas era um nome enorme e complicadíssimo. Quando chegava na metade do caminho, o bicho já tinha esquecido. E não podia voltar lá para perguntar de novo. Precisava guardar bem direitinho na cabeça, sem esquecer.

Para complicar ainda mais, a mulher fazia uma coisa ruim, só para atrapalhar. Misturava as ideias na cabeça do bicho que perguntava. Quer dizer, depois de falar bem certinho o nome da fruta, quando o bicho já estava indo embora, tentando guardar o nome, ela chamava:

— Ai, espera aí um pouquinho, compadre, eu acho que me enganei!

E dizia outro nome. Às vezes bem parecido, às vezes bem diferente. Mas sempre complicado. Então o bicho confundia um nome com o outro e, quando chegava embaixo da árvore, não conseguia dizer o nome certo. A fruta não caía lá de cima, e ele não podia comer.

A mulher fez isso com o macaco, com o veado, com a onça, com o tucano, com a cutia, com a anta, com o quati... Os bichos já tinham descoberto essa maldade dela e avisavam uns aos outros. Bem que o lagarto, quando foi lá perguntar o nome, tentou voltar repetindo sem parar o primeiro que ela dissera. Mas não adiantou porque ela chamou:

— Ei, amigo, eu errei! O nome não é esse, não... Eu acho que é outro.

Assim, ela queria guardar todas as frutas para ela, sem desobedecer ao deus da mata. Falava certo da primeira vez. Mas depois atrapalhava tudo. [...]

— Ih!... não é que eu me enganei? Não é esse nome, não, é outro.

E lá vinha um mais complicado ainda. Não havia quem conseguisse guardar.

Até que chegou a vez do jabuti.

[...]

Ana Maria Machado. **Histórias à brasileira:** O pavão misterioso e outras. São Paulo: Companhia das Letrinhas, 2008. v. 3. p. 45-46.

Alberto De Stefano/Arquivo da editora

Interpretação do texto

Compreensão do texto

Atividade oral e escrita

1 No conto "O jabuti e a fruta", uma fruta nova apareceu e fez os animais desejarem comê-la. Para conseguirem o que queriam, era preciso seguir alguns passos. Leia os passos abaixo e numere-os na ordem em que eles deveriam ser cumpridos.

☐ Dizer o nome certinho da fruta embaixo da árvore.

☐ Memorizar o nome correto da fruta.

☐ Perguntar o nome da fruta a uma mulher.

☐ Não voltar à casa da mulher para perguntar de novo o nome da fruta.

2 O que aconteceria quando todos esses passos fossem cumpridos?

3 Escreva duas razões pelas quais os animais não conseguiam a fruta.

____

____

____

4 Releia a frase a seguir.

> [...] a mulher fazia uma coisa ruim, só para atrapalhar.

a) Que "coisa ruim" era essa?

____

b) Por que a mulher agia assim?

____

5 Macaco, veado, onça, tucano, cutia, anta, quati, lagarto: nenhum deles conseguiu... Até que chegou a vez do jabuti.

Converse com os colegas sobre o que vocês acham que vai acontecer com o jabuti. Será que ele vai conseguir? O que será que a mulher vai fazer? E o que o jabuti vai fazer? O que vocês fariam para não esquecer o nome da fruta?

Agora vamos ver quem conseguirá acertar o que vai acontecer nesta parte da história! Leia.

Parte 3

O jabuti e a fruta

[...]

Até que chegou a vez do jabuti.

Sabendo do que tinha acontecido com os outros, ele teve uma ideia. Levou sua violinha quando foi se apresentar à mulher:

— Por favor, a senhora pode me dizer qual é o nome da fruta?

Ela respondeu:

— Mussá, mussá, mussag**ambira**, mussauê.

Rapidamente, ele inventou uma musiquinha e começou a dedilhar as cordas da viola enquanto cantava:

— Mussá, mussá, mussagambira, mussauê.

Num instantinho a mulher chamou:

— Ai, seu Jabuti, não é que lhe dei uma informação errada? O nome não é esse, não, é **puçá**, puçá, puçacambira, puçuarinha.

O jabuti não parou de cantar:

— Mussá, mussá, mussagambira, mussauê.

A mulher vinha atrás dele, falando sem parar.

— Ou será que eu me enganei? Acho que é **içá**, içá, pega na **embira**, solta a farinha...

E o jabuti, firme, dedilhando a viola:

— Mussá, mussá, mussagambira, mussauê.

A mulher não desistia:

— Ou será que é assá, assá, viu curupira, viu você?

O jabuti não parava um segundo:

— Mussá, mussá, mussagambira, mussauê.

A mulher ficou furiosa, passou a mão num pedaço de pau e deu uma pancada no jabuti. Rachou seu casco todinho, mas o teimoso não parou:

— Mussá, mussá, mussagambira, mussauê.

Continuou até que chegou perto da árvore, e a mulher teve de voltar para casa. O jabuti cantou:

— Mussá, mussá, mussagambira, mussauê.

[...]

Alberto De Stefano/ Arquivo da editora

ambira: em algumas regiões é o nome da taturana ou tatarana, que é uma lagarta.

puçá: fruto do puçazeiro; rede para pesca de siris, pitus.

içá: formiga.

embira: tipo de arbusto, cipó usado para amarrar.

Ana Maria Machado. **Histórias à brasileira**: O pavão misterioso e outras. São Paulo: Companhia das Letrinhas, 2008. v. 3. p. 46-47.

Compreensão do texto

1. O que o jabuti fez de diferente dos outros animais?

2. Escreva o nome da fruta. Fale em voz alta e veja se você também conseguiria memorizá-lo.

3. Qual nome inventado pela mulher para confundir o jabuti você achou mais engraçado? Transcreva-o.

Depois de tanto esforço, nesse clima de tensão e com o casco quebrado, será que o jabuti levou adiante seu plano?

Leia como a história terminou.

Alberto De Stefano/Arquivo da editora

Parte 4

O jabuti e a fruta

[...]

Era o nome certo. A fruta caiu. Ele continuou cantando, e foi uma chuva de frutas, todas madurando e caindo. Dava para todos os bichos provarem.

E, como as frutas tinham um **visgo** grudento que nem jaca, os outros bichos aproveitaram e usaram o visgo para colar os cacos do casco rachado do jabuti.

E ele ficou assim, remendadinho, até hoje.

visgo: o mesmo que visco; líquido pegajoso.

Ana Maria Machado. **Histórias à brasileira:** O pavão misterioso e outras. São Paulo: Companhia das Letrinhas, 2008. v. 3. p. 47.

Sobre a autora

Pedro Carrilho/Folhapress

Ana Maria Machado (1941-) é autora de livros infantojuvenis. Tem mais de cem livros publicados no Brasil, muitos deles traduzidos em vários países. Já recebeu diversos prêmios, entre eles o mais importante do mundo para a literatura infantil, em 2000, o prêmio Hans Christian Andersen.

Reprodução/Companhia das Letrinhas

Compreensão do texto

Atividade oral e escrita

1. Por que a ideia do jabuti deu certo? Converse com os colegas.

2. Alguns contos populares trazem histórias que, no passado, tentaram explicar fatos ou fenômenos que as pessoas não compreendiam.

   Que fato ou fenômeno o conto "O jabuti e a fruta" tentou explicar?

Linguagem e construção do texto

1. No conto "O jabuti e a fruta", em dado momento a mulher diz:

> — Ai, seu Jabuti, não é que lhe dei uma informação errada? O nome não é esse, não [...]

   a) A mulher usa expressões muito comuns na língua falada. Copie duas delas.

   b) Como ficaria se o narrador contasse o que a mulher disse em vez de escrever como se ela estivesse falando? Reescreva.

2. Releia o trecho a seguir e, no caderno, reescreva-o transformando a fala do personagem em fala do narrador.

> [...] quando o bicho já estava indo embora, tentando guardar o nome, ela chamava:
>
> — Ai, espera aí um pouquinho, compadre, eu acho que me enganei!

3 O nome da fruta e as variações que a mulher inventa para enganar os animais são repetitivos e difíceis. Qual é a importância dessa complicação na história? Que efeito ela produz?

4 Para relembrar. O conto é uma narrativa em que há:

personagens – tempo – espaço – narrador – ação/enredo

Agora, converse com os colegas sobre as questões a seguir e anote as respostas no caderno.

a) Em um conto, costuma haver personagens mais importantes, em torno dos quais acontecem as ações. São os personagens principais. Quais são os personagens principais desse conto?

b) No conto, também aparecem outros personagens que participam da história, mas não são tão importantes. São os personagens secundários. Quais são os personagens secundários desse conto?

c) Transcreva a expressão que indica que os fatos ocorrem no passado, mas em um **tempo indeterminado**, **não conhecido**.

d) Qual é o **espaço**, isto é, o **lugar** onde ocorre a ação do conto?

e) Releia este trecho.

> Sabendo do que tinha acontecido com os outros, ele teve uma ideia. Levou sua violinha quando foi se apresentar à mulher:
>
> — Por favor, a senhora pode me dizer qual é o nome da fruta?
>
> Ela respondeu:
>
> — Mussá, mussá, mussagambira, mussauê.

No conto há:

- o **narrador**, que conta a história;
- os **personagens**, que participam da história.

Que trechos referem-se ao narrador e que trechos referem-se a diferentes personagens? Responda no caderno de acordo com a cor.

5 Na unidade 6 vocês estudaram partes do enredo do conto de suspense. Vamos agora localizar essas partes no conto "O jabuti e a fruta". No gráfico, já estão as frases que indicam onde começam a **situação inicial** e o **desfecho**.

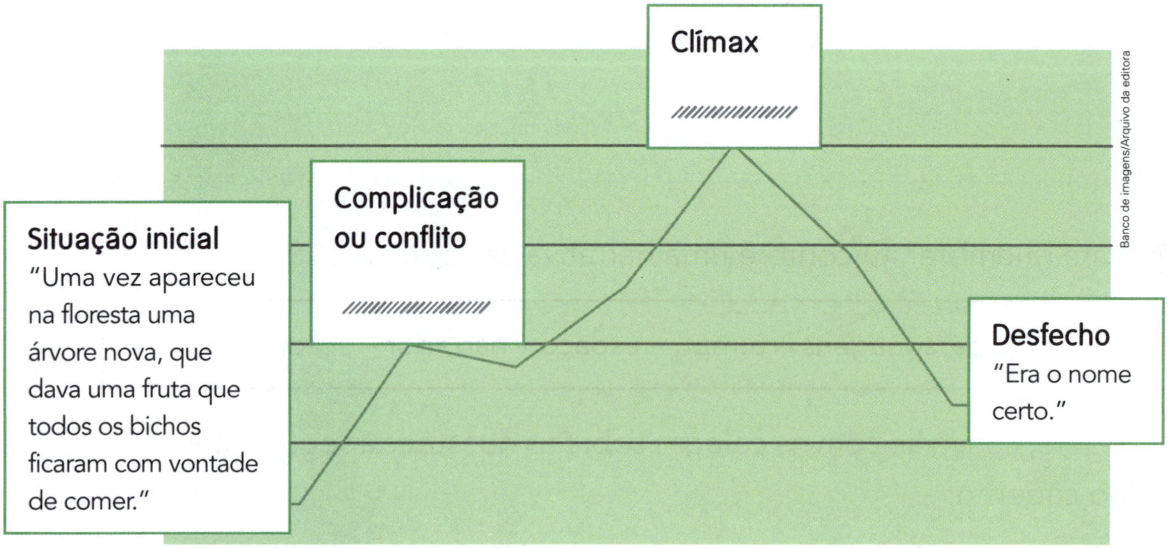

Localizem no texto e copiem as frases que podem marcar:

a) o início da complicação ou conflito;

____

b) o início do clímax.

____

6 Como você viu, é possível dividir o enredo desse conto em partes. Cada uma das partes pode ser identificada com um nome que resume a ideia principal contida nela. Relacione cada nome à parte correspondente.

a) Situação inicial.

b) Complicação/conflito.

c) Clímax.

d) Desfecho.

[ ] A esperteza do jabuti.

[ ] A árvore nova.

[ ] Uma chuva de frutas.

[ ] A maldade da mulher.

7 Agora vocês podem ser contadores. Observem a ordem dos acontecimentos da história na atividade anterior. Preparem-se para recontar a história seguindo essa ordem. Escolham uma pessoa para ouvir. Contem com bastante expressividade.

Palavras de ligação entre as partes do texto

Na língua falada, ao contarmos histórias ou fatos, é muito comum empregarmos palavras como **aí**, **daí**, **depois**, **né**, para ligar as ideias.

Mas, quando muito repetidas, essas palavras acabam chamando muito a atenção tanto na fala quanto na escrita e podem cansar os ouvintes/leitores.

Existem maneiras de evitar essas repetições. No conto "O jabuti e a fruta" há palavras e expressões empregadas para fazer a ligação entre as partes do texto.

1. Quais são as palavras ou expressões usadas no texto que fizeram a ligação entre as partes do enredo?

____

2. Procurem palavras ou expressões que possam substituir as que vocês localizaram, sem alterar o sentido do texto.

____

____

Hora de organizar o que estudamos

Com a professora, completem o esquema sobre o conto popular.

Conto popular

↓

Narrativa ou história imaginada, em geral transmitida oralmente de geração em geração, por isso não tem um autor definido

Intenção/ finalidade	Linguagem e construção do texto	Leitor
• Algumas histórias foram criadas para explicar fatos ou fenômenos desconhecidos, principalmente entre povos mais antigos • Entreter • Estimular a imaginação	• Elementos da narrativa: personagens, tempo (geralmente indeterminado), espaço, narrador, enredo • Enredo: organização das partes da história, geralmente construído com situação inicial, conflito, clímax e desfecho • Escolha de palavras e expressões que provoquem encantamento e agucem a curiosidade • Linguagem mais informal e com expressões regionais • Desfecho surpreendente ou com uma explicação sobre algo que as pessoas desconheciam	____________ ____________ ____________ ____________ ____________

Prática de oralidade

Conversa em jogo

Uso de conhecimentos apenas em benefício próprio!

No conto lido, a mulher conhecia o nome da fruta, mas usava esse conhecimento apenas em benefício próprio: queria guardar todas as frutas para si.

Você já presenciou algum fato semelhante: alguém usando o conhecimento que tem apenas para si mesmo, sem considerar a necessidade dos outros? Pense e converse com seus colegas sobre isso.

Reconto de história

Histórias para deixar ouvintes curiosos!

É comum alguém nos contar uma história resumidamente e ficarmos com vontade de conhecê-la em detalhes.

Vocês vão contar oralmente uma história para despertar a curiosidade dos ouvintes. Vocês deverão contá-la de forma resumida, para despertar nos ouvintes o interesse de ler a história completa, com detalhes.

Pesquisa de história

Cada dupla pesquisará ou escolherá uma história popular ou de suspense.

Preparação do rascunho e da fala

1. Leiam juntos a história com bastante atenção.
2. Identifiquem as partes principais da história:
   - situação inicial;
   - complicação/conflito;
   - clímax;
   - desfecho.

   Isso será útil na hora de contar a história.
3. Se ajudar, deem um nome para cada parte da história, conforme já vimos.

4. Preparem o resumo das partes da história por escrito.
   - Evitem dar detalhes: os resumos precisam ser breves.
   - Em resumos não se reproduzem os diálogos; há apenas a fala do narrador.
5. Preparem-se para falar sem ler.

Apresentação

1. Para apresentar, não se esqueçam:
   - digam o título da história e o nome do autor, se houver, ou informem onde encontraram a história;
   - se tiverem o livro, mostrem a capa, como está organizado, se há ilustrações, capítulos, entre outros;
   - evitem **repetir** algumas palavras comuns na língua falada, como **aí**, **daí**, **depois**, **né**. Quando muito repetidas, essas palavras tornam a fala cansativa para os ouvintes. Elas podem ser substituídas por outras equivalentes, ou, às vezes, apenas evitadas;
   - contem apenas o que é mais importante, deixando os detalhes para quem quiser ler;
   - se estiverem com o livro, leiam um trecho bem interessante da história, com bastante expressividade, para aguçar mais a curiosidade dos ouvintes;
   - falem com voz clara e olhando para os colegas da classe;
   - digam as razões que levaram vocês a escolher essa história para contar para a classe;
   - digam se essa história lembra alguma outra já lida ou ouvida.
2. Finalizada a apresentação, se vocês forem ouvintes e não tiverem entendido algo, peçam esclarecimentos a quem estiver falando. Não se esqueçam de, antes, levantar a mão para pedir a vez de falar.
3. Se for possível, organizem os livros ou os textos que utilizaram em um canto da sala para quem quiser ler as histórias com mais detalhes.

oriol san julian/Shutterstock

Tecendo saberes

Leia o texto a seguir para saber mais sobre o jabuti e outros dois animais muito parecidos com ele. Depois, converse com os colegas: Vocês já conheciam essas diferenças?

Qual é a diferença entre tartaruga, jabuti e cágado?

As imagens não estão representadas em proporção.

Tartaruga

[...]. As tartarugas podem ser tanto marinhas como de água doce. Elas têm o casco mais alto que o dos cágados. Outra diferença importante é que as tartarugas não dobram o pescoço para o lado ao recolhê-lo para dentro do casco, como fazem os cágados.

Fabio Colombini/Acervo do fotógrafo

Tartaruga.

Jabuti

Água não é com ele. O jabuti é o único entre esses três tipos de **quelônio** que vive exclusivamente na terra. Ele também pode ser facilmente identificado pelo casco alto e pelas patas traseiras em formato cilíndrico, que lembram as de um elefante.

Images & Stories/Alamy/Fotoarena

Jabuti.

Cágado

Distingue-se do jabuti por ser um quelônio de água doce e não terrestre. Já as diferenças em relação às tartarugas são sutis. Os cágados possuem casco mais achatado e têm o pescoço mais longo.

Revista **Mundo Estranho**. Disponível em: <https://mundoestranho.abril.com.br/mundo-animal/qual-e-a-diferenca-entre-tartaruga-jabuti-e-cagado/>. Acesso em: 18 nov. 2019.

Mario Friedlander/Pulsar Imagens

Cágado.

quelônio: réptil que tem o corpo dentro de uma caixa óssea.

Língua: usos e reflexão

Variedades linguísticas: língua falada e língua escrita

Atividade oral e escrita

Falar e escrever é a mesma coisa? Vamos refletir um pouco sobre isso.

1 Leiam o trecho a seguir, que foi **transcrito** e adaptado da gravação de uma conversa. Nesse trecho há dois interlocutores, isto é, duas pessoas conversando.

transcrito: algo oral que foi registrado por escrito.

(1) — Quais são as coisas que você poria dentro da mala, pra viajar?

(2) — Bom, eu usaria o essencial, né? Não sou assim, eh... de me preocupar muito com o vestuário. Então eu colocaria o essencial pra, dependendo do lugar pra que eu fosse, né?

(1) — Manaus, um mês.

(2) — Um mês em Manaus? Olha que eu já estive lá, hein! Eu acho que eu levaria umas roupas bem leves, né, e roupa de banho. O calor lá é intenso né, mas eu não... O fato é o seguinte... eu não me preocuparia muito com essas roupas, entende? Uma viagem pra Manaus... eu ia ficar muito mais entusiasmado com as aventuras, com as coisas que eu ia conhecer por lá, do que com a roupa que eu teria que levar pra lá, né?

(1) — Mas você disse que já esteve lá?

(2) — Já... já estive.

Trecho adaptado para fins didáticos do Projeto Norma Urbana Culta (Nurc). Disponível em: <www.letras.ufrj.br/nurc-rj/corpora/did/did_96.htm>. Acesso em: 18 nov. 2019.

Conversem com a professora e os colegas: O que há nesse trecho da fala que não costuma aparecer na escrita?

Ernesto Reghran/Pulsar Imagens

Teatro Amazonas, um dos principais pontos turísticos da arquitetura local, que está localizado no largo de São Sebastião, no centro histórico de Manaus (AM), 2015.

2 Vamos fazer um registro coletivo das conclusões.

a) O que houve na fala que não pôde ser indicado com precisão na escrita?

____

____

____

b) Que palavras empregadas na fala, presentes no trecho lido, são menos comuns na escrita?

____

____

c) Para que foram empregadas as reticências no texto escrito?

____

____

3 Ensaiem o texto dessa conversa para apresentar à classe.

- Se conseguirem, decorem o texto e apresentem sem consultá-lo.
- Cada dupla poderá acrescentar elementos que julgar importantes para que a apresentação fique bem espontânea e expressiva: marcar mais as pausas, fazer mais repetições, acrescentar palavras.
- No texto escrito não há menção a expressões do rosto de cada falante nem a gestos que normalmente acompanham a fala. Isso é com vocês!

4 Agora é mais fácil responder à pergunta do início: Falar e escrever é a mesma coisa?

Uso de palavras de ligação (coesão)

1 Vimos no conto "O jabuti e a fruta" palavras que ligam as partes da história. Releia abaixo o primeiro parágrafo e veja como as palavras destacadas organizam e ligam as ideias nesse trecho.

> **Uma vez** apareceu na floresta uma árvore nova, que dava uma fruta que todos os bichos ficaram com vontade de comer. **Mas** só podia comer quem primeiro soubesse o nome da fruta. **E**, para ficar sabendo, era preciso perguntar a uma mulher que tomava conta e morava meio longe. [...]

Complete os itens abaixo com as palavras ou expressões do trecho lido que correspondem aos termos destacados.

a) Dá ideia de **tempo**: ____________________

b) **Acrescenta** uma ideia: ____________________

c) **Contraria** uma ideia anterior: ____________________

2 Releia outro parágrafo do mesmo conto.

> **Mas** o nome era enorme e complicadíssimo. **Quando** chegava na metade do caminho, o bicho já havia esquecido. **E** não podia voltar lá para perguntar de novo. Precisava guardar bem direitinho na cabeça, sem esquecer.

Complete os itens com as palavras do trecho acima que correspondem aos termos destacados.

a) Ideia de **tempo**: ____________________

b) Ideia que **contraria** uma ideia anterior: ____________________

c) Ideia de **acréscimo**, de **adição**: ____________________

3 O trecho a seguir é uma curiosidade sobre um inseto chamado louva-a-deus.

> O louva-a-deus ganhou esse nome **porque** costuma ficar parado com as patas unidas, **como se** estivesse rezando. Ele se coloca nessa posição para caçar.
>
> Fernanda Santos (Org.). **Curiosidades Recreio**. São Paulo: Abril, 2012.

Ricardo de Paula Ferreira/Shutterstock

Louva-a-deus.

Nesse trecho foram destacadas palavras de ligação no meio das frases. Leia as palavras e escreva a ideia que cada uma expressa.

a) Porque: ____________________ b) Como se: ____________________

Empregamos **palavras de ligação** em um texto para organizar as ideias.

Agora você

1 Leia o começo da história "O bicho folhagem". Foram destacadas palavras e expressões de ligação no início e no meio das frases.

Dizem que todos os bichos da mata tinham muito medo da onça, porque ela era muito forte. **Mas** alguns, como o macaco, o jabuti e o coelho, eram muito espertos. [...] Ela ficava com muita raiva deles.

Uma vez, a onça jurou que ia pegar o coelho, **porque** não aguentava mais ser enganada por ele **e ainda** ter que aturar tudo quanto era bicho rindo. **Então**, ela deitou no meio da estrada e fingiu de morta. [...]

De todo lado, os bichos chegavam e vinham ver. [...]

Ana Maria Machado. **Histórias à brasileira**: a Moura Torta e outras. São Paulo: Companhia das Letrinhas, 2002. v. 1. p. 67-70.

a) Qual pode ser o plano da onça? Você acha que ela vai conseguir pegar o coelho?

____

____

b) A seguir você lerá palavras e expressões que podem substituir os termos destacados no texto sem alterar o sentido.

Copie esses termos ao lado da palavra ou expressão correspondente.

- **assim:** ______________________________
- **pois:** ______________________________
- **porém:** ______________________________
- **de muitos lugares:** ______________________________
- **além de:** ______________________________
- **certo dia:** ______________________________

c) Escreva na frente de cada termo identificado na atividade anterior a ideia ou o sentido que ele expressa: tempo, causa, oposição, conclusão, lugar ou acréscimo de ideia.

2 Na história em quadrinhos a seguir há espaços cobertos com letras. Leia a história e complete os espaços considerando os termos dos quadros.

no fim	era uma vez	então	mas	e

Laerte. Lola, a andorinha. **Folha de S.Paulo**, 2 abr. 2011. Folhinha. p. 8.

a) ______________________

b) ______________________

c) ______________________

d) ______________________

e) ______________________

Hora de organizar o que estudamos

Leiam o esquema a seguir e completem o quadro.

Palavras ou expressões de ligação

↓

Ajudam a organizar as ideias do texto falado ou escrito

↓ ↓

Expressam:	Exemplos:
• Tempo, espaço, comparação, ideia contrária, acréscimo de ideia, lugar, conclusão, etc.	______________________ ______________________

Grau das palavras e expressividade

Atividade oral e escrita

1 Releia o trecho a seguir, de "O jabuti e a fruta", e, depois, leia as palavras dos quadros.

> [...] Levou sua **violinha** quando foi se apresentar à mulher.

viola	→ violinha
menina	→ menininha
braço	→ bracinho

Purino/Shutterstock

Assinale a alternativa correta. As palavras da segunda coluna indicam:

☐ tamanho considerado comum.

☐ tamanho maior que o comum.

☐ tamanho menor que o comum.

Quando o substantivo é usado para expressar tamanho menor do que o tamanho considerado comum, dizemos que o grau desse substantivo é o **diminutivo**.

2 Observe as fotos e leia as legendas.

As imagens não estão representadas em proporção.

Johner/Getty Images

Sapo menor que o comum.

Robbie George/National Geographic Creative/Getty Images

Sapo comum.

Frogwatch (North)/Getty Images

Sapo maior que o comum.

Qual desses sapos você classificaria como um **sapão**?

____

3 Respondam: Quando dizemos que o grau de um substantivo é o **aumentativo**?

4 Nem sempre aumentativo e diminutivo indicam apenas tamanho. Leia estas palavras empregadas no conto "O jabuti e a fruta".

certinho	instantinho	direitinho	pouquinho

Qual é a provável razão de terem sido empregadas no diminutivo?

____

____

5 Copie das falas a seguir as palavras que estão sendo usadas no grau diminutivo.

Mauricio de Sousa. **As tiras clássicas da turma da Mônica**. Barueri: Panini Comics, 2011.

____

____

Assinale as alternativas que indicam a intenção das palavras que você encontrou.

☐ Apenas o tamanho. ☐ Carinho. ☐ Afetividade.

6 Leia a tirinha e circule o substantivo que está sendo usado no grau aumentativo.

Jim Davis. Garfield. **Folha de S.Paulo**, 1º abr. 2015. Ilustrada, E5.

A palavra que você encontrou indica tamanho? Converse com os colegas.

7 Leia as placas abaixo.

Amigo, lave as mãos aqui.

Vende-se esta casa.

a) Reescreva as placas substituindo os substantivos destacados por substantivos no grau aumentativo. Faça as mudanças necessárias.

____

____

b) Que efeito produz a mudança dessas palavras para o grau aumentativo?

____

____

____

Aumentativo e **diminutivo** podem indicar, além do tamanho, diferentes intenções: carinho, afetividade, destaque, importância, ironia.

8 As palavras dos quadros abaixo são substantivos.

linha	farinha	rainha	cozinha

Esses substantivos estão no grau diminutivo? Por quê? ______________________

____

9 Leia mais alguns substantivos.

cartão	violão	irmão	azeitona

Essas palavras terminadas em -ão/-ona **não** estão no aumentativo. Escreva uma palavra terminada em -ão que também **não esteja** no grau aumentativo.

____

Agora você

1 Leia os quadrinhos e circule os substantivos usados no grau diminutivo.

Mauricio de Sousa. **Mônica**. Barueri: Panini Comics, jun. 2013.

2 O que cada uma das palavras circuladas na atividade 1 indica?

____

____

Hora de organizar o que estudamos

Leiam com atenção e completem o esquema a seguir.

Grau das palavras

Podem expressar aumento ou diminuição de tamanho

Grau aumentativo
- Indica tamanho ______________ que o comum
- Pode indicar destaque para uma ideia ou palavra, importância, ironia

Grau diminutivo
- Indica tamanho ______________ que o comum
- Pode indicar afetividade, carinho, ironia

Produção de texto

Reconto de conto popular

Você lerá com a professora um conto sobre um sapo e um coelho. O que esses dois bichos podem ter aprontado?

O sapo e o coelho

Alberto De Stefano/Arquivo da editora

O coelho vivia zombando do sapo. Achava-o preguiçoso e lerdo, incapaz de qualquer agilidade. O sapo ficou zangado:

— Quer apostar **carreira** comigo?

— Com você? — assombrou-se o coelho.

— Justamente! Vamos correr amanhã, você na estrada e eu pelo mato, até a beira do rio...

O coelho riu muito e aceitou o desafio. O sapo reuniu todos os seus parentes e distribuiu-os na margem do caminho, com ordem de responder aos gritos do coelho.

Na manhã seguinte os dois enfileiraram-se e o coelho disparou como um raio, perdendo de vista o sapo que saíra aos pulos. O coelho correu, correu, correu, parou e perguntou:

— Camarada sapo?

Outro sapo respondia de dentro do mato:

— Oi?

carreira: corrida.

debalde: em vão, inutilmente.

O coelho recomeçou a correr. Quando julgou que seu adversário estivesse bem longe, gritou:

— Camarada sapo?

— Oi? — coaxava um sapo.

Debalde, o coelho corria e perguntava, sempre ouvindo o sinal dos sapos escondidos. Chegou à margem do rio exausto, mas já encontrou o sapo, sossegado e sereno, esperando-o. O coelho declarou-se vencido.

Henrique Torres de Almeida Souza. O sapo e o coelho. In: Luís da Câmara Cascudo. **Contos tradicionais do Brasil**. 12. ed. São Paulo: Global, 2003. p. 203.

Agora, você vai recontar essa história por escrito e expor seu texto com o dos colegas. Você conhecerá formas diferentes de recontar a mesma história.

Exploração do conto "O sapo e o coelho"

1. **Quem** são os personagens principais? ______

2. **Quando** os fatos acontecem? Há um tempo definido?

______

3. **Onde** acontecem os fatos?

______

4. **Narrador**. Quem narra os fatos: os próprios personagens ou um narrador?

______

5. **Enredo**. Abaixo há títulos para as partes do enredo.
   - A vitória do sapo
   - O desafio feito pelo sapo
   - A zombaria do coelho
   - A estratégia para enganar o coelho

   Complete o esquema a seguir, colocando o título das partes do enredo para planejar sua escrita.

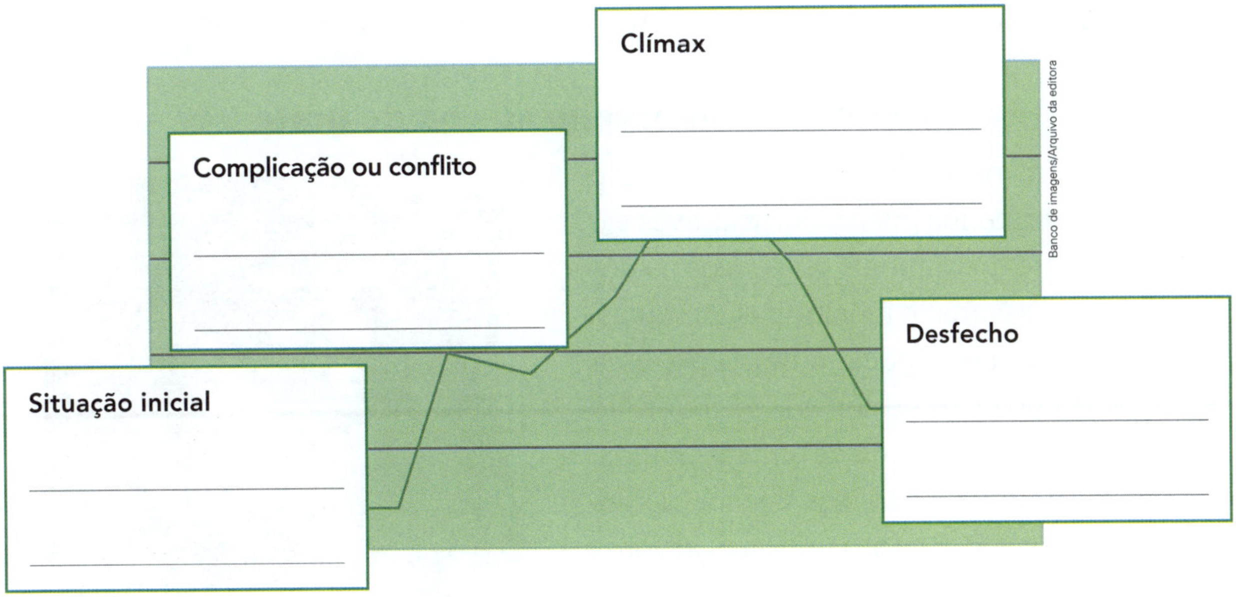

Planejamento

1. Atente para os elementos do enredo que não podem ser deixados de lado.
2. Observe o esquema preenchido para planejar a ordem que dará a seu texto.
3. Não se esqueça de que você será apenas narrador, isto é, não participará da história como personagem.
4. Marque as falas com travessões ou aspas se houver diálogos na história.

Revisão

1. Releia seu texto atentando para a escrita das palavras, a pontuação, a organização dos parágrafos e dos diálogos, se houver.
2. Verifique também se dados importantes para a compreensão do leitor (personagem, tempo, espaço, partes do enredo) não foram deixados de lado. Imagine que seu leitor não conhece o texto e precisa que tudo fique claro.
3. Depois, reescreva o que for necessário e passe seu texto a limpo.

Aguarde as orientações da professora para expor seu texto com o dos colegas. Assim, todos poderão comparar as semelhanças e as diferenças entre eles.

Aí vem... conto popular

Vimos que vários povos criaram histórias para explicar coisas que desconheciam.

Agora, você e os colegas vão ler um conto de origem africana sobre o porquê de os morcegos só voarem à noite. Imaginem uma razão bem criativa para isso. Depois, comparem suas ideias com o que é apresentado no conto.

Por que o morcego só voa de noite

Há muito e muito tempo houve uma tremenda guerra entre as aves e o restante dos animais que povoa as florestas, savanas e montanhas africanas.

Alberto De Stefano/Arquivo da editora

Naquela época, o morcego, esse estranho bicho de corpo semelhante ao do rato, mas provido de poderosas asas, levava uma vida mansa voando de dia entre as enormes e **frondosas** árvores à cata de insetos e frutas.

Uma tarde, pendurado de cabeça para baixo num galho, ele tirava a soneca costumeira, quando foi despertado bruscamente pelos **trinados** aflitos de um passarinho:

— Atenção, todas as aves! Foi declarada guerra aos quadrúpedes. Todos aqueles que têm asas e

frondosas: com muitas folhas e frutos.
trinados: sons feitos pelos pássaros.

sabem voar devem se unir na luta contra os bichos que andam pelo chão.

O morcego ainda estava se refazendo do susto, quando uma hiena passou correndo e uivando aos quatro ventos:

— Atenção, atenção! Foi declarada guerra às aves! Todos os bichos de quatro patas devem se apresentar ao exército dos animais terrestres.

aparvalhado: atrapalhado.

paquiderme: animal de pele espessa; pessoa grosseira, ignorante.

— E agora? — perguntou a si mesmo o **aparvalhado** morcego. — Eu não sou nem uma coisa nem outra.

Indeciso, não sabendo a quem apoiar, resolveu aguardar o resultado da luta:

— Eu é que não sou bobo. Vou me apresentar ao lado que estiver vencendo — decidiu.

Dias depois, escondido entre as folhagens, viu um bando de animais fugindo em carreira desabalada, perseguidos por uma multidão de aves que distribuía bicadas a torto e a direito. Os donos de asas estavam vencendo a batalha e, por isso, ele voou para se juntar às tropas aladas.

Uma águia gigantesca, ao ver aquele rato com asas, perguntou:

— O que você está fazendo aqui?

— Não está vendo que sou um dos seus? Veja! — disse o morcego abrindo as asas. — Vim o mais rápido que pude para me alistar — mentiu.

— Oh, queira desculpar — falou a desconfiada águia. — Seja bem-vindo à nossa vitoriosa esquadrilha.

Na manhã seguinte, os animais terrestres, reforçados por uma manada de elefantes, reiniciaram a luta e derrotaram as aves, espalhando penas pra tudo quanto era lado.

O morcego, na mesma hora, fechou as asas e foi correndo se reunir ao exército vencedor.

— Quem é você? — rosnou um leão.

— Um bicho de quatro patas como Vossa Majestade — respondeu o farsante, exibindo os dentinhos afiados.

— E essas asas? — interrogou um dos elefantes. — Deve ser um espião. Fora daqui! — berrou o **paquiderme** erguendo a poderosa tromba num gesto ameaçador.

O morcego, rejeitado pelos dois lados, não teve outra solução: passou a viver isolado de todo mundo, escondido durante o dia em cavernas e lugares escuros.

É por isso que até hoje ele só voa de noite.

Rogério Andrade Barbosa. **Histórias africanas para contar e recontar**. São Paulo: Editora do Brasil, 2001. p. 9-12.

Palavras em jogo

Escrever de um jeito e falar de outro

Final de palavras: -eu, -éu, -el

1 Leia os versos. Observe as palavras destacadas.

Era uma vez...
Um filhote de **cascavel**,
Se distraiu, **comeu** um **chapéu**.
[...]

Eva Furnari. **Assim assado**. São Paulo: Moderna, 2011. p. 12-13.

Alberto De Stefano/Arquivo da editora

Leia em voz alta as seguintes palavras destacadas nos versos.

cascavel	comeu	chapéu

a) O que você nota quanto ao som da última sílaba das palavras **chapéu** e **comeu**?

____

____

____

b) E quanto à escrita dessas sílabas?

____

____

c) Compare, agora, as palavras **cascavel** e **chapéu**.

- O que você observa quanto ao **som** final das duas palavras?

____

- O que você percebe quanto à **escrita** final das duas palavras?

____

____

2 Decifre a carta enigmática a seguir. Reescreva-a no caderno substituindo os desenhos pelo nome das figuras e os verbos destacados pela forma no passado.

Banco de imagens/Arquivo da editora

O  **brilhar** muito no último domingo. Pedro **acordar** cedo e **resolver** pescar. **Pegar** seu 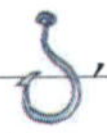, **embrulhar** em  e **guardar** na mochila junto com o  de linha de pesca. Quando **entardecer**, Pedro **voltar** para casa com tanto peixe que **precisar** até colocar no .

Ilustrações: Weberson Santiago/Arquivo da editora e Paulo Borges/Arquivo da editora

a) Releia as palavras escritas, observando o final de cada uma delas.

b) Das palavras escritas, copie:

- duas que têm **escrita semelhante** para o **mesmo som final**;

____

____

- duas que têm **escrita semelhante**, mas o **som final diferente**.

____

____

3 Complete o quadro abaixo com outras palavras que terminem com as mesmas letras e com o mesmo som das palavras de cada coluna. Em caso de dúvida sobre a escrita da palavra, consulte um dicionário.

cascav**el**	chap**éu**	com**eu**

4 Releia o quadro da atividade 3 e responda.

a) O que você observou quanto ao som final das palavras nas três colunas?

____

____

b) E o que notou quanto à escrita?

____

____

5 Observe que, no quadro da atividade 3, todas as palavras da terceira coluna são formas verbais.

Em que tempo e pessoa as formas verbais da 3ª coluna estão escritas?

____

6 Leia as palavras a seguir e escreva-as nas colunas adequadas, separando as formas verbais das não verbais.

correu	varreu	desceu	museu	pneu	Romeu

São formas verbais	Não são formas verbais

Quando não temos certeza se uma palavra terminada em **-eu** é ou não forma verbal da 3ª pessoa do passado de um verbo, podemos fazer um "teste": colocar o pronome **ele** ou **ela** antes da palavra.

7 Releia as **formas verbais** do quadro da atividade 6 e faça o teste oralmente.

8 Que outro recurso poderá nos ajudar se tivermos dúvida sobre o uso de **-eu**, **-el** ou **-éu** no final das palavras?

____

Palavras com ai, ei, ou

Nesta unidade, você se divertiu com a leitura de dois contos populares.

Mas não são apenas os contos que fazem parte da sabedoria popular. Todo mundo conhece uma piada, um trava-língua, uma quadrinha ou uma adivinha que aprendeu brincando, lendo ou ouvindo outra pessoa contar.

1 Complete os versos a seguir com as palavras que faltam.

Balança ______
Balança você
Dá um tapa nas costas
E vai se esconder.

Caranguejo não é ______
Caranguejo ______ é
Caranguejo só é ______
Na vazante da maré.

Hoje é domingo
Pede cachimbo
Cachimbo é de ______
Bate no ______.

Versos de cantigas populares.

Agora, recite os versos em voz alta prestando atenção na pronúncia das palavras que você usou para completar as lacunas.

Alberto De Stefano/Arquivo da editora

2 Escreva o que você descobriu.

____

____

____

____

3 Amplie as listas com o que é pedido: palavras em que ocorre o encontro **-ei**.

a) Profissões: padeiro, ______

b) Alimentos: peixe, ______

c) Outros nomes: feira, ______

d) Leiam em voz alta as palavras, prestando atenção em como vocês as pronunciam.

e) Converse com os colegas sobre o que observou e registre no caderno.

4 Quem fala mais rápido sem travar a língua?

Graxa da caixa
do engraxate engraçado
engraxa, engraxa
mas não desencaixa

Trava-língua.

a) Conversem sobre a mudança que vocês notam entre a escrita e a fala das palavras **caixa** e **desencaixa**.

b) Depois, escrevam duas palavras em que vocês percebem a mesma mudança de som. ______________________________

____

Assim também aprendo

- Na cultura popular, um jeito gostoso de brincar é descobrir respostas para adivinhações. E estas adivinhas são desafios para vocês se divertirem!

Na minha casa há doze damas,
cada dama tem quatro quartos,
todas elas têm meias
e nenhuma usa sapatos.

____

____

O que é o que é,
tem barba, mas não é homem;
tem dente mas não é gente?

____

O que é que tem seis faces pintadas e não tem nariz?

____

Ao todo são três irmãos:
o mais velho já se foi,
o do meio está conosco
e o caçula não nasceu.

____

____

Alberto De Stefano/ Arquivo da editora

António Mota. **O livro das adivinhas**. São Paulo: Leya, 2012. p. 5, 8, 15 e 28.

O que estudamos

Autoavaliação

Faça um **X** na coluna que mostra como você se saiu nesta unidade.

Unidade 7		Avancei	Preciso estudar mais
Gênero	Leitura e interpretação de **conto popular**		
	Identificação dos elementos do conto: personagem, tempo, espaço, enredo e narrador		
	Identificação das partes do enredo: situação inicial, complicação, clímax e desfecho		
	Produção de texto: reconto de conto popular		
Estudo sobre a língua	Variedades linguísticas: língua falada e língua escrita		
	Palavras de ligação (coesão)		
	Grau das palavras: aumentativo e diminutivo		
	Uso de **-eu**, **-éu**, **-el** em final de palavra e palavras com **ai**, **ei**, **ou**		
Oralidade	Participação nas atividades orais		

Sugestões de...

Livros

***Contos populares japoneses,* de Adriana Lisboa, publicado pela editora Rocco.**
Coletânea de contos orientais que sobreviveram ao tempo e que falam sobre sonhos, angústias, alegrias e medos.

***O bicho folharal,* contado por Angela-Lago, publicado pela editora Rocco.**
Contada e ilustrada por Angela-Lago, a história da onça invocada que não deixa o macaco beber água em sua fonte leva o leitor a um passeio pelo universo desses animais.

Unidade

8 Mapa e roteiro de passeio

Nesta unidade você vai...

- ler e interpretar mapa e roteiro de passeio;
- estudar estratégias de localização em mapas e roteiros;
- produzir roteiro de passeio pela escola;
- estudar o uso dos verbos no modo imperativo: afirmativo e negativo;
- empregar **S** ou **Z** na escrita de palavras;
- participar de atividades orais.

Everton Caetano/Arquivo da editora

- A professora e os alunos da cena estão animados porque vão passear e conhecer um local novo. Que local você acha que é esse?
- Quando vamos conhecer um local novo, um mapa pode nos ajudar bastante. Você já usou um mapa para se localizar? Onde você estava?
- E um roteiro de passeio, você sabe para que serve? Já consultou um?

Para iniciar

Leia os quadrinhos e veja como Suriá e seus amigos se saíram ao consultar um mapa.

Laerte. **Suriá, a garota do circo**. São Paulo: Devir Livraria/Jacarandá, 2000.

Mapas misteriosos, com um **X** marcando onde será encontrado um valioso tesouro, fazem parte de muitas histórias, não é? Mas decifrar esses mapas é que é o desafio! Para a direita? Para a esquerda? Para o norte ou para o sul? O que fazer?

- Deixando as histórias de tesouros de lado, que tal decifrar um mapa para encontrar o endereço de uma grande festa?

  Para isso, na página a seguir há um mapa e as pistas necessárias para você localizar o local dessa festa.

Susannah Leigh. **A cidade divertida**.
São Paulo: Scipione, 1995. p. 24-25. (Adaptado.)

a) Siga as pistas.

A casa onde a festa vai acontecer:

- fica perto de três árvores altas;
- é vermelha e rodeada por um rio;
- localiza-se perto de uma ponte;
- fica em uma rua que começa com **S**.

b) Conseguiu localizar? Escreva o nome da rua onde será realizada a festa.

____

E agora, que tal um passeio ao zoológico?

Você vai ler informações interessantes sobre o maior zoológico da América Latina e tentar localizar seus animais prediletos. Siga em frente!

Que tal fazer um passeio divertido? Para onde será esse passeio? Leia o mapa para descobrir. Siga em frente!

Leitura 1: mapa

Interpretação do texto

Compreensão do texto

Atividade oral e escrita

Fôlder com mapa do Zoológico de São Paulo. (Adaptado.)

1. Qual é o local do passeio? Onde fica?

   ____

2. Observe o mapa e responda no caderno.

   a) O que mais chamou sua atenção nesse mapa? Por quê?

   b) Qual é a cor predominante no mapa? Qual poderia ser o motivo?

   c) Por que há espaços grandes na cor azul?

3. **Al.** é a abreviatura da palavra **Alameda**, que se refere a ruas rodeadas por árvores. No mapa, encontre a entrada do zoológico e escreva o nome da alameda da entrada.

   ____

4. Observe o símbolo ✚ da enfermaria e escreva o nome da alameda onde fica esse local.

   ____

5. Observe os animais ilustrados no mapa. Qual deles você mais gostaria de ver de perto, se fosse visitar esse zoológico? Por quê? Qual alameda fica mais próxima do animal que você escolheu?

   ____

   ____

   ____

Leitura 2: roteiro de passeio

Leia agora sugestões de roteiro escrito para passeios no zoológico.

Zoológico de São Paulo

[...]

O zoo paulistano foi fundado em 1958, mas segue princípios modernos, tentando reproduzir ao máximo o *habitat* dos animais e facilitando a visualização deles pelas pessoas. Entre os destaques do parque há o formigueiro gigante de saúvas, que existe desde 1990 (com sessões de visitação de hora em hora); o passeio **crepuscular** noturno (em que é possível acompanhar os hábitos noturnos de animais como morcegos e lobos-guarás); e o programa Falcoaria (para observar falcões e gaviões treinados em seus belos voos — telefone antes para conferir o próximo evento). A administração criou três roteiros, sinalizados a partir da Alameda Principal.

Roteiro Vermelho

Comece na Alameda Bisão, onde está o leão-marinho, que a criançada adora. [...]. Destacam-se ainda: a tartaruga-da-amazônia e a anta (maior mamífero terrestre brasileiro). Ande mais um pouco e encontrará uma boa variedade de tartarugas, cágados e jabutis na Alameda Tartaruga. Logo vem a Alameda Felinos: veja a suçuarana, a jaguatirica, o leopardo-das-neves e a onça-pintada. Assim como o leão é o rei da selva na África, o macho da onça-pintada é o rei da selva no Brasil. Na Alameda Jacaré, a estrela é o jacaré-de-papo-amarelo (mede cerca de 2 m de comprimento).

Roteiro Azul

Na Alameda Aves ficam araras, seriemas e os belíssimos micos-leões — aqui há três das quatro espécies de mico-leão conhecidas, todas ameaçadas de extinção: dourado, de-cara-dourada e preto. Passa-se pelo formigueiro, por outra leva de aves, pelas serpentes e por mais aves. Não perca a cacatua-de-crista e a araponga. Neste ponto há um **entroncamento**: pegue, à direita, a Alameda Urso e, depois, vire à esquerda, na Alameda Zebra. Nesta região ficam os ursos [...] e o tamanduá-bandeira.

Roteiro Laranja

Na Al. Lago, você vê uma série de macacos, como aranha (que melhor usa o rabo) e chimpanzé (o mais "humano"). Há os répteis, a ema (maior ave brasileira, que corre até 60 km/h) e, na Al. Leão, os leões [...]. Na Al. Planície ficam as aves de rapina, como o urubu-rei, o carcará, a harpia (águia brasileira, a maior do mundo) e o condor (que voa a 5 000 m, nos **Andes**). Depois vem o elefante africano.

Disponível em: <www1.folha.uol.com.br/folha/publifolha/381165-zoologico-de-sao-paulo-completa-50-anos-veja-roteiro-para-visita-lo.shtml>. Acesso em: 19 nov. 2019.

crepuscular: referente a crepúsculo, claridade no céu (caso deste texto) entre o pôr do sol e o anoitecer.

entroncamento: ponto em que dois ou mais caminhos se juntam.

Andes: cordilheira dos Andes, grande cadeia de montanhas na América do Sul.

Interpretação do texto

Compreensão do texto

1. Encontrem nos roteiros do Zoológico de São Paulo o nome dos animais da lista abaixo. Depois, registrem a resposta. Vencerá a dupla que terminar mais rápido e acertar todos os nomes da lista.

1. Rei da selva no Brasil	
2. Rei da selva na África	
3. As crianças adoram	
4. Maior ave brasileira	
5. Maior mamífero terrestre brasileiro	
6. Águia brasileira, a maior do mundo	
7. Jacaré que mede cerca de 2 metros de comprimento	

2. No parágrafo inicial, antes dos roteiros, são apontados três destaques do parque: o formigueiro gigante de saúvas, o passeio crepuscular noturno e o programa Falcoaria.

a) Em qual dos destaques é possível ver morcegos? Qual deles mostra gaviões treinados?

____

____

b) Qual dos três destaques você gostaria de conhecer? Por quê?

____

____

____

3 Os roteiros têm nomes de cores: **vermelho**, **azul** e **laranja**. Escreva a cor correspondente ao roteiro em que se podem visitar os animais abaixo.

- urso: ____________________
- leão: ____________________
- jaguatirica: ____________________
- elefante africano: ____________________

4 Em qual dos roteiros está o formigueiro das saúvas? ____________________

Linguagem e construção dos textos

Roteiro

Atividade oral e escrita

Um roteiro indica um caminho a ser percorrido. É um guia que nos orienta para que aproveitemos melhor o passeio.

1 Releia um trecho do Roteiro Vermelho.

> **Comece** na Alameda Bisão, onde está o leão-marinho, que a criançada adora. [...]. Destacam-se ainda: a tartaruga-da-amazônia e a anta (maior mamífero terrestre brasileiro). Ande **mais um pouco** e encontrará uma boa variedade de tartarugas, cágados e jabutis na Alameda Tartaruga. **Logo vem** a Alameda Felinos [...].

a) Assinale as alternativas verdadeiras. Neste trecho do roteiro:

- [ ] as frases são claras e diretas.
- [ ] alguns animais são destacados.
- [ ] a linguagem traz gírias.
- [ ] nenhum animal é destacado.

b) Observe as expressões em destaque: **comece**, **mais um pouco**, **logo vem**. Assinale a alternativa adequada. Essas expressões indicam:

- [ ] direção a seguir.
- [ ] sequência das ações.
- [ ] tempo decorrido.

2 Releia estes trechos:

> Comece na Alameda Bisão, onde está o leão-marinho [...].
> Ande mais um pouco e encontrará uma boa variedade de tartarugas [...].
> Na Al. Lago, você vê uma série de macacos [...].

A quem essas frases se dirigem? ____________________

3 Nos roteiros, é muito comum usar expressões verbais como estas:

comece	veja	ande	pegue	não perca	vire

Essas expressões verbais indicam:

- [ ] ordens, sugestões.
- [ ] sequência de ações.
- [ ] tempo decorrido.

4 Releia este trecho do roteiro e assinale a alternativa adequada.

> [...] pegue, à direita, a Alameda Urso e, depois, vire à esquerda [...].

Essas frases indicam:

- [ ] direção a seguir.
- [ ] informações sobre o local.
- [ ] tempo decorrido.

5 Converse com os colegas: O roteiro do Zoológico de São Paulo pode auxiliar os visitantes durante o passeio? Por quê?

Hora de organizar o que estudamos

Com os colegas, leia o esquema e complete-o com as palavras e expressões do quadro abaixo.

orientar	visitantes em geral	sequência	direção

Roteiro de passeio

↓

Guia por escrito que orienta, dá indicações de localização e sugestões para aproveitar melhor um passeio

Intenção/finalidade
- ______________
- Instruir
- Descrever ações

Linguagem e construção do texto
- Orientações claras e diretas
- Em geral, frases curtas
- Indicação de destaques
- Uso de palavras e expressões que indicam:
  - ______________ (em frente, à direita, à esquerda, etc.)
  - ______________ (primeiro, depois, em seguida, etc.)
- Uso de verbos que indicam ordem, conselho, sugestão

Leitor
- ______________ ______________
- Pessoas interessadas em conhecer determinado local

Comparando mapa e roteiro visual

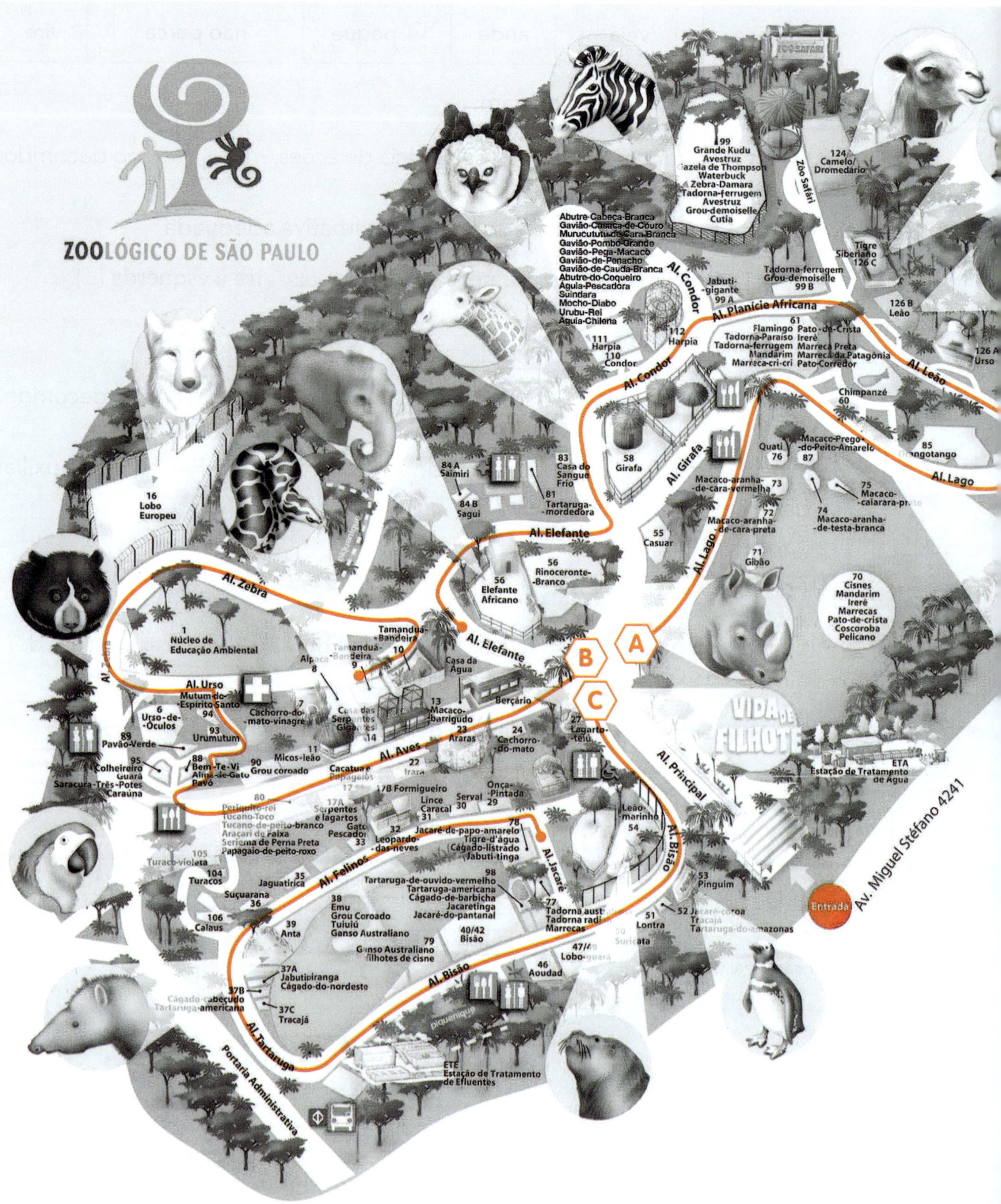

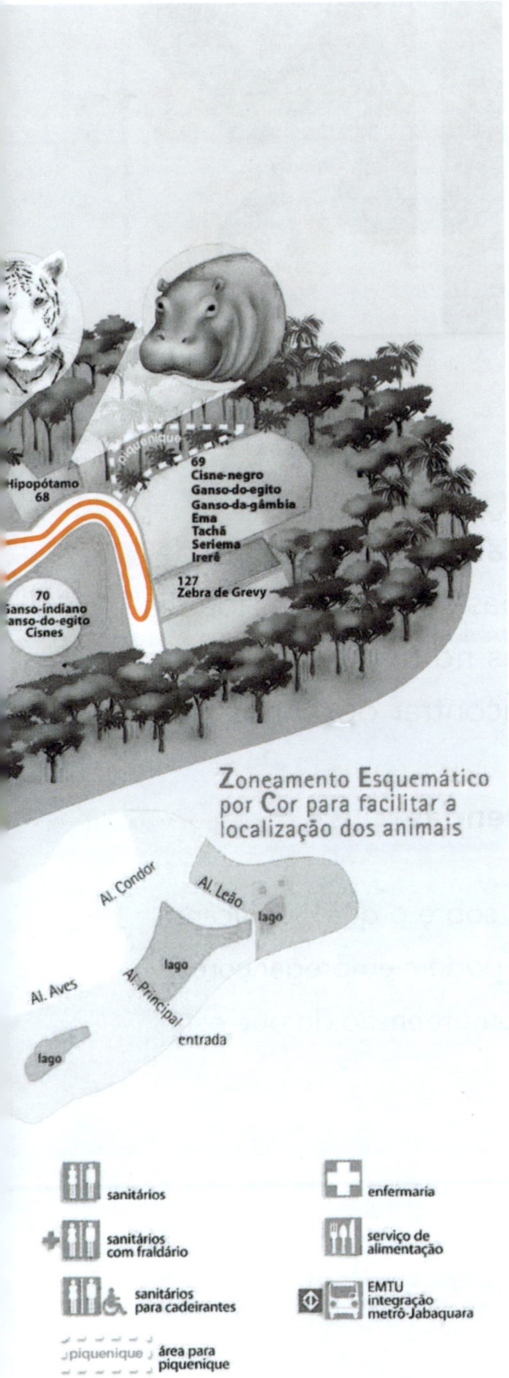

Um mapa reúne informações e as traduz em **desenhos**, **cores** e **símbolos**.

Agora que você já conhece os roteiros do Zoológico de São Paulo, junte-se a um colega e voltem a observar o mapa para realizar as atividades a seguir.

1 Observem no mapa os trajetos A, B e C. Depois, sigam as instruções.

a) Localizem a entrada do zoológico e a Al. Principal.

b) Releiam cada um dos **três roteiros** da página 256 e procurem identificar qual deles corresponde a cada um dos trajetos. Pintem os quadros de acordo com a cor de cada trajeto.

Trajeto A

Trajeto B

Trajeto C

c) Qual trajeto é o mais longo?

___

___

___

2 Observe no mapa como está indicado o local onde fica cada animal.

Qual dos trajetos:

a) passa pelo hipopótamo?

____

b) passa pelo pinguim?

____

Fotos: Reprodução/Fundação Parque Zoológico de São Paulo

Legenda nos mapas

Atividade oral e escrita

Utilizar o desenho dos animais para representar o local em que cada um deles pode ser encontrado no zoológico faz com que pessoas de diferentes idades e países consigam ler com facilidade essas informações no mapa. Em mapas turísticos e roteiros de passeios, é bastante comum encontrar desenhos mais realistas como esses.

Outra forma de facilitar a leitura de mapas é usar **legendas**.

Legendas são textos geralmente curtos com explicações sobre o que significam diferentes imagens utilizadas em um mapa, por exemplo. Elas podem empregar cores, linhas e símbolos para dar informações ao leitor e facilitar a compreensão do que está representado.

Veja alguns exemplos de legenda.

- Por cores:

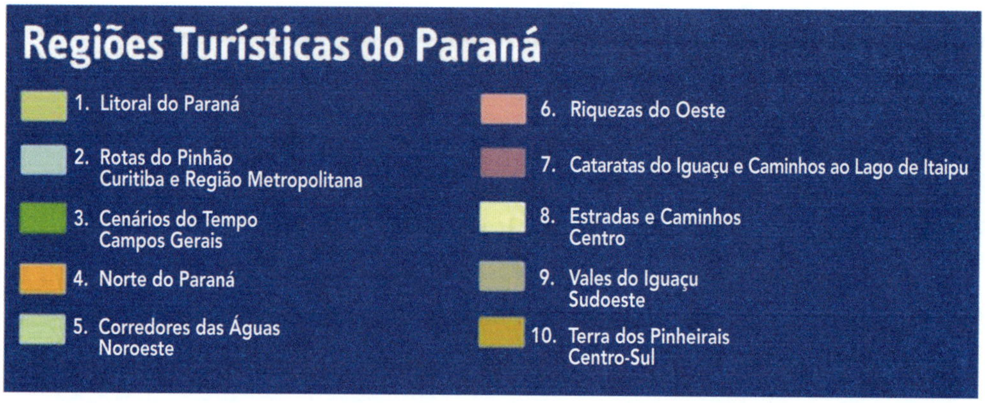

Reprodução/<www.copa2014.pr.gov.br>

Legenda de mapa turístico do estado do Paraná. Disponível em: <www.turismo.pr.gov.br/modules/conteudo/conteudo.php?conteudo=946>. Acesso em: 21 nov. 2019.

- Por símbolos:

Legenda de mapa turístico do município de Pirenópolis (GO). Disponível em: <www.agitapirenopolis.com.br/cidade-de-pirenopolis/mapa-de-pirenopolis>. Acesso em: 21 nov. 2019.

1 No mapa do zoológico das páginas 254 e 255, encontrem a legenda por cores e respondam: Qual foi a cor usada para indicar os lagos?

____

2 Localizem as três áreas para **piquenique** no mapa do zoológico, indicadas desta forma na legenda:

a) Escrevam o nome das alamedas onde essas áreas para piquenique estão indicadas no mapa:

- no trajeto do Roteiro Vermelho: ______________________
- no trajeto do Roteiro Azul: ______________________
- no trajeto do Roteiro Laranja: ______________________

b) Qual das áreas vocês escolheriam para fazer piquenique? Por quê?

____

____

____

3 Agora, observem os símbolos utilizados na legenda do mapa do zoológico.

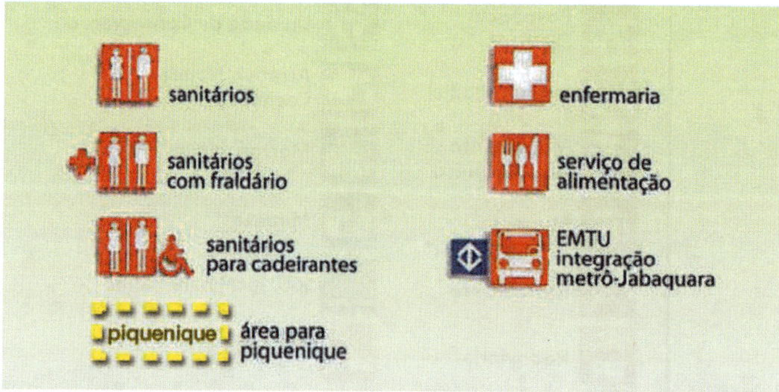

Localizem o símbolo usado para os **sanitários** e os encontrem em cada um dos trajetos. Depois, assinalem as alternativas que completam corretamente as frases.

a) No trajeto do Roteiro **Vermelho**, os sanitários ficam próximos ◆ e ◆.

- [ ] do jacaré-de-papo-amarelo
- [ ] da anta
- [ ] do leão-marinho
- [ ] da área para piquenique

b) No trajeto do Roteiro **Azul**, os sanitários ficam na ◆.

- [ ] Al. Zebra
- [ ] Al. Urso
- [ ] Al. Elefante
- [ ] Al. Aves

c) No trajeto do Roteiro **Laranja**, há sanitários perto ◆.

- [ ] da entrada
- [ ] da zebra
- [ ] da enfermaria
- [ ] do hipopótamo

d) Se vocês estivessem na entrada e precisassem ir com urgência ao sanitário, a qual deles vocês iriam, por ser o mais próximo?

4 Vamos imaginar que você e seus colegas fizeram uma visita ao zoológico. Chegou a hora de ir embora e vocês combinaram um ponto de encontro.

Roteiro Azul	Roteiro Laranja
Onde está você: • no espaço do **urso-de-óculos**.	Onde estão seus colegas: • no espaço do **camelo**.
Ponto de encontro: em frente ao espaço da **girafa**, perto dos serviços de alimentação.	

Indique os caminhos que cada um deve fazer para conseguir chegar ao **ponto de encontro**. Para isso, escreva o nome das alamedas que levarão cada um até o ponto combinado.

• Você:	• Seus colegas:

5 Em sua opinião, esse mapa traz informações suficientes e claras para facilitar um passeio ao zoológico? Por quê?

6 Você daria alguma sugestão para alterar esse mapa? Qual?

Hora de organizar o que estudamos

Leia o esquema com os colegas.

Mapa de roteiro visual

↓

Representação de um espaço por meio de imagens, desenhos, palavras

Intenção/finalidade
- Reunir informações visuais para orientar o visitante

Linguagem e construção do texto
- Representação ou desenho de um espaço real
- Indicação de locais e de destaques
- Uso de legendas por:
  - cores
  - símbolos

Leitor
- Visitantes
- Pessoas interessadas em conhecer determinado local

Prática de oralidade

Conversa em jogo

Mapas e roteiros ajudam o passeio?

1 Depois de conhecer os mapas e roteiros, pense nestas questões: Há roteiros mais interessantes do que outros? Se pudesse escolher um dos roteiros do Zoológico de São Paulo, qual seria? Por quê? E os roteiros escolhidos pelos colegas? Qual seria o roteiro preferido da maioria? Converse com os colegas para expor as razões de sua escolha e para saber qual seria o roteiro eleito pela maioria em sua classe e o motivo dessa preferência.

2 Pesquise outros roteiros interessantes de sua cidade ou de outras cidades, de outros zoológicos, de parques, de museus, etc. Traga os roteiros encontrados para a sala de aula para compará-los com os de seus colegas e com os que vocês estudaram.

Alberto De Stefano/Arquivo da editora

Orientações orais: você é o guia de turismo

Você conhece a profissão de **guia de turismo**? É um ofício muito interessante e importante. O guia de turismo orienta, ajuda e conduz grupos de visitantes em roteiros de passeios.

Seu desafio será apresentar-se como um guia de turismo que dará orientações sobre um dos roteiros do Zoológico de São Paulo. Você receberá da professora uma informação por escrito que indicará qual será seu grupo de visitantes.

1. Veja qual destes será o seu grupo e o horário de cada passeio.
   - Pessoas idosas, às 9 horas.
   - Crianças pequenas, às 11 horas.
   - Jovens, às 14 horas.

2. Escolha o melhor roteiro, aquele que você considerar mais adequado ao seu grupo. Por exemplo: Quem teria mais facilidade para caminhar longas distâncias? Quem primeiro ficaria com fome?

3. Ajuste o roteiro escrito à sua fala, considerando que o grupo estará no local e **você** indicará os destaques a serem observados. Se necessário, copie seu roteiro no caderno e anote as mudanças com outra cor. Observe.
   - **Comece** na Alameda Bisão, **onde está** o leão-marinho... (roteiro escrito)
   - **Estamos** na Alameda Bisão, **e este é** o leão-marinho... (roteiro falado)

4. Procure decorar sua apresentação para não ter de ler.

5. Lembre-se:
   - Você precisa falar alto e de modo claro para ser ouvido por todos.
   - Cada grupo necessita de uma linguagem: falar com crianças pequenas é diferente de falar com pessoas idosas.
   - Use a voz e a expressão para dar destaque. Por exemplo: na frase "Este é o condor, **que voa nos Andes a 5 000 m**", fale o trecho destacado com mais força, demonstrando que é uma informação importante, surpreendente, sobre essa ave.
   - Na fala, podemos ser mais espontâneos. Se quiser, acrescente comentários ao apresentar os animais de seu roteiro. Por exemplo: "Este é o **feroz** leão!".
   - Capriche em sua apresentação procurando se comunicar de modo alegre e descontraído, pois se trata de um passeio que deverá ser divertido.

Outras linguagens

Fotografia

Atividade oral

A fotografia é outra maneira de explorar um espaço desconhecido. Com base nela, é possível identificar elementos reais: construções, árvores, animais, etc. Veja as fotografias **1** e **2** do Zoológico de São Paulo e os mapas que as acompanham. Note que as fotografias são aéreas, isto é, feitas do alto, e podem ser tiradas de um helicóptero, de um avião ou de um satélite.

Fotografia 1

José Luís da Conceição/Agência Estado

Reprodução/Fundação Parque Zoológico de São Paulo

Fotografia e mapa do Zoológico de São Paulo.

Fotografia 2

José Luis da Conceição/Agência Estado

Reprodução/Fundação Parque Zoológico de São Paulo

Fotografia e mapa do Zoológico de São Paulo.

1. Compare a fotografia **1** com a representação do mapa: O que você conseguiu encontrar? Por qual das imagens seria mais fácil se localizar?

2. Compare agora a fotografia **2** com o mapa. Descubra em que parte do mapa está representado o local que a fotografia mostra.

   Dica: No mapa, preste atenção à cor azul, aos nomes dos animais e ao nome da alameda por onde passam os visitantes naquele trecho.

Aí vem... mapa de roteiro turístico

O Parque Nacional do Iguaçu fica no estado do Paraná.
Leia o mapa turístico e conheça algumas informações sobre esse parque.

Estação Centro de Visitantes

01 Estacionamento - *Veículos e ônibus.*

02 Bilheterias - *Venda de ingressos e cobrança de taxa de estacionamento.*

03 Balcão de Informações Turísticas

04 Loja de Lembranças - *Produtos oficiais do Parque.*

05 Helisul - Passeio de Helicóptero

Parada Administração do PNI

06 Escola Parque - *Educação Ambiental.*

07 Polícia Ambiental Força Verde

08 Sede Administrativa do Parque - ICMBio

Parada Trilha do Poço Preto

09 Trilha do Poço Preto - *Ecoaventura, trilha de 9 km que pode ser percorrida a pé, de bicicleta ou carretinha apreciando a fauna e flora do Parque.*

Parada Macuco Safári

10 Macuco Safári - *Passeio de barco.*

11 Trilha das Bananeiras - *Passeio Ecológico.*

Parada Trilha das Cataratas

12 Campo de Desafios - *Arvorismo, escalada, rapel e rafting.*

13 Trilha das Cataratas

14 Hotel das Cataratas

15 Espaço Naipi - *Loja de lembranças, banheiros e quiosques.*

Estação Espaço Porto Canoas

16 Ambulatório - *Atendimento emergencial de primeiros socorros.*

17 Loja de Lembranças - *Produtos oficiais do Parque.*

18 Central de Serviços - *Telefonia, fotos digitais e acesso à internet.*

19 Praça de Alimentação - *Lanchonete e cafeteria.*

20 Restaurante Porto Canoas

MAPA TURÍSTICO – Parque Nacional do Iguaçu – Brasil

Mantenha-se nas trilhas predeterminadas. Não use atalhos.

Jogue o lixo nos locais adequados ou encontre uma forma de acondicioná-lo para trazê-lo de volta.

Não alimente os animais. Observe-os a distância.

Ande em silêncio, preservando a tranquilidade e a sensação de harmonia que a natureza oferece.

Animais, plantas, rochas, frutos e sementes encontrados no local fazem parte do ambiente e aí devem permanecer.

Tire apenas fotografias, deixa apenas leves pegadas e leve para casa apenas sua memória.

Cuidados com o Quati:

Tenha grande cuidado com os quatis quando estiver consumindo alimentos. Apesar de estarem habituados com a presença humana, podem atacar em busca de comida. Esses animais podem transmitir a raiva humana, doença infecciosa aguda e mortal, transmitida através da mordida, arranhões ou lambedura do animal contaminado com o vírus da doença.

Mapa turístico do Parque Nacional do Iguaçu (PR), no lado brasileiro do parque. Disponível em: <http://cataratasdoiguacu.com.br/wp-content/uploads/2019/05/Folder-Interno-Mapa-Cataratas-do-Iguacu-PORTUGUES-09-2015.pdf>. Acesso em: 21 nov. 2019. (Adaptado.)

Tecendo saberes

Antigamente, os mapas eram elaborados com base nos relatos dos navegadores e em conhecimentos da época e podiam ser utilizados como apoio para outras viagens marítimas. Atualmente, com a ajuda de satélites, os mapas e os trajetos são atualizados com muita rapidez e podem ser acessados pelo celular.

Nik Merkulov/Shutterstock

2014 Google Earth/Digital Globe

Você já pensou em fazer um mapa para explicar a uma pessoa como chegar a algum lugar?

- Imagine, por exemplo, como seria um mapa que explicasse a um parente seu de outra região como ele poderia fazer para ir da sua casa ao supermercado mais próximo ou à sua escola. O que você acha que precisaria existir nesse mapa?

Língua: usos e reflexão

Usos do verbo no imperativo

Nos roteiros do Zoológico de São Paulo você viu vários verbos empregados com a intenção de dar conselhos e sugestões: **comece**, **ande**, **veja**, não **perca**, etc.

1 Leia a seguir o trecho de um cartaz.

Reprodução/Ministério da Saúde/Governo Federal

Disponível em: <www.diariodenoticias.com.br/publicidade-legal/50351/um-mosquito-nao-e-mais-forte-que-um-pais-inteiro>. Acesso em: 21 nov. 2019.

a) Converse com os colegas: Vocês e as pessoas que moram na sua casa costumam tomar cuidados parecidos com os que são citados no cartaz? Vocês consideram essas ações importantes? Por quê?

b) As formas verbais **cuide** e **combata** indicam conselho ou sugestão de como fazer algo. Encontre no cartaz mais quatro formas verbais que também indicam conselho ou sugestão.

____

____

____

2 Essas formas verbais também podem ser empregadas para **dar instruções**.

a) Leia o texto a seguir e veja como fazer uma "bexiga voadora".

Bexiga voadora

Alberto De Stefano/Arquivo da editora

Material

- linha
- 1 canudo
- fita adesiva
- 1 bexiga vazia

Como fazer

1. **Passe** a linha pelo canudo.
2. Com a fita adesiva, **prenda** a ponta da linha em uma parede e **segure** a outra ponta. Atenção! A linha deve ficar totalmente esticada.
3. **Coloque** dois pedaços de fita adesiva no canudo.
4. **Encha** a bexiga e, quando estiver bem cheia, **segure** o bico com os dedos para o ar não escapar.
5. **Prenda** a bexiga nas fitas adesivas do canudo.
6. Pronto! Agora é só soltar a bexiga e conferir como ela se desloca rapidinho enquanto o ar escapa pelo bico. Esse é o mesmo mecanismo de funcionamento do motor a jato.

Revista **Gênios**. São Paulo: Alto Astral, ano 5, n. 206, abr. 2009. p. 32-33.

b) Releia as instruções **1** a **5** e observe os verbos destacados. O que eles expressam?

____

3 Para que as crianças não se machuquem ao brincar com a "bexiga voadora", elabore instruções começando pela palavra **não**.

Complete as frases abaixo usando o verbo indicado entre parênteses de acordo com o modelo a seguir.

Não aproxime o rosto do balão quando ele disparar. (aproximar)

a) Não ______________________ perto de locais com pouco espaço. (brincar)

b) Não ______________________ crianças pequenas por perto. (deixar)

c) Não ____________________ objeto perfurante para estourar a bexiga. (usar)

4 As formas verbais das atividades 2 e 3, empregadas para dar ordens, fazer pedidos ou transmitir instruções, estão no **modo imperativo**.

Releia suas respostas para comprovar o que está explicado no quadro a seguir.

Quando queremos indicar a alguém **o que fazer** ou **o que não fazer**, usamos o verbo no **modo imperativo**. Há duas formas de imperativo: **afirmativo** e **negativo**. No **imperativo negativo** usa-se o **não**.

Agora você

1 Leia a tirinha a seguir e circule os verbos que estão no imperativo.

Charles M. Schulz. **Snoopy: pausa para soneca**. Tradução de Cássia Zanon. Porto Alegre: L&PM, 2013. p. 29.

a) Faça um **X** nas alternativas corretas. Os verbos circulados indicam:

☐ ordem. ☐ súplica. ☐ pedido. ☐ instrução.

b) O que provoca humor nessa tirinha? Converse com os colegas.

2 Leia a tira abaixo e circule a expressão com verbo no imperativo negativo.

Jim Davis. **Folha de S.Paulo**. São Paulo, 14 jul. 2005. p. E11.

Você concorda com a opinião de Garfield? Converse com os colegas.

3 Leia a seguir uma receita de sanduíche.

Complete o **modo de fazer** da receita, utilizando o imperativo dos verbos do quadro abaixo.

passar	acrescentar	pedir	colocar	fechar

Sanduíche

Ingredientes

- 2 fatias de pão de forma
- margarina
- 1 tomate
- manjericão
- alface
- 2 fatias de queijo

Weberson Santiago/Arquivo da editora

Modo de fazer

1. ______________________ margarina nas 2 fatias de pão.

2. ______________________ a um adulto que corte o tomate em fatias e que pique o manjericão e a alface.

3. ______________________ uma fatia de queijo sobre cada fatia de pão.

4. ______________________ o tomate, a alface e o manjericão.

5. ______________________ seu sanduíche.

Bom apetite!

Hora de organizar o que estudamos

Leia o esquema a seguir com os colegas. Depois, copie-o no caderno.

Verbo no modo imperativo

- **Afirmativo**
- **Indica:** ordem, pedido, súplica, orientação, instrução, etc.
- **Negativo**

Produção de texto

Roteiro de passeio pela escola

Todos os anos chegam novos alunos à escola. Mesmo que o lugar seja pequeno, os alunos que estão chegando costumam demorar para se localizar nesse espaço ainda desconhecido.

O desafio será planejar e produzir um roteiro para ser distribuído aos novos alunos da sua escola com a finalidade de orientar a localização deles.

Preparação e planejamento

1. Preparem-se com lápis, borracha e papel para as anotações.
2. Dirijam-se ao portão principal da escola. Ele será o ponto de partida para vocês se orientarem.
3. Escolham um caminho de visitação, indicando o lado por onde começarão (direita, esquerda, em frente, etc.), e caminhem devagar anotando o que se vê de cada lado (jardim, secretaria, pátio, salas de aula, quadras, biblioteca, etc.).

Representação

1. Desenhem o percurso feito com as referências e as informações que vocês encontraram.

Vejam um exemplo.

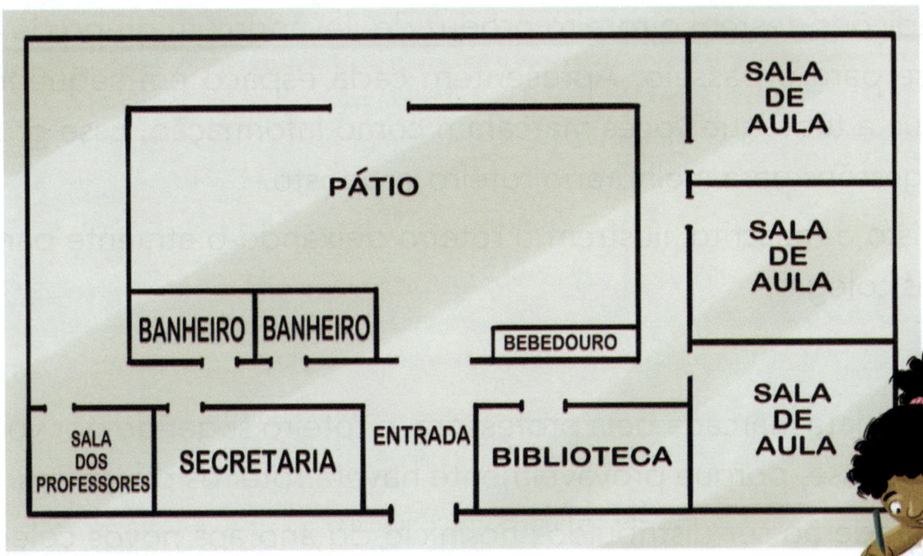

Alberto De Stefano/Arquivo da editora

2. Se quiserem, façam uma legenda escolhendo cores, desenhos ou símbolos para cada um dos lugares da escola. Exemplos:

Anthonycz/ Shutterstock

= alimentação

= bebedouro

= sanitários

Escrita

1. Quando o mapa de vocês estiver pronto, é hora de escrever as sugestões do roteiro que escolheram.
   - Façam um rascunho.
   - Comecem pela apresentação: nome da escola, história resumida da escola, nomes dos professores, do coordenador, do diretor.
2. Lembrem-se:
   - A linguagem deve ser fácil, simples e direta.
   - As frases devem ser curtas, em formato de lista, para que os leitores possam compreender a mensagem enquanto caminham pela escola.
   - Escrevam dirigindo-se aos alunos que vão ler seu roteiro.
   - Escolham verbos no imperativo (que indiquem conselho, sugestão).
   - Usem palavras para indicar direção e sequência.

Revisão e reescrita

1. Verifiquem se o texto ficou claro e sem incorreções que possam atrapalhar a orientação daqueles que o lerão.
2. Se houver condições, testem o roteiro produzido, levando um grupo de colegas da classe para o passeio. Apresentem cada espaço em sequência, dando destaque a tudo que vocês marcaram como informação. Esse grupo poderá dar sugestões para melhorar o roteiro proposto.
3. Depois de revisto e reescrito, ilustrem o roteiro deixando-o atraente para o uso dos futuros colegas.

Apresentação

1. Apresentem, em data marcada pela professora, o roteiro sugerido por vocês aos colegas da classe, porque provavelmente haverá roteiros diferentes.
2. Esses roteiros poderão ser distribuídos no início do ano aos novos colegas ou aos responsáveis que vierem visitar a escola para realizar matrícula.

Palavras em jogo

Com que letra se escreve: S ou Z?

Você certamente já percebeu que, na língua portuguesa, o maior desafio para escrever as palavras é que nem sempre há correspondência entre o som e a letra que representa esse som na escrita.

A letra S, por exemplo, pode representar vários sons dependendo da posição que ela ocupa na palavra.

Vamos recordar.

Letra S e a representação de vários sons		
Letra S com som /s/		Letra S com som /z/
Justificativa		Justificativa
Letra S no início da palavra	Letra S antes de uma consoante ou em final de palavra	Letra S entre duas letras vogais
Exemplos: **s**alário, **s**ério, **s**iri, **s**orte, **s**urto	Exemplos: ra**s**tro, re**s**to**s**, ri**s**co**s**, ro**s**to, ru**s**ga	Exemplos: ra**s**o, me**s**a, ri**s**o, doloro**s**o, u**s**o

Mesmo conhecendo essas regras, muitas vezes ficamos em dúvida ao escrever algumas palavras. Nesses casos, devemos recorrer ao uso do dicionário para ter certeza de como escrevê-las.

1 Leia este poema.

Meu nariz me diz

Comprei a caneta
e li na etiqueta
que o cheiro é de uva.
Que uva que nada,
me diz meu nariz,
a fruta, coitada,
é só **chamariz**,
a tinta tão roxa
não pega nem trouxa
o cheiro que exala
é doce
bem doce
é cheiro de bala.

Marina Colasanti. **Minha ilha maravilha**. São Paulo: Ática, 2007. p. 14.

chamariz: algo que chama, que atrai a atenção.

Weberson Santiago/Arquivo da editora

2 Ligue as palavras para indicar qual é o cheiro que aparece na etiqueta da caneta e qual é o cheiro percebido pela dona do produto.

Para a dona da caneta	cheiro de uva (fruta)
Na etiqueta do produto	cheiro de tinta
	cheiro de bala

3 Complete o quadro abaixo com palavras do poema que têm som /s/. Em seguida, justifique o uso, conforme o modelo.

Palavras que têm som /s/	Justificativa
nariz	Z no final de palavra

4 Observando no quadro as letras que representam na escrita o som /s/, responda: Quando a letra Z tem som /s/?

5 Complete as quadrinhas colocando **S** ou **Z**.

Weberson Santiago/Arquivo da editora

Uma perdi_____ apre_____ada
encontrou um pá_____aro chinê_____.
Velo_____, bateu as a_____a_____
e _____umiu de uma _____ó ve_____.

Mas com um grande avestru_____
deu de encontro a infeli_____.
A_____ustada, fe_____ meia volta
e caiu num chafari_____.

Texto escrito pelas autoras.

6 As palavras destacadas a seguir terminam com som /s/. Completem essas palavras com a letra **S** ou a letra **Z**. Se tiverem dúvida, consultem um dicionário.

a) O **carta**_____ **tra**_____ uma ideia de **pa**_____.

b) **A**_____ **pá**_____ do ventilador giravam tão rapidamente que espalharam todo o pó de **gi**_____ que estava acumulado na lousa.

c) Era uma **ve**_____ um gato **xadre**_____ que durante um **mê**_____ **fe**_____ barulho no telhado pensando que o gato **siamê**_____ fosse uma gata **pedrê**_____.

d) Talvez houvesse **de**_____ cores de **lápi**_____ naquela caixa.

e) Não havia **rai**_____ suficiente para segurar a árvore que crescia por **trá**_____ da casa.

f) O **chafari**_____ daquele jardim está com a **lu**_____ vermelha apagada. Assim não é possível apreciar toda a beleza da dança **da**_____ **água**_____.

7 Cada um de vocês deve procurar, em um dicionário, cinco palavras terminadas com o som /s/.

a) Organizem essas palavras no quadro a seguir.

Som /s/ representado pela letra **S**	Som /s/ representado pela letra **Z**

b) Sucessivamente, cada um de vocês:

- fará um ditado das palavras selecionadas para o colega;
- conferirá se as letras **S** e **Z** foram usadas de acordo com a norma ortográfica;
- trocará de posição com o colega.

c) Juntos, tentem memorizar a escrita de todas as palavras trabalhadas. Não se esqueçam de procurar o significado de cada uma no dicionário: de nada vale saber escrever uma palavra sem saber como e quando usá-la.

Assim também aprendo

- Leia a tirinha abaixo. A personagem Lucy observou um mapa e tirou algumas conclusões. Depois do que foi estudado sobre mapas nesta unidade, você acha que Lucy tem razão em sua explicação? Converse com os colegas.

Charles M. Schulz. **O Estado de S. Paulo**, 28 out. 2013. Caderno 2, p. C4.

O que estudamos

Autoavaliação

Faça um **X** na coluna que mostra como você se saiu nesta unidade.

Unidade 8		Avancei	Preciso estudar mais
Gênero	Leitura e interpretação de **mapa** e **roteiro** de passeio		
	Linguagem e construção de mapa e roteiro de passeio		
	Produção de texto em dupla: roteiro de passeio pela escola		
Estudo sobre a língua	Usos dos verbos no modo imperativo: afirmativo e negativo		
	Uso das letras S ou Z na escrita de palavras		
Oralidade	Participação nas atividades orais		

Sugestões de...

Livro

***Perigo na caverna do pirata*, de Karen Dolby, tradução de Laura Bacellar, publicado pela editora Scipione.**
O livro conta a história de dois irmãos que vão passar as férias na casa dos avós e acabam descobrindo um mapa que poderá levá-los ao tesouro do navio Rainha das Índias e ao valioso diamante Olho de Fera.

Site

<www.nhdzoo.jp/portuguese/index.php>
O *site* nos leva a uma visita inusitada pelo zoológico Nihondaira de Shizuoka, no Japão. Acesso em: 21 nov. 2019.

Reprodução/<www.nhdzoo.jp>

Uso de dicionário e enciclopédia

Descobrindo o significado de palavras

Você já ouviu falar das morsas? Leia o texto abaixo sobre esses enormes animais.

Qual é a diferença entre foca, morsa e leão-marinho?

[...] Os três são mamíferos altamente adaptados para viver no mar. [...] As morsas são inconfundíveis graças ao par de dentões projetados para baixo. [...]

À primeira vista, certas espécies de leões-marinhos parecem focas, mas eles têm algumas diferenças anatômicas em relação a elas, como pequenas orelhas aparentes, o que suas "primas" não têm. [...]

Revista **Mundo Estranho**. Disponível em: <https://mundoestranho.abril.com.br/mundo-animal/qual-e-a-diferenca-entre-foca-morsa-e-leao-marinho/>. Acesso em: 21 nov. 2019.

Morsa.

Releia um trecho do texto.

[...] As morsas são **inconfundíveis** graças ao par de dentões [...].

Leia estas outras palavras:

- **quebrável** – algo que se quebra; **in**quebrável – algo que **não** se quebra;
- **corrigíveis** – o que se pode corrigir; **in**corrigíveis – o que **não** se pode corrigir.

Considerando o que você leu e percebeu, complete:

- **confundíveis** – o que se pode confundir;
- **in**confundíveis – ______________________.

Como você pôde perceber, nem sempre é necessário consultar um dicionário para compreender o sentido das palavras. No caso de **inconfundível**, por exemplo, compará-la com outros termos ajudou a deduzir seu sentido. Se você consultar um dicionário, verá que **inconfundível** também quer dizer **incomum**, **incomparável**.

Uso do dicionário (1)

Você sabia que, além do significado das palavras, um dicionário traz muitas outras informações que nos ajudam a ler e a escrever melhor? É o que vamos ver agora.

Observe esta página de dicionário para responder às atividades.

a b c d e f g h i j k l m n o **p** q r s t u v w x y z

perdoar *v.* per-do-*ar*. Desculpar de erro. *A torcida não perdoava o jogador pelo gol perdido.*

perereca *s. fem.* pe-re-*re*-ca [é]. Anfíbio pequeno da família do sapo e da rã, com pernas compridas e que pula muito. *Encontrei uma perereca no terraço no meio das plantas.*
ver **anfíbio.**

PERERECA

perfeição *s. fem.* per-fei-*ção*. Qualidade daquilo que é perfeito, que não tem nenhum defeito. *Aquele músico tocava piano com perfeição.* ■ **pl.:** perfeições.

perfeitamente *adv.* per-fei-ta-*men*-te. De modo perfeito; com perfeição. *O engenheiro realizou perfeitamente o projeto de construção do edifício.*

perfeito[1] *adj.* per-*fei*-to. Que atingiu um nível que se considera ideal, sem defeitos. *Sua prova está perfeita; você tirou dez.*

perfeito[2] *s. masc.* per-*fei*-to. Tempo do verbo que exprime uma ação que já foi toda feita, que acabou no passado. *"Cantei", "vendeu", "perderam" são formas do perfeito do indicativo.*

perfumado *adj.* per-fu-*ma*-do. Que tem perfume, natural ou acrescentado. *O rapaz está sempre perfumado. A rosa é uma flor muito perfumada.*

perfume *s. masc.* per-*fu*-me. Substância natural ou artificial de aroma ou cheiro agradável. *Vera ganhou um vidro de perfume de seu amigo. O manacá tem um perfume delicioso.*

perfurar *v.* per-fu-*rar*. Atravessar fazendo furos ou buracos. *O prego perfurou a madeira.*

pergunta *s. fem.* per-*gun*-ta. Questão feita para obter uma informação. *A prova tinha dez perguntas.* ▲ **sinônimo:** questão.

perguntar *v.* per-gun-*tar*. **1.** Fazer pergunta para pedir informação. *Que horas são?, perguntou a menina.* **2.** Querer saber. *Perguntei se o almoço já estava pronto.* **3.** Indagar sobre alguém ou alguma coisa. *O menino perguntou pela mãe.* ▲ **sinônimo:** indagar ▲ **antônimo:** responder.

periferia *s. fem.* pe-ri-fe-*ri*-a. Região em volta da área central de uma cidade e que é mais afastada do seu centro. *As populações mais pobres moram na periferia das grandes cidades.*

perigo *s. masc.* pe-*ri*-go. Situação que pode prejudicar alguém de forma grave, colocar sua vida em risco. *É um perigo atravessar a rua sem olhar para os lados.* ▲ **sinônimo:** risco.

perigoso *adj.* pe-ri-*go*-so [ô]. Em que há perigo, risco em relação à vida, à saúde, etc. *Meu tio dirigiu com muito cuidado nos trechos perigosos da estrada.*
Obs.: pl. e fem. [ó]

período *s. masc.* pe-*rí*-o-do. Tempo determinado entre duas datas. *Durante o período de férias, as crianças passaram vários dias no acampamento.* ▲ **sinônimo:** época.

periquito *s. masc.* pe-ri-*qui*-to. Ave geralmente de penas verdes, semelhante ao papagaio, mas menor. *Há muitos periquitos nas matas brasileiras.*

PERIQUITO

permanecer *v.* per-ma-ne-*cer*. **1.** Ficar ou continuar a estar. *A moça permaneceu alegre a semana toda.* **2.** Continuar a existir. *O pai explicou tudo ao filho, mas a dúvida permanecia.*

permanente[1] *adj.* per-ma-*nen*-te. Que permanece ou fica. *A residência permanente de meu tio é em Recife, mas ele viaja muito a trabalho.* ▲ **sinônimo:** fixo ▲ **antônimo:** passageiro ◆ **masc. e fem.:** permanente.

permanente[2] *s. fem.* per-ma-*nen*-te. Tratamento dado aos cabelos para torná-los ondulados. *Lúcia fez permanente.*

permissão *s. fem.* per-mis-*são*. Licença para fazer alguma coisa. *O diretor levantou-se e pediu permissão para sair da sala.* ■ **pl.:** permissões.

permitir *v.* per-mi-*tir*. **1.** Conceder licença; dar autorização para alguém fazer alguma coisa. *O médico permitiu que a criança voltasse para casa.* ▲ **sinônimo:** deixar, autorizar. **2.** Tornar possível. *A economia que fez permitiu que comprasse a casa.*

perna *s. fem.* *per*-na [é]. **1.** Membro inferior do corpo humano ou membro posterior de animais. *O saci tem uma perna só.* **2.** O que serve de suporte a certos objetos. *As pernas da mesa são de ferro.* • **bater pernas:**

232

Maria Tereza Camargo Biderman. **Dicionário ilustrado de português**. São Paulo: Ática, 2008. p. 232.

Leia o trecho a seguir:

Onça-pintada

[...] Sua mordida é tão forte que chega a perfurar tartarugas e jacarés. [...]

Revista **Mundo Estranho**. Disponível em: <https://mundoestranho.abril.com.br/mundo-animal/qual-animal-tem-a-mordida-mais-forte/>. Acesso em: 21 nov. 2019.

Nelio Rodrigues/Arquivo da editora

Onça-pintada.

Chamamos de **verbete** o conjunto de informações de cada palavra de um dicionário ou enciclopédia.

Lembre-se de que os verbetes de dicionários ou enciclopédias estão organizados em **ordem alfabética**.

1 Localize o verbete referente à palavra **perfurar** na página de dicionário que você observou no início da atividade.

a) Copie, dessa página, a definição de **perfurar**.

____

b) Copie as duas palavras que iniciam verbetes antes da palavra **perfurar** nessa página de dicionário.

____

c) Qual é a parte comum a essas três palavras?

____

d) Que letra determinou que a palavra **perfurar** viesse depois das duas palavras que você transcreveu no item **b**?

____

e) Quais são as duas palavras que iniciam verbetes depois da palavra **perfurar** nesse dicionário?

____

f) Que letra foi determinante para que as palavras transcritas no item **e** fossem colocadas depois da palavra **perfurar**? Por quê?

____

____

2 Vamos reler o verbete. Observe o que está indicado.

v. indica a classe da palavra: **verbo**.

Indica a quantidade de sílabas e como elas devem ser separadas.

O itálico indica a sílaba tônica: ***-rar***.

perfurar *v.* per-fu-*rar*. Atravessar fazendo furos ou buracos. *O prego perfurou a madeira.*

Frase para exemplificar como a palavra é empregada.

Significado ou significados da palavra.

Uso do dicionário (2)

Um verbete de dicionário apresenta o significado de uma palavra e outras informações. Vamos verificar que informações ele apresenta.

Como os gatos pulam tão alto?

Os gatos, como todos os **felinos**, possuem um sistema de músculos e ossos muito bem adaptados a manobras "radicais". É isso que ajuda esses animais a **capturar** presas como ratos e insetos. [...].

Luís Felipe Toledo. **Folha de S.Paulo**. São Paulo, 22 jan. 2011. Folhinha. p. 7.

1 Leia o verbete da palavra **capturar**.

capturar (cap.tu.*rar*) v. Prender, aprisionar, deter. *A polícia acaba de capturar o bandido.* ▲ antônimo: soltar.

Academia Brasileira de Letras. **Dicionário escolar da língua portuguesa**. São Paulo: Companhia Editora Nacional, 2008. p. 264.

Escreva as **informações** que esse verbete apresenta.

- classe da palavra: ______________________
- significado: ______________________
- número de sílabas: ______________________
- exemplo: ______________________
- sílaba tônica: ______________________

Repare que este verbete não traz apenas o significado da palavra, mas também outra informação: **soltar** é o **antônimo** de **capturar**. Pelo que está escrito no verbete, pode-se concluir que:

Antônimo é uma palavra que tem sentido, isto é, significado oposto a outra.

2 Complete as frases a seguir com o **antônimo** de **capturar**.

a) Os mergulhadores ____________ os moluscos e os caranguejos no mar.

b) A mulher ____________ os pássaros, pois eles estavam assustados.

3 Forme outros pares de contrários.

a) muito: ____________

b) tudo: ____________

c) frente: ____________

d) quente: ____________

e) longe: ____________

f) caro: ____________

g) raro: ____________

h) limpo: ____________

i) grande: ____________

j) estreito: ____________

4 Leia a seguir o texto de um folheto que fornece instruções para viver melhor, por meio de um jogo de palavras de sentido contrário. Nele estão faltando palavras.

Organize-se

Você abriu, feche.

Acendeu, ____________.

Ligou, ____________.

Desarrumou, ____________.

Sujou, ____________.

Quebrou, ____________.

Emprestou, ____________.

Não veio ajudar, não ____________.

Ofendeu, ____________.

Seguindo esses preceitos, viverá melhor.

Rodolfo Ilari. **Introdução ao estudo léxico:** brincando com as palavras.
São Paulo: Contexto, 2002. p. 28. (Adaptado.)

Complete o texto com palavras de sentido oposto ao do verbo de cada linha, ou seja, antônimos. A primeira linha serve de modelo.

5 Leia o verbete da palavra **felino**.

felino (fe.li.no) *s.m.* Animal carnívoro com caninos muito desenvolvidos e patas potentes, da família do gato, do leão, da pantera, do tigre, etc.
ver canino

Academia Brasileira de Letras. **Dicionário escolar da língua portuguesa**. São Paulo: Companhia Editora Nacional, 2008. p. 581.

a) Qual é a informação que não estava presente nos verbetes vistos até agora e que aparece nesse?

____

b) Por que há essa informação no verbete?

____

____

____

c) Procure os significados da palavra **canino** em um dicionário e escreva-os.

____

____

____

Uso do dicionário (3)

Leia o texto abaixo e descubra curiosidades sobre um objeto que você conhece.

A história do *skate*

Ainda não se sabe exatamente quando apareceu o *skate*, mas podemos dizer que foi no princípio dos anos 60, na Califórnia. Era em uma época em que reinava o *surf* e a curtição total sobre uma prancha; mas como as coisas nunca davam certo aqueles mesmos surfistas pegaram as rodas de seus patins e colocaram em *shapes*, para que assim pudessem surfar em terra firme.

Os *skates* eram muito primitivos, não possuíam *nose* nem *tail*, era apenas uma tábua e quatro rodinhas. O crescimento do "*surf* no asfalto" se deu de uma maneira tão grande que muitos dos jovens da época se renderam ao novo esporte chamado *skate*. Surgiam então os primeiros *skatistas* da época.

[...]

Disponível em: <http://crashtv.com.br/site/a-historia-do-skate>. Acesso em: 21 nov. 2019.

Já vimos que, para compreender bem os textos que lemos, muitas vezes precisamos verificar no dicionário o sentido de algumas palavras.

Para entender o significado das palavras, buscamos os sinônimos.

Sinônimo é uma palavra ou expressão de sentido próximo ao de outra palavra.

1 Releia este trecho.

> Os *skates* eram muito **primitivos**, não possuíam *nose* nem *tail*, era apenas uma tábua e quatro rodinhas. [...]

a) Que palavras ou expressões sinônimas podem ser empregadas no lugar da palavra **primitivos**, mantendo o significado da frase?

____

Para ajudá-lo a responder a essa pergunta, leia o seguinte verbete de um dicionário.

> primitivo (pri.mi.ti.vo) *adj.* **1.** Que é dos primeiros tempos; original; inicial. *O templo primitivo foi demolido para dar lugar ao novo.* **2.** Simples, rudimentar. *Havia desenhos primitivos nas paredes da caverna.*
>
> Academia Brasileira de Letras. **Dicionário escolar da língua portuguesa**. São Paulo: Companhia Editora Nacional, 2008. p. 1028.

Observe também que, no início do verbete, há uma abreviatura: **adj.**, de **adjetivo**. **Adjetivo** é uma palavra que dá qualidade a um substantivo.

b) Responda: A qual substantivo o adjetivo **primitivo** está se referindo no texto sobre o *skate*? ________________________________

2 No verbete do dicionário, o adjetivo **primitivo** está no gênero masculino e no singular. De que maneira está essa palavra no texto sobre o *skate*? Explique.

____

____

____

____

Nos **dicionários**, as palavras que têm gênero masculino e feminino são encontradas sempre no **masculino**. A exceção fica por conta de palavras que têm uma forma específica que indica apenas o gênero feminino. É o caso, por exemplo, de **égua** e de **cabra**, que serão assim encontradas no dicionário.

3 Observe os algarismos que estão no verbete. Eles indicam o número de significados diferentes que o dicionário apresenta para a palavra.

a) Quantos significados diferentes o verbete apresenta para a palavra **primitivo**?

____

Harold M. Lambert/Getty Images

Skatistas na década de 1960.

b) Qual deles mais se aproxima do sentido empregado no texto sobre o *skate*?

____

____

4 As línguas mudam o tempo todo: palavras são criadas, outras se transformam e há ainda aquelas que, usadas primeiro em certa língua, espalham-se pelo mundo e aos poucos passam a fazer parte de outros idiomas. O texto sobre o *skate* mostra bem essa mistura, pois apresenta palavras de origem estrangeira que só os praticantes desse esporte conhecem bem e outras que as pessoas em geral, que falam português, conhecem.

a) Conversem sobre o significado das seguintes palavras do texto. Como são empregadas e quando costumamos usá-las?

surf	*skate*	*skatistas*

Pesquisem em dicionários e escrevam outros jeitos de escrever essas palavras.

____

____

____

Leiam as palavras a seguir.

Língua inglesa	Língua portuguesa
motoboy *stress*	motobói estresse

Essas palavras começaram a ser faladas e escritas na língua inglesa (coluna da esquerda). Por serem também bastante usadas no Brasil, foram **aportuguesadas**, isto é, passaram a ser pronunciadas e escritas de acordo com as características de nossa língua (coluna da direita).

Releiam as palavras trabalhadas no item anterior e notem que elas passaram pelo mesmo processo.

b) Descubram como foram aportuguesadas as seguintes palavras: ***scanner*** e ***ballet***.

____

c) Pesquisem outras palavras que passaram por esse processo.

____

____

5 As palavras ***nose***, ***tail*** e ***shapes***, que estão no texto sobre o *skate*, são escritas em inglês mesmo em textos produzidos em português. Isso acontece porque a maioria dos brasileiros não costuma usá-las. Quem usa essas palavras no Brasil são os esqueitistas (ou *skatistas*), ou seja, um grupo específico de pessoas.

Pesquise na internet ou pergunte a amigos esqueitistas para descobrir o que elas significam.

____

____

____

____

____

Uso do dicionário (4)

Os verbos no dicionário

Você já pensou em criar brinquedos? Conheça um pouco da história de um garoto que fazia petecas.

Botando a cabeça pra brincar

Crianças se divertem criando e adaptando seus brinquedos

[...]

Pedro, 9, se tornou um pequeno especialista em petecas. Ele queria trabalhar na televisão e concluiu que precisaria de dinheiro para entrar na TV. Para ganhar dinheiro, resolveu confeccionar petecas de pano e vendê-las [...].

A técnica foi sendo aperfeiçoada e o pai de Pedro o levou à rua 25 de Março, em São Paulo, onde há muita matéria-prima com preço bom. [...]

Alexandra Moraes. **Folha de S.Paulo**. São Paulo, 20 nov. 2004. Folhinha. p. F5.

Vania Delpoio/Folhapress

Peteca.

Atividade oral e escrita

1 Releia.

Crianças se divertem criando e **adaptando** seus brinquedos

a) Procure no dicionário o verbo **adaptando**.

b) Conseguiu encontrá-lo?

Para que os verbos sejam encontrados no dicionário, é preciso que estejam no **infinitivo**.

O que é o **infinitivo** de um verbo?
São as formas verbais terminadas em -ar, -er, -ir, como **falar**, **correr**, **partir**.

2 Releia o trecho a seguir.

> Ele queria trabalhar na televisão e [...] resolveu confeccionar petecas de pano [...]

a) Passe para o infinitivo as seguintes formas verbais.

queria	resolveu

____

b) No dicionário, localize sinônimos que possam substituir esses verbos no trecho acima e, em seguida, reescreva o trecho utilizando um deles.

____

____

3 Releia mais um trecho.

> Pedro, 9, se **tornou** um pequeno especialista em petecas. [...].
>
> A técnica foi sendo **aperfeiçoada** e o pai de Pedro o levou à rua 25 de Março [...]

a) Observe as formas verbais destacadas no trecho acima e localize-as em um dicionário.

- O infinitivo de **tornou** é **tornar**.
- O infinitivo de **aperfeiçoada** é **aperfeiçoar**.

b) Escreva os significados encontrados no dicionário para cada um dos verbos.

- **Tornar**: ______________________________

____

- **Aperfeiçoar**: ______________________________

____

c) Reescreva esse trecho substituindo as formas verbais destacadas por um sinônimo adequado.

____

____

Uso de enciclopédia

Você viu que o dicionário traz muitas informações, além do significado das palavras. A enciclopédia amplia essas informações. Como o dicionário, a enciclopédia é organizada em **verbetes**.

Verbete é cada uma das palavras que funcionam como **entradas** para as diferentes informações reunidas no **dicionário** ou na **enciclopédia**.

1 Compare os verbetes da palavra **louva-a-deus** no dicionário e na enciclopédia digital.

No dicionário:

lou.va–a–deus *s.m.2n.* nome comum a insetos tropicais, predadores, de peculiar hábito de manter as patas dianteiras levantadas e unidas, como se estivessem rezando

Reprodução/Editora Scipione

Ruth Rocha. **Minidicionário da Língua Portuguesa**. São Paulo: Scipione, 2010. p. 440.

Na enciclopédia digital:

louva-a-deus

Introdução

O inseto conhecido como louva-a-deus parece muitas vezes estar rezando. Mas, ao levantar a cabeça e unir as patas da frente, na verdade ele está esperando por seu alimento. Quando surge algum outro inseto, ele usa as patas, semelhantes a garras serrilhadas, para capturar a presa e levá-la à boca em menos de um segundo.

O louva-a-deus usa as patas para capturar a presa e levá-la à boca.
© *Digital Vision/Getty Images*

Os gregos antigos acreditavam que o louva-a-deus era capaz de prever o futuro, por isso o chamavam de "profeta". Na China, um dos estilos da arte marcial *kung fu*, que se tornou mundialmente popular, recebeu o nome de louva-a-deus.

Características físicas

Há mais de 1.500 espécies de louva-a-deus. Todos esses insetos são esguios e vivem em regiões quentes, especialmente nos trópicos. Em geral, medem 5 centímetros, mas há uma espécie na China que mede o dobro. As fêmeas costumam ser maiores que os machos. O louva-a-deus normalmente é marrom ou verde, o que o ajuda a se confundir com o meio em que vive e a escapar de predadores. A cabeça tem formato triangular, com grandes olhos localizados no alto. O pescoço é muito flexível, por isso ele consegue olhar para trás, por cima do ombro, tanto para a direita quanto para a esquerda.

Reprodução/<https://escola.britannica.com.br/artigo/louva-a-deus/483006>

Enciclopédia Digital Britannica Escola. Disponível em: <https://escola.britannica.com.br/artigo/louva-a-deus/483006>. Acesso em: 22 nov. 2019.

2 Leia as primeiras informações do verbete da enciclopédia digital.

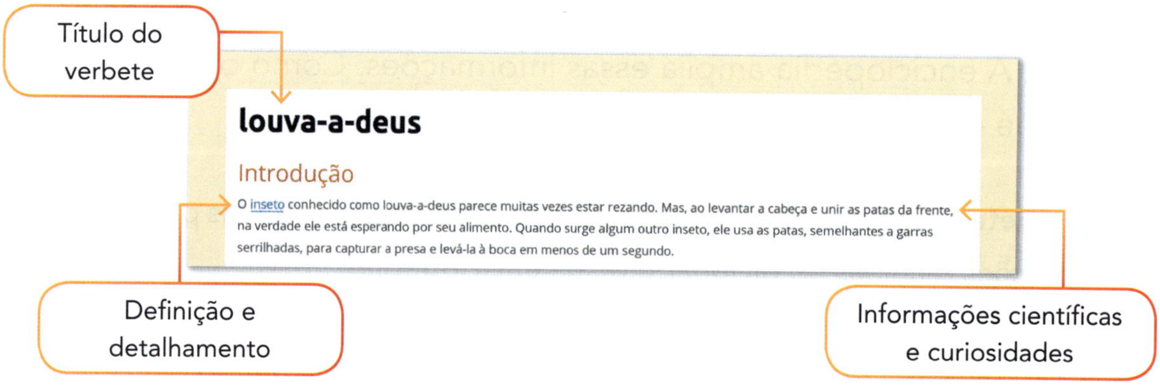

louva-a-deus

Introdução

O inseto conhecido como louva-a-deus parece muitas vezes estar rezando. Mas, ao levantar a cabeça e unir as patas da frente, na verdade ele está esperando por seu alimento. Quando surge algum outro inseto, ele usa as patas, semelhantes a garras serrilhadas, para capturar a presa e levá-la à boca em menos de um segundo.

Observe que, na reprodução da tela do computador, a palavra **inseto** está sublinhada e grafada em azul. Isso indica que a palavra é um ***hyperlink***.

Hyperlink (hiperligação ou simplesmente ***link***) é a palavra em inglês que designa qualquer palavra ou imagem que se coloca em uma página da internet e, quando clicada, leva a outras informações na mesma página ou em *sites* diferentes.

Se o leitor clicar sobre o *hyperlink* **inseto**, aparecerá na tela o verbete dessa palavra. Veja:

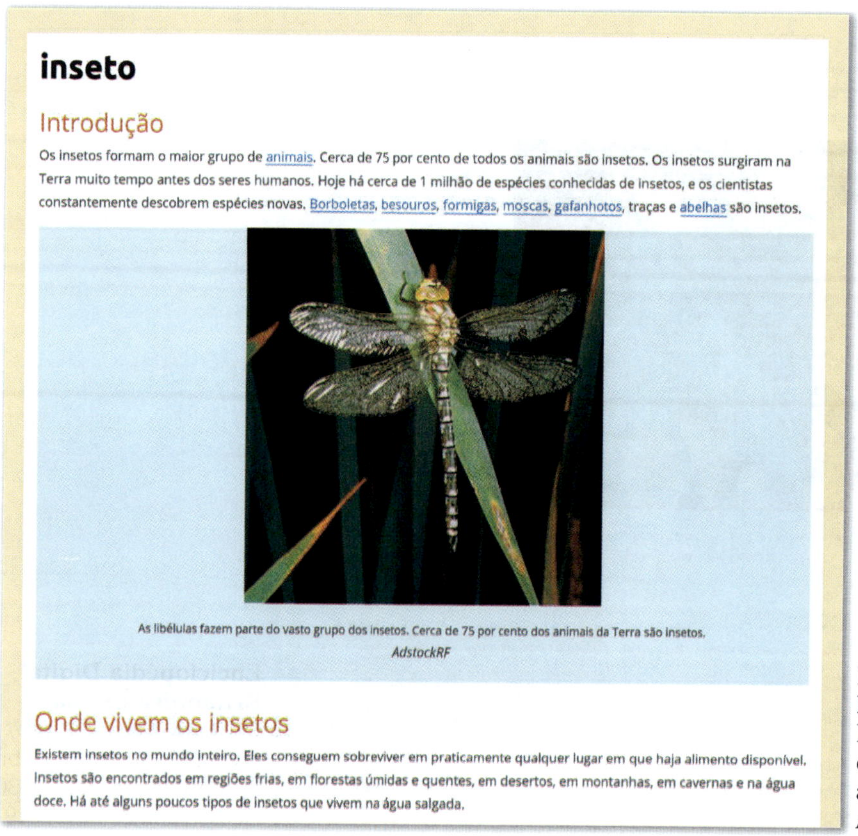

inseto

Introdução

Os insetos formam o maior grupo de animais. Cerca de 75 por cento de todos os animais são insetos. Os insetos surgiram na Terra muito tempo antes dos seres humanos. Hoje há cerca de 1 milhão de espécies conhecidas de insetos, e os cientistas constantemente descobrem espécies novas. Borboletas, besouros, formigas, moscas, gafanhotos, traças e abelhas são insetos.

As libélulas fazem parte do vasto grupo dos insetos. Cerca de 75 por cento dos animais da Terra são insetos.

AdstockRF

Onde vivem os insetos

Existem insetos no mundo inteiro. Eles conseguem sobreviver em praticamente qualquer lugar em que haja alimento disponível. Insetos são encontrados em regiões frias, em florestas úmidas e quentes, em desertos, em montanhas, em cavernas e na água doce. Há até alguns poucos tipos de insetos que vivem na água salgada.

Reprodução/(https://escola.britannica.com.br/artigo/inseto/481571)

Enciclopédia Digital Britannica Escola. Disponível em: <https://escola.britannica.com.br/artigo/inseto/481571>. Acesso em: 22 nov. 2019.

3 Leia o que diz esse verbete.

> **inseto**
>
> **Introdução**
>
> Os insetos formam o maior grupo de animais. Cerca de 75 por cento de todos os animais são insetos. Os insetos surgiram na Terra muito tempo antes dos seres humanos. Hoje há cerca de 1 milhão de espécies conhecidas de insetos, e os cientistas constantemente descobrem espécies novas. Borboletas, besouros, formigas, moscas, gafanhotos, traças e abelhas são insetos.
>
> I

- Ao clicar nas palavras sublinhadas e grafadas em azul, o leitor é levado a outras informações. Sobre qual outro *link* você clicaria se estivesse neste momento diante de um computador ou celular com acesso à internet? Por quê?

____

____

4 Se você quisesse obter informações sobre um assunto a partir de uma palavra, o que você consultaria em primeiro lugar: um dicionário ou uma enciclopédia? Por quê?

____

____

Você pode encontrar verbetes também em livros de consulta específicos sobre o assunto pesquisado. Por exemplo: no livro **Mundo animal** é possível localizar o verbete a ser pesquisado consultando o **sumário**. Veja.

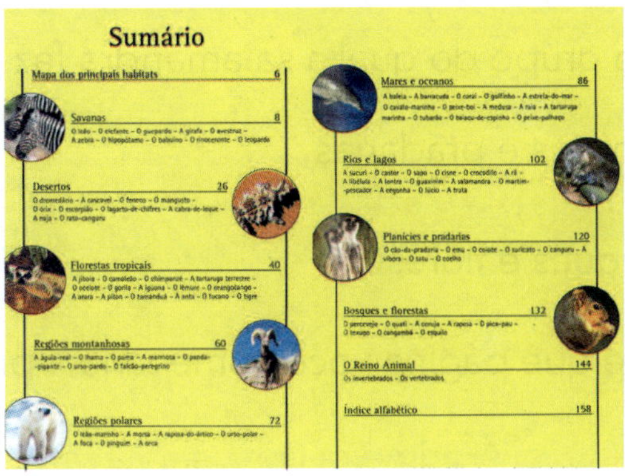

Sumário

Geneviève Warnau. **Mundo animal**. São Paulo: Girassol, 2019.

Se o seu interesse for obter informações sobre a salamandra, por exemplo, você deve encontrar a palavra no sumário. Veja.

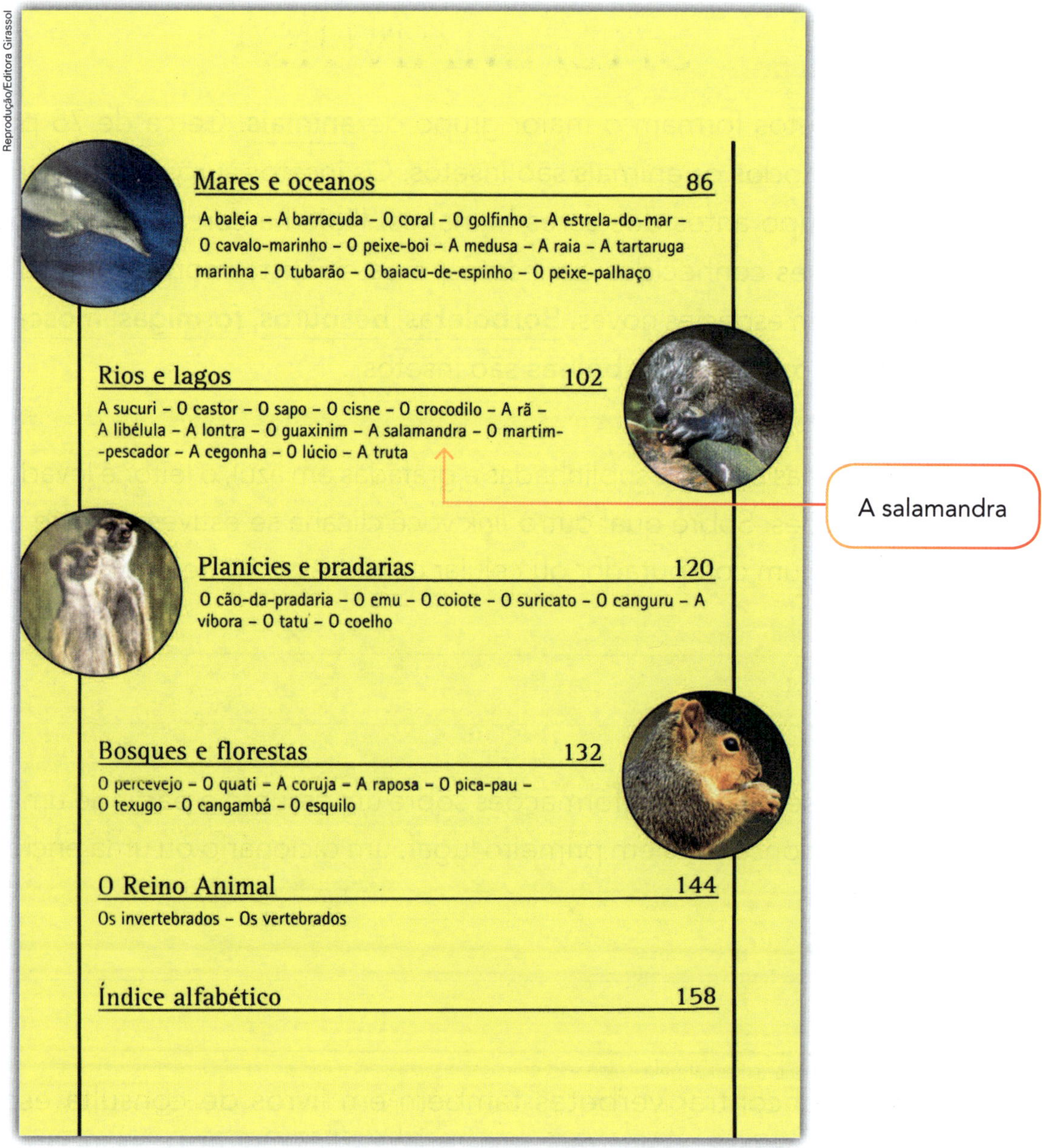

5 Agora você:

a) Assinale o grupo do qual a salamandra faz parte nesse sumário.

☐ Planícies e pradarias ☐ Mares e oceanos

☐ Bosques e florestas ☐ Rios e lagos

b) A partir de que página você começaria a procurar o verbete?

____

6 Leia o verbete da palavra **salamandra** no livro **Mundo animal**.

A SALAMANDRA

A salamandra é um anfíbio, como seus primos rã e sapo. Ela se parece um pouco com os lagartos, que são répteis, mas pode ser facilmente distinguida pela ausência de escamas e garras e pela pele sempre úmida. Seja ela terrestre ou aquática, a salamandra precisa sempre de umidade para viver. Aliás, a fêmea sempre põe seus ovos dentro da água e as larvas são aquáticas. Tanto as larvas como os adultos são carnívoros. A larva alimenta-se de girinos e pequenos invertebrados aquáticos, e o adulto caça minhocas, lesmas, aranhas e insetos. A salamandra consegue fazer cair sua própria cauda, o que às vezes lhe permite surpreender seus predadores e escapar. Depois volta a nascer uma nova cauda, mas nunca tão comprida como a anterior. Geralmente, a salamandra mede entre 5 e 20 cm de comprimento. Entretanto, algumas espécies atingem 50 cm e, por incrível que pareça, a salamandra-gigante-da-china pode atingir mais de 1,50 m de comprimento e viver mais de 50 anos!

115

Geneviève Warnau. **Mundo animal**. São Paulo: Girassol, 2019. p. 115.

Copie do verbete:

a) a definição de **salamandra**;

b) uma informação científica que você achou interessante.

Produção de verbete de enciclopédia

É muito bom encontrar de forma rápida e organizada informações sobre assuntos que desejamos conhecer, não é?

Então, vamos testar nossa capacidade de sermos os produtores de informações com base no nome de animais previamente selecionados.

Siga as etapas.

Planejamento

1. Formem duplas ou trios com os colegas. Conversem sobre o animal selvagem de que vocês gostariam de obter informações.
2. Escrevam o nome do animal em uma tira de papel.
3. Aguardem a professora reunir os papéis para que cada dupla ou trio sorteie o nome do animal que será pesquisado.

Ilustrações: Alberto De Stefano Estúdio/Arquivo da editora

4. Pesquisem informações sobre o animal sorteado pelo grupo em livros, dicionários de curiosidades sobre animais, reportagens, enciclopédias impressas ou virtuais ou em páginas da internet.

5. Selecionem e organizem as informações mais importantes, seguindo o esquema abaixo.

Verbete de enciclopédia

Cada uma das **entradas** de uma enciclopédia impressa ou digital

Intenção/finalidade
- Organizar as informações pesquisadas em um verbete

Linguagem e construção do texto
- Clara e objetiva
- Em geral, frases curtas

Construção
- Título (entrada)
- Definição
- Detalhamento (informações científicas)
- Curiosidades

Leitor
- Alunos da escola

Escrita e reescrita

1. Registrem as informações organizadas segundo a construção indicada no esquema.

Alberto De Stefano Estúdio/Arquivo da editora

2. Releiam em voz alta o verbete produzido, verificando o uso da pontuação de acordo com a expressividade desejada, fazendo cortes ou acréscimos, correções e reformulações.
3. Confiram a escrita de todas as palavras, consultando um dicionário se tiverem dúvida sobre a grafia.

Revisão

1. Organizem o texto no caderno ou na tela do computador, depois de a professora orientar sobre como e onde os verbetes serão apresentados.
2. Decidam que letra usar se o texto for circular no papel: cursiva, bastão ou digitada.
3. Usem cor ou traço mais forte para destacar a palavra do título, aquela que será a entrada do verbete.
4. De preferência, usem uma fotografia do animal, com legenda, para ilustrar visualmente as informações apresentadas no verbete.
5. Aguardem a orientação da professora sobre onde os verbetes serão impressos, em ordem alfabética, para que possam ser consultados e lidos por todos os interessados no assunto **animais selvagens**.

Alberto De Stefano Estúdio/Arquivo da editora

Projeto de leitura

Convite

Caro leitor,

Você está convidado a viajar pela imaginação.

Como você já sabe ler, poderá, sozinho, percorrer os caminhos que os vários textos reunidos aqui oferecem. Começar pelo mais curto, ir para o mais conhecido ou pular para o último – tudo isso será sempre uma escolha sua.

O importante é que os textos – divertidos, curiosos, filosóficos, sonoros e até poéticos – façam você imaginar, pensar, movimentar-se... Brincar com os personagens, com os colegas e até com outras histórias.

Nos textos que vai ler, você descobrirá como é possível o grande ter medo do pequeno e como um menor pode ajudar muito o maior. Vai comprovar que a mentira pode estar vestida com a roupa da verdade e a verdade coberta com a roupa da mentira. Descobrir a identidade de cada uma vai depender só de sua capacidade de observar as pistas que os textos lhe darão.

E que tal conhecer um boto que está apaixonado por uma estrela? Curioso? Mais curioso você vai ficar quando encontrar um patinho... bonito! Tão bonito que até pensava que era gente!

Mas, afinal, será que essa viagem pela imaginação leva à descoberta de verdades ou de mentiras?

Para descobrir é só virar a página e começar a ler!

Boa leitura!

As autoras.

Ilustrações: Alberto De Stefano/Arquivo da editora

Coletânea de textos

Alberto De Stefano/Arquivo da editora

Texto 1

O rato, o elefante e a formiga

Altair Leal

Eu vou contar uma história
Fiquem atentos amiguinhos
É sobre um elefante
Uma formiga e um ratinho
O destino fez cruzar
Os três no mesmo caminho.

Era uma vez um circo
Que ao chegar na cidade
Trouxe muita alegria
Bastante felicidade
Palhaço, pipoca, mágico
E uma grande novidade.

Essa novidade era
O elefante "Tonelada"
Ele tinha esse nome
Pois era carga pesada
Mas fazia seu trabalho
Sem nenhuma trapalhada.

[...]

Era o maior espetáculo
Tonelada o elefante
O que mandasse fazia
Pesado mas elegante
Quem ia para o circo
Saía de lá radiante.

Porém a nossa história
Tem bem outros personagens
A formiga "Kariri"
E o ratinho "Fuleragem"
Formiga lembra trabalho
Rato lembra malandragem.

[...]

Esse ratinho danado
Do elefante não gostava
Tinha uma certa inveja
Na verdade detestava
E a fama do elefante
O ratinho incomodava.

[...]

Aquele rato invejoso
Tratou logo de beber
A água do elefante
E na comida mexer
E o pobre do Tonelada
Ficou sem poder comer.

"Fuleragem" todo dia
"Tonelada" aperreava
Dizendo que ia mordê-lo
E roê-lo ameaçava
E sem dormir o elefante
Todas as noites passava.

Alberto De Stefano/
Arquivo da editora

Com isso o elefante
Ficou triste e doente
Foi perdendo sua graça
No palco ficava ausente
Mas o motivo era o rato
Tava claro e evidente.

[...]

Porém todos nós sabemos
O mal nunca vence o bem
Por mais que haja maldade
Um dia a bondade vem
Se tem gente má no mundo
Gente legal também tem.

Pois bem pertinho dali
O elefante não sabia
Tinha ele grande fã
Que ele não conhecia
Mas era tão miudinha
Que no chão se escondia.

A formiga "Kariri"
Do tamanhinho de nada
Não perdia uma noite
De "Tonelada" a chegada
Quando o elefante entrava
Ficava toda agitada.

[...]

Até que uma certa noite
Esperando o elefante
Bem lá no oitão do circo
"Kariri" bem radiante
Avistou o que não queria
Aquele rato irritante.

[...]

O pobre do elefante
Não podia descansar
Mais uma noite de sono
Por certo iria passar
E a formiga vendo aquilo
Começou se preocupar.

[...]

Pensou e pediu ajuda
A todos do formigueiro
E todos em união
Ajudaram por inteiro
Com uma ratoeira velha
Traçaram um plano ligeiro.

E no formigueiro todos
Ajudaram a levar
A armadilha prum local
Onde o rato ia passar
Botando um pouco de queijo
Pro rato ir lá pegar.

Bem perto do elefante
A ratoeira ficou
"Fuleragem" ao ver o queijo
Logo, logo, se animou
Correu pra poder pegar
E a ratoeira o pegou.

"Fuleragem" ali preso
Foi grande a animação
Ficou preso pelo rabo
Clamando por salvação
Quando viu o "Tonelada"
Ligeiro pediu perdão.

"Kariri" disse eu solto
Se você me prometer
Que nunca mais tentará
Com o elefante se meter
"Fuleragem" prometeu
E foi solto pra valer.

Desse dia em diante
Voltou toda alegria
Do rato ninguém ouviu
Falar desde aquele dia
Pois com a sua maldade
Teve o que bem merecia.

O elefante assim voltou
A ser alegre e feliz
Fazendo em cima do palco
Tudo que ele sempre quis,
Era a maior atração
E o povo pedia bis.

A formiga com seu gesto
De atitude e de bondade
Mostra assim que é possível
Vencermos qualquer maldade
Bastando apenas coragem
União e boa vontade.

Altair Leal. **O rato, o elefante e a formiga** (cordel infantil). Recife: Edições Pantera, 2009.

Alberto De Stefano/Arquivo da editora

Texto 2

A verdade e a mentira

Diléa Frate

A verdade marcou um encontro com a mentira. A verdade chegou na hora, pontual e certa. A mentira chegou atrasada e se justificou: “Minhas pernas são curtas e bambas. Mas não conte a ninguém”. A verdade nada disse. Apenas sorriu. A mentira prosseguiu: “O que você quer de mim? Eu sou bonita, você é feia, eu sou jovem, você é velha, eu sou extrovertida, você é tímida, eu sou agradável, você, desagradável, eu sou, enfim, aquilo que as pessoas querem. Posso ser qualquer coisa, estar em qualquer lugar, posso fazer tudo o que quero, e, francamente, não vejo o porquê de estar aqui, nesse momento, perdendo o meu tempo com alguém que não é bem-aceita em todos os lugares. O que você quer de mim, afinal?”, disse a mentira com uma voz ligeiramente esganiçada. A verdade, com voz límpida e cristalina, respondeu apenas: “Quero lhe dizer que, apesar da sua beleza e formosura, eles querem a mim. As pessoas buscam a mim, mesmo quando encontram você”. Na hora de ir embora, sempre apressada, a mentira botou o casaco da verdade e saiu correndo. A verdade, para não passar frio, botou a roupa da mentira. E todo mundo achou que a verdade era a mentira e a mentira era a verdade. Mas foi só por um tempo: logo o vento forte soprou revelando as pernas curtas e bambas da mentira disfarçada.

Diléa Frate. **Histórias para acordar**. São Paulo: Companhia das Letrinhas, 1996.

Texto 3

O boto e a estrela

Ana Maria Machado

Era uma vez um boto esportivo e sonhador. Saltava fora da água e imaginava que era um bicho voador, pelo meio das aves, ao lado dos cascos das naves.

Num desses saltos, de repente, apaixonou-se. Não foi por uma bôta. Nem por uma bota.

Nem por uma gaivota, de mergulho e cambalhota.

Foi por uma luz que deslizava no céu.

Já imaginou? Boto apaixonado por cometa ou avião? Na verdade, por uma estrela cadente.

Volta e meia, quando ele saltava de noite, via seu amor que lá no alto brilhava. E que passava.

E cada vez a paixão aumentava.

Os amigos davam palpite:

— Cante para ela — disse o siri. — E jogue um beijo.

— Faça serenata — sugeriu o caranguejo.

Pule bem alto — propôs o mergulhão.

Faça acrobacias — falou o mexilhão.

Ele tentou tudo. Mas nada deu certo.

Não havia jeito de trazer a estrela para perto.

Os bichos que só ficavam no fundo da areia nem sabiam se a tal estrela era bonita ou feia. E davam informações desencontradas:

— Vá perto da gruta, ela está lá.

Mas era só uma estrela-do-mar.

— No meio dos mastros do navio afundado, vi um brilho diferente.

Mas era só um peixe fosforescente.

Até que um dia, vendo um anzol na água, o boto teve uma ideia para acabar com sua mágoa.

Claro, uma pescaria! Com anzol, a estrela vinha... E o boto começou a procurar uma linha. Procurou junto ao cais. Mas as cordas de amarrar barcos eram grossas demais.

Puxou a barba do camarão. Mas aquele fiapo não aguentava nada, não.

Pediu as fibras das algas dançarinas. Mas elas eram curtas e finas.

Foi então que ele viu a linha perfeita. No horizonte. Separando o céu do mar. E começou a nadar.

Nadou que nadou, e lá não chegou.

Mesmo com esforço constante, como o horizonte ficava distante!

Mas, no caminho, quanta coisa bonita! Conchas, lulas, medusas, camarões, algas, siris, lagostas, mexilhões, pérolas, tesouros, peixinhos e peixões.

Mais para cima, boias, aves, redes, cais, faróis, rochedos, praias, coqueirais.

Beleza que não acabava mais.

E no meio da procura, o boto se distraiu.

Foi esquecendo a estrela, com tanta beleza que viu.

Ou então foi só mudando, vendo em cada coisa bela um pouco da formosura que tinha encontrado nela.

Quando menos esperou tinha mudado de amor.

Amava agora era o mar, com tudo o que nele há e que não para de mudar. Com o que guarda no fundo e o que reflete do mundo. Até o brilho de estrelas, de cometas e luar.

Além de várias bôtas lindas, no profundo azul do mar.

Ana Maria Machado. **Quem perde ganha**. São Paulo: Global, 2008.

Texto 4

O patinho bonito

Marcelo Coelho

Era uma vez um pato chamado Mílton. Sei que Mílton não é nome de pato. Mas esse se chamava assim, e você vai logo saber por quê. Quando ele nasceu, todos tiveram a maior surpresa. Aliás, não foi quando ele nasceu. Foi quando viram o ovo dele, quer dizer, o ovo que depois seria ele.

Não era um ovo de pato comum. Era meio azulado e brilhante, quase como um ovo de Páscoa. Mas ovos de Páscoa são embrulhados. Esse ovo não era; a casca é que era meio azul. Os pais de Mílton, quando viram o ovo no ninho, foram logo perguntando:

— Mas o que é que esse ovo está fazendo aí?

— Isso não é ovo de pato.

— Acho que é ovo de galinha.

— Não seja bobo! Galinhas botam ovos brancos!

— Brancos nada! Já vi que são meio amarelos, meio beges. Se ovos de galinha podem ser amarelos, por que é que não podem também ser azuis?

— Bom, então pode ser que seja um ovo de pato. Vai ver que também existem ovos de pato que são azuis.

E acharam melhor esperar para ver o que acontecia.

Um dia, a casca azulada do ovo começou a se quebrar e de lá saiu um lindo patinho. Era azul? Não, não era. Era um patinho normal. Só que muito mais bonito do que os outros, e os patos sabiam disso. Acharam o patinho tão bonito que resolveram logo uma coisa. Não era justo dar para ele um nome qualquer. Ele era diferente. Era mais bonito.

Como é que poderia ter um nome comum, como "Quem-Quem"?

— Esse nome é para patos comuns — disse a mãe dele.

— Então, vamos chamá-lo de Quá-Quá — disse a madrinha dele.

— Esse também é para patos comuns, sua boba! — respondeu a mãe. — Eu quero que ele se chame Mílton.

Ela gostava do nome Mílton. Todos acharam meio estranho, mas acabaram concordando que um patinho tão bonito merecia um nome especial.

O tempo foi passando, e Mílton era o patinho mais bonito da escola.

Todos olhavam para ele e diziam: "Como ele é bonito!". Ele se olhava no espelho e dizia: "Como eu sou bonito!". E ficava pensando: "Sou tão bonito que talvez eu nem seja um pato de verdade. Tenho até um nome diferente. Meu ovo era azul. Eu me chamo Mílton. Quem sabe eu sou gente?".

E Mílton começou a ficar meio besta.

Diziam: “Mílton, vem nadar!”.

Ele respondia: “Eu não. Pensam que sou pato como vocês?”. Todos os outros patos começaram a achar o Mílton meio chato. Ele foi ficando sozinho. E dizia: “Não faz mal. Sou mais bonito. Vou terminar na televisão. Vou ser o maior galã”.

Uma noite Mílton resolveu fugir de casa. Foi até a cidade para tentar entrar na televisão. Quando chegou na porta da estação de TV, foi logo dizendo: “Eu me chamo Mílton. Além de bonito, acho que tenho muito talento artístico”. Ele falava difícil. Queria dizer que tinha jeito para ser ator de novela. Juntou gente em volta.

Alberto De Stefano/Arquivo da editora

— Ih, não enche — disse alguém. — Todo dia alguém arranja uma fantasia de bicho e vem aqui procurar lugar na televisão.

— Mas você não vê que eu não estou fantasiado? — perguntou Mílton. — Se eu estivesse usando uma roupa de pato, se eu fosse uma pessoa com roupa de pato, eu seria da sua altura. Mas eu sou baixinho como um pato!

Como um pato de verdade!

— Então como é que você sabe falar?

— Mas os patos falam! — disse Mílton, quase chorando.

— Não vem com essa, ô malandro — disse um guarda que estava ali perto. — Para mim você é um pato mecânico. Deve ser uma espécie de robô com um computador na cabeça!

E o guarda foi logo agarrando o Mílton para arrancar a cabeça dele e ver o que tinha dentro.

— Me larga! Me larga! — gritava Mílton. — Eu sou um pato! Um pato de verdade! Sou um PATO! Um PATOOO...

Marcelo Coelho. **Vice-versa ao contrário**. São Paulo: Companhia das Letrinhas, 1993.

Reprodução/Editora Companhia das Letrinhas

Bibliografia

BAGNO, Marcos. ***Não é errado falar assim!* Em defesa do português brasileiro**. São Paulo: Parábola, 2009.

________. ***O preconceito linguístico***. 2. ed. São Paulo: Loyola, 1999.

BAKHTIN, Mikhail. ***Estética da criação verbal***. Tradução de Maria Ermantina G. Pereira. 2. ed. São Paulo: Martins Fontes, 1997.

BECHARA, Evanildo. ***Moderna gramática portuguesa***. 38. ed. rev. e ampl. Rio de Janeiro: Nova Fronteira, 2015.

BERTIN, Terezinha Costa Hashimoto. ***Linguagem e apropriação de conhecimentos*: reencontrar o sujeito na relação com o conhecer**. Dissertação (Mestrado) – USP, São Paulo, 2000.

BORBA, Francisco da Silva. ***Dicionário de usos do português do Brasil***. São Paulo: Ática, 2002.

BRANDÃO, Helena Nagamine (Coord.). ***Gêneros do discurso na escola*: mito, conto, cordel, discurso político, divulgação científica**. 3. ed. São Paulo: Cortez, 2002. v. 5. (Col. Aprender e ensinar com textos).

BRASIL. Ministério da Educação. Secretaria de Educação Básica. ***Base Nacional Comum Curricular***. Brasília, 2018. Disponível em:<http://basenacionalcomum.mec.gov.br/images/BNCC_EI_EF_110518_versaofinal_site.pdf>. Acesso em: 31 jan. 2020.

BRASIL. Ministério da Educação. Secretaria de Educação Fundamental. ***Ensino Fundamental de nove anos*: orientações para a inclusão da criança de seis anos de idade**. Brasília, 2006.

________. ***Parâmetros Curriculares Nacionais*: Língua Portuguesa**. Brasília, 1997.

________. ***Parâmetros Curriculares Nacionais*: terceiro e quarto ciclos do Ensino Fundamental: Língua Portuguesa**. Brasília, 1998.

________. ***Pró-letramento*: programa de formação continuada de professores dos anos/séries iniciais do Ensino Fundamental. Alfabetização e Linguagem**. Brasília, 2007.

________. ***Referencial Curricular Nacional para a Educação Infantil***. Brasília, 1998. v. 1, 2 e 3.

CAGLIARI, L. C. ***Alfabetização & linguística***. São Paulo: Scipione, 1989.

________. ***Alfabetizando sem o bá-bé-bi-bó-bu***. São Paulo: Scipione, 1998.

COLL, César et al. ***Os conteúdos na reforma***. Porto Alegre: Artmed, 1998.

DIONÍSIO, Ângela P.; MACHADO, Anna R.; Bezerra, Maria A. ***Gêneros textuais e ensino***. 4. ed. Rio de Janeiro: Lucerna, 2005.

FÁVERO, Leonor Lopes et al. ***Oralidade e escrita*: perspectivas para o ensino da língua materna**. 3. ed. São Paulo: Cortez, 2002.

FAZENDA, Ivani (Org.). ***Dicionário em construção***. São Paulo: Cortez, 2002.

FERREIRO, Emilia; Teberosky, Ana. ***Psicogênese da língua escrita***. Tradução de Diana Lichtenstein et al. Porto Alegre: Artmed, 1988.

HOFFMANN, Jussara; JANSSEN, Felipe da Silva; ESTEBAN, Maria Teresa (Org.). ***Práticas avaliativas e aprendizagens significativas em diferentes áreas do currículo***. 6. ed. Porto Alegre: Mediação, 2008.

ILARI, Rodolfo. ***Introdução à semântica*: brincando com a gramática**. São Paulo: Contexto, 2001.

________. ***Introdução ao estudo do léxico*: brincando com as palavras**. São Paulo: Contexto, 2002.

JUBRAN, Clélia S. (Org.). ***A construção do texto falado***. São Paulo: Contexto, 2015.

KLEIMAN, Ângela. ***Oficina de leitura*: teoria e prática**. 6. ed. Campinas: Pontes, 1998.

________. ***Texto e leitor*: aspectos cognitivos da leitura**. 6. ed. Campinas: Pontes, 1999.

________; MORAES, Silvia E. ***Leitura e interdisciplinaridade*: tecendo redes nos projetos da escola**. Campinas: Mercado de Letras, 1999.

________. (Org.). ***Os significados do letramento*: uma nova perspectiva sobre a prática social da escrita**. Campinas: Mercado de Letras, 1995.

KOCH, Ingedore Villaça. ***A coesão textual***. 2. ed. São Paulo: Contexto, 1990.

________. ***Desvendando os segredos do texto***. São Paulo: Cortez, 2002.

________. ***Ler e escrever*: estratégias de produção textual**. São Paulo: Contexto, 2009.

________. ***O texto e a construção dos sentidos***. São Paulo: Contexto, 1997.

________; ELIAS, Vanda Maria. ***Ler e compreender os sentidos do texto***. São Paulo: Contexto, 2006.

________; TRAVAGLIA, Luiz C. ***A coerência textual***. São Paulo: Contexto, 1990.

LAJOLO, Marisa. ***Do mundo da leitura para a leitura do mundo***. 4. ed. São Paulo: Ática, 1999.

LEMLE, Miriam. ***Guia teórico do alfabetizador***. 16. ed. rev. e atual. São Paulo: Ática, 2004.

LERNER, Délia. ***Ler e escrever na escola***. Porto Alegre: Artmed, 2002.

MACHADO, Irene A. ***Literatura e redação*: os gêneros literários e a tradição oral**. São Paulo: Scipione, 1994.

MARCUSCHI, Luiz Antônio. ***Da fala para a escrita*: atividades de retextualização**. 8. ed. São Paulo: Cortez, 2007.

________ ***Produção textual, análise de gêneros e compreensão***. São Paulo: Parábola Editorial, 2008.

________; DIONISIO, Ângela P. (Org.). ***Fala e escrita***. Belo Horizonte: Autêntica, 2007.

MORAIS, Artur Gomes de. ***Ortografia*: ensinar e aprender**. 4. ed. São Paulo: Ática, 2000.

NEVES, Maria Helena de Moura. ***Gramática de usos do português***. São Paulo: Ed. da Unesp, 2000.

________; KASSEB-GALVÃO, Vânia Cristina (Org.). ***Gramáticas contemporâneas do português*: com a palavra, os autores**. São Paulo: Parábola Editorial, 2014.

ROJO, Roxane (Org.). ***A prática da linguagem em sala de aula; praticando os PCN***. São Paulo: Educ; Campinas: Mercado de Letras, 2000.

SCHNEUWLY, Bernard; DOLZ, Joaquim et al. ***Gêneros orais e escritos na escola***. Tradução e organização de Roxane Rojo e Glaís Sales Cordeiro. Campinas: Mercado de Letras, 2004.

SMOLKA, Ana Luiza Bustamante. ***A criança na fase inicial da escrita*: a alfabetização como processo discursivo**. 8. ed. São Paulo: Cortez, 1999.

SOARES, Magda. ***Alfabetização*: a questão dos métodos**. São Paulo: Contexto, 2016.

________. ***Alfabetização e letramento***. São Paulo: Contexto, 2003.

________. ***Letramento*: um tema em três gêneros**. 2. ed. Belo Horizonte: Autêntica, 2004.

SOLÉ, Isabel. ***Estratégias de leitura***. Tradução de Cláudia Schilling. 6. ed. Porto Alegre: Artmed, 1998.

TEBEROSKY, Ana. ***Aprendendo a escrever*: perspectivas psicológicas e implicações educacionais**. Tradução de Cláudia Schilling. São Paulo: Ática, 2002.

TRAVAGLIA, Luiz Carlos. ***Gramática e interação*: uma proposta para o ensino de gramática no 1o e 2o graus**. 5. ed. São Paulo: Cortez, 1995.

VYGOTSKY, Lev S. ***Pensamento e linguagem***. São Paulo: Martins Fontes, 1998.

WEISZ, Telma. As contribuições da psicogênese da língua escrita e algumas reflexões sobre a prática educativa da alfabetização. In: São Paulo. Secretaria da Educação, CENP. ***Ciclo básico em jornada única*: uma nova concepção de trabalho pedagógico**. São Paulo: FDE, 1988. v. 1.